中國 中唐詩論

중국시가론 ❸

중국 중당시론

류성준

푸른사상

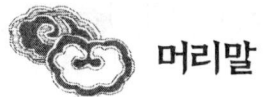 머리말

    중국문학에서 당시(唐詩)는 어떠한 위치에 있는 것인 가라고 깊은 관심을 가지고 묻는 사람들이 많다. 그런 질문은 우리에게 주어진 다양한 여건(與件)으로 인해서 우리는 오랜 역사를 통하여 한자문화권(漢字文化圈)이라는 문화영역 속에서 나름대로 고유한 문화를 창조해 왔기 때문이다. 그리고 우리 자신이 현실적 입장에서 아무리 서양문물이 우리 문화의식을 지배하는 것처럼 보이는 가운데에서도 역사와 문화라는 면에서 중국이란 그 문화권에서 완전히 자유로울 수 없는 우리 나름의 문화적 성격을 지녔기 때문이기도 하다. 그 질문의 대답은 한 마디로 "그 위치는 절대적이다."라고 할 것이다. 중국문학의 기원이 시로부터 시작되고 시를 통하여 모든 장르가 파생된 것을 알게 되고 중국문학의 모든 작품이 시처럼 운율적인 표현법을 강구하고 그 바탕을 감안하면서 창작하지 않으면 우수한 평가대상이 되기 어렵다는 문학적 특성을 이해한다면 그 대답의 의미는 분명하게 된다. 오늘날 사용되는 '중국어'의 성조(聲調)가 발음과 어의(語義)에 있어서 가장 중요한 기능을 지니고 있음은 바로 중국어가 지닌 음악성 즉 시적 요소의 중요한 위상을 의미하는 것이다. 그 만큼 중국문화, 좁게는 중국문학 그 자체가 얼마나 음악적 운율과 밀접한 관련

이 있는지를 확인하게 하는 것이다. 그러므로 중국문학에서의 시는 단순한 문학상의 장르개념으로만 분류되고 평가될 대상이 아니고 보다 근원적인 대상이 된다는 점을 인식하게 된다.

시는 중국어문학에서 모든 장르의 연원에 기초가 된다고 할 수 있기 때문에 시를 모르고서는 어느 장르의 참다운 이해가 용이하지 않다고 해도 지나친 억설이 아니다. 시는 중국을 공부하는 사람의 알아야 할 첫째 항목이라는 의미도 되는 것이다. 그 시에서 가장 중심이 되는 '당시'는 양적인 면으로는 약 300년간에(618~906 AD) 걸쳐서 2200여 명의 시인에 의해 48,000여 수의 시를 창작하여 오늘날까지 천년이 넘도록 전래시켰고, 질적으로는 시성(詩聖)인 두보(杜甫 712~770), 시선(詩仙)인 이백(李白 700~760) 그리고 시불(詩佛)인 왕유(王維 701~761) 등을 위시하여 중국시사의 3분의 2를 '당시'가 차지하고 있는 것이다. 그 당시로는 아직 인쇄술이 발달되기 전인데도 그처럼 방대한 작품들이 전래되었다는 사실 하나만으로도, 당대에 시문학이 얼마나 성행하고 발달되었는지를 짐작하고도 남는다. 이러한 위치에 바로 『당시』가 서 있는 것이다.

필자가 '당시'를 가까이 하면서 지내온 세월도 어언 40여 년이나 되었으니 적지 않은 시간들이지만, 아직까지 이렇다 할 자취도 남기지 못해 왔고 또 그만한 실력도 갖추지 못하고 있음이 부끄러울 뿐이다. 원래 편협한 소견과 범주 속에서 몇 가지 책을 썼지만 그 모두가 객관적인 평가를 받기에는 여러 모로 미흡하고 오류 또한 적지 않은 바, 이것이 항상 마음에 부담되는 점이었다.

그 간에 필자가 출간한 『王維詩硏究』(臺灣 黎明出版公司, 1987), 『唐詩論考』(北京 中國文學出版社, 1994), 『中國唐詩硏究』(國學資料院, 1994), 『王維詩比較硏究』(北京 京華出版社, 1999), 『初唐詩와 盛唐詩 硏究』(國學資料院 2001 문화부우수학술도서), 『唐代 後期詩 硏究』(푸른사상, 2001), 『唐代

大歷才子詩 硏究』(한국외대 출판부, 2002),『韓國漢詩와 唐詩의 比較』(푸른사상, 2002 문화부우수학술도서) 등 당시와 관련된 책들이 있지만, 필자의 견해로 볼 때 전문성을 지니고 있어서 그 나름의 가치를 부여할 수 있을 것이다.

그러나 한편으로는 학문 내용의 대중적 인식의 필요성을 절실히 인식하게 되어 그 시도를 강구하려는 의식에서의 의도와 만족스레 부합되지 않아서 내용상 재활용된 경우가 많았고 편협성도 면치 못한 점을 인정한다. 이런 점에서 학자로서 자괴감(自愧感)을 느끼면서 대중적 홍보 차원에서, 이번에 다시 중국시가론 시리즈 성격의 작업을 시도하게 된 것이다. 그러하다 보니 어느 부분을 제외하고는 지난날에 기술했던 내용을 다소 첨삭하고 쉽게 풀어서 정리하는 작업수준의 한계를 보여줄 수밖에 없게 된 것이다.

이 시가론의 시리즈에는 중국 초당시론을 위시하여 성당(盛唐)시론, 중당(中唐)시론, 만당(晚唐)시론 등 4시기 당시와 송대 이후의 시, 그리고 현대시가론과 시화(詩話)의 시론, 한중시 비교론 등 모두 10여 종의 내용들이 포함되어 있다. 이들 작업은 모두 필자가 그 동안에 계획하고 준비해온 중국시의 총체적인 논리전개의 일환으로 시도된 것임을 밝혀둔다. 이들 세분화된 분류작업에 앞서서 최근『중국 시가론의 전개』(한국외대 출판부, 2003)라는 제목으로 고대와 근대시가 부분을 다소 포함시킨 종합적 초기단계의 책을 발간하기도 하였다.

본 중당시(766~835)의 시론에는 흔히 거론되는 성당의 낭만파 후속작가와 사실파, 그리고 변새파 등의 시인이 주된 연구대상이 되어왔으나, 본서에서는 중당의 초기 작가인 대력시대의 재자들을 중심으로 시론을 전개하려는 것이다. 먼저 전기의 시는 그 생평과 작품의 계년을 정리하고 사백 여수의 시에 대한 형식과 주제 분류를 가하고 낭만파로 분류하려는 그의 시를 리얼리즘적인 각도에서 조명하려 한다. 그리고 시의 회화적 묘사성을 왕유의 화중유시(畵中有詩)적 기법을 도입하여 상호 비교하려는 것이다. 이가우의 시는 생평상 제기되는 의문점을 고증하고 시집의 판본과 전체 시의 형식과 주제를 정리한 후에 시의 현실상 고발의식과 영물에 의한 풍유, 그리고 초탈적 귀은의식면으로 시론의 시각을 맞추려 한다. 노륜의 경우는 오백 여수의 방대한 작품의 수를 일차적으로 개관하는 선에서 별다른 성격을 부여하지 않고 역시 사실적 표현양상에 초점을 두려 한다. 대숙륜은 생애에 대한 푸쉬엔중(傅璇琮)과 탄이우쉐(譚優學)의 주장을 비교하면서 재고증의 기회로 삼고 그 시에서도 오언율시를 중심으로 분석하려 한다. 그리고 한굉은 시를 통한 7인과의 교유관계를 파악하여 그 당시의 시풍과 활동작가의 면모를 통하여 한굉의 위상과 그 시의 가치를 객관화시키는 기능성까지 고려하고 시에서는 비전(非戰)사상을 부각하려는 것이다. 이익은 그 시의 명성이 주로 변새시에서 두드러진 경향을 보다 구체화시키고 그 악부시에서의 청아함을 추가 서술하려 한다.

　위와 같은 대력재자들 외에 설능과 황보식을 추가하여 중당시론의 폭을 객관화 하며 그들의 시에서도 현실과 귀은의 극단적인 양면성을 서술한다. 특히 황보식은 현존하는 장편시 세 수만을 분석한다는 양적인 제한 때문에 다소간 구체적인 서술의 인상을 주게 될 것이다. 여하튼 본 중당시론의 범위는 중당시의 소위 주류라고 평가되는 작가들을 제외한 상태에서 서술한다는 점에서 엄정한 의미의 중당시론이라는 제목을 붙이기에는 미흡하지만, 필자의 안목에서 본서에 거론하는 작가의 당시사에서의 중요성을 새로이 강조한다는 학문적 의식으로부터 발상되고 기술된 것임을 밝혀둔다.

　본서를 펴내는 처지에서 그간에 중국문학의 자료를 읽고 이해하기에는 한자 다용(多用)이라든가 서술문장의 고답성(高踏性) 등으로 해서 어렵다라는 고정관념이 읽는 이들의 뇌리(腦裏)에 깊이 뿌리 박혀 있었던 점을 솔직히 시인한다. 최근에는 번역이나 주해(註解) 등에 있어서는 전공자가 아니라 해도 능히 읽고 이해할 수 있는 독서물이 다량으로 출간되고 있으며 향후에는 그런 방향으로 나가지 않으면 안 된다고 생각한다. 그래서 본서에서도 중국시가를 대중적 견지에서 접하도록 한다는 취지를 가지고, 전문서적에 대한 독자의 대중화를 위해서 한자 사용의 극소화(極少化), 서술 문장의 평이화(平易化), 그리고 내용 이해의 용이화(容易化) 등에 중점을 두고 가능한 한 독자층의 폭을 확대해야 하겠다는 적극적인 자세로 임하게 된 것이다.

이제 본서를 펴내면서 평소에 어려운 여건 속에서도 여러 종류의 중국시가론 시리즈를 흔쾌히 출간하려는 의지를 지닌 푸른사상사의 한봉숙 사장의 높은 안목에 경의와 함께 그 깊은 후의에 고맙다는 말을 전한다. 필자의 오늘은 존경하는 스승들과 선배동료 학자들의 기탄 없는 지교와 격려에 힘입은 바 큼을 이 자리를 빌어서 삼가 감사를 드린다. 한편 원고를 타자하고 정리하느라고 고생한 류신 군에게 학성(學成)하기를 기대하며, 항상 강호 제현의 만사여의(萬事如意)를 축원한다.

2003년 봄

동헌(東軒)에서

류 성 준

 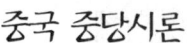

머리말 · 5

당시(唐詩)의 시대구분과 그 특성 15

전기(錢起) 시의 사실적 흥취와 회화적 기법 30
   Ⅰ. 생평의 연대별 시작 계년 32
   Ⅱ. 시의 형식과 주제 분류 38
   Ⅲ. 시의 리얼리즘적 의식 52
   Ⅳ. 시의 청신미(淸新味)와 회화적 기법 72

이가우(李嘉祐) 시의 주제분류와 그 양면적 의식 93
   Ⅰ. 생평과 시집 판본 94
   Ⅱ. 시의 형식과 주제 분류 106
   Ⅲ. 시의 양극화(兩極化) 성격 112
      1. 안사난(安史亂)으로 인한 반전(反戰) · 114
      2. 별정(別情)의 귀은(歸隱) · 117
      3. 영물(詠物)에 의한 비흥(比興) · 120

노륜(盧綸)과 그 시의 리얼리즘적 사상 128
   Ⅰ. 생평 관계와 시집 판본 129

 　　　　　　　　　　　중국 중당시론

  Ⅱ. 시의 사실적 표현 양상 ·· 134

대숙륜(戴叔倫)과 그 시의 현실 및 탈속의 양면적 성격 ········ 170
  Ⅰ. 생애에 대한 양인의 고변(考辨) 비교 ···························· 172
  Ⅱ. 시의 진위 여부 문제 ·· 176
  Ⅲ. 오언율시의 주제별 분류 ·· 180
  Ⅳ. 오언율시의 사실적 묘사 ·· 184
  Ⅴ. 오언율시의 서사적인 피세감(避世感) ···························· 190

한굉(韓翃) 시상의 다양성과 시를 통한 교유관계 ···················· 197
  Ⅰ. 한굉의 시 세계 ·· 199
    1. 시의 풍자성 · 202
    2. 시의 비전(非戰)의식 · 208
    3. 시의 회화미와 초탈성 · 215
  Ⅱ. 한굉의 시에 의한 교유 ·· 219
    1. 영호원(令狐垣) · 221
    2. 전기(錢起)(722~780) · 223
    3. 하후심(夏侯審) · 226
    4. 이가우(李嘉祐) · 229
    5. 낭사원(郎士元) · 232
    6. 황보염(皇甫冉) · 234
    7. 냉조양(冷朝陽) · 236

중국 중당시론

설능(薛能)과 시의 우국애국 의식 241
  Ⅰ. 생애와 시작 계년 243
  Ⅱ. 설능 시의 우국과 애자연 성격 251
    1. 우국(憂國)의 정치의식 · 254
    2. 애자연(愛自然)의 미의식 · 259

이익(李益)과 그 시의 강개(慷慨)와 청아(淸雅) 풍격 265
  Ⅰ. 생평과 시작의 계년 268
    1. 생평 · 268
    2. 시작 계년 · 272
  Ⅱ. 종군시의 慷慨 275
  Ⅲ. 악부시의 청기(淸奇)와 아정(雅正) 284

황보식(皇甫湜)과 교유시, 그리고 시의 기험(奇險) 의식 290
  Ⅰ. 생애 292
  Ⅱ. 황보식에게 준 시 296
  Ⅲ. 황보식 시 3수의 역석 311

◇ 찾아보기 · 323

당시(唐詩)의 시대구분과 그 특성

　당시에 대한 개괄적인 이해를 필요로 하는 경우를 위해서 간략하나마 〈당시란 무엇인가〉라는 이름으로 당시의 일반론적인 내용을 다루어주는 공간을 아래에 마련하고자 한다.
　당시란 무엇인가란 물음에 대해서 당대(唐代)에 쓰여진 시라고 답하면 별다른 이론이 없을 것이다. 여기서 첫 마디부터 지극히 상식적인 말로 시작하는 저변(底邊)에는 그만한 까닭이 있다. 중국문학에서 소위 〈장르〉라는 현대적 개념이 도입된 것부터가 순수한 중국문학적 의식에서가 아니라 서양의 문예사조와 관계되기 때문이다. 물론 중국문학에 전통적인 문체·개념이 있어 왔지만 독립된 개별체로서의 의미는 강하지 않았다. 학문 자체의 연구방법에서 장르별로 엄격한 구상을 중시하지도 않았으며 문학이면 문학 전체를 사학(史學)이면 사학 전체를 총괄하여 습득하는 것이 바로 학문하는 것으로 되어 왔다. 이는 곧 문(文)·사(史)·철(哲)·예(藝)의 균등한 섭렵에서 중국의 학문을 올바르게 터득하는 줄 알고 공부해 왔다.
　따라서 〈당시〉라는 구분개념도 어느 한 시대에 창작된 시를 의미하면서 한편으로는 그 시대의 시적 특성을 의미하기도 하는 것이다. 문학의 정화(精華)인 시가 삼황오제(三皇五帝)부터 면면히 창출되어 왔지만 특히 〈당시〉라고 시대와 장르를 결부시킨 것은 〈당대의 시〉가 시 중에서 가장 훌륭하고 가치 있다고 해석되어야 한다는 의미이다. 아울러 시대별로 〈한시(漢詩)〉·〈위진시(魏晉詩)〉·〈육조시(六朝詩)〉·〈송시(宋詩)〉 등 왕조에 따라 그 때의 시를 지칭하지만, 그것은 단순히 그 시대의 그 시라는 개념일 뿐 〈唐詩〉라는 함축적 어의와는 구별되어야 할 것이다. 이와 같이 〈당시〉는 삼 백년도 안 되는 기간에(618~907) 천년이 지난 오늘까지도 2300여 시인에 48,900여 수가(全唐詩 900卷) 보존되어 왔기에 그 차지하는 비중도 지대하다고 보는 만큼, 당시에 대한 여러 내용들을 개괄적이나마 이해하고 본서 속으로 들어갈 필요가 있다고 본다. 따라서 다음 몇 가지로 나누어 간략하게 기술하려고 한다.

1) 당시가 발달된 원인

〈당시〉는 당나라 때에, 당나라의 시인에 의하여 쓰여진 시를 일컫는다. 중국시가의 발달이 음악과 함께 물론 요순(堯舜)시대부터 시작되었지만, 순수 문학적 입장에서 보아서 시경(詩經)시대부터 짚어본다 해도 삼천년이나 끊이지 않고 전개되어 오면서, 유난히 당나라에 와서 어떻게 근체시(近體詩)(律詩와 絶句)가 정착되며 중국문학 전체의 커다란 비중을 차지하게 되었는지를 이해하지 않으면 안 되리라고 본다. 이미 말한 바이지만 판본기술이 덜 발달되고 천여 년이나 지질(紙質)을 보존하기가 거의 불가능한 상태에 있었는데, 지금까지 그 양이나 질적인 면세서 찬란한 문학적 성가(聲價)를 독차지하다시피 하게 된 원인이 무엇인지를 알고 싶은 것이다.

첫째, 당대에는 학술 사조가 다양하게 성행하였다는 것이다. 당나라는 도교(道敎)를 국교로 하여 태현진경(太玄眞經)으로서 노자(老子)의 도덕경(道德經)을 추숭하고 도교의 장소(長嘯)나 연단(鍊丹)이 매우 일반화되어 생활의 중요한 일이 되어 있었다. 그리고 전통적인 유가(儒家)의 사상을 견지하면서 불교가 동한(東漢) 시대에 중국에 들어 왔지만, 남북조(南北朝)시대에 성행하면서 당나라에 유입되어 당나라의 초기인 태종(太宗)이나 고종(高宗) 때에 현장법사(玄奬法師) 같은 이들이 불경을 번역하고 선교하는 일을 도우면서 당나라 시대를 통해 지속적으로 교세를 키워 왔다. 이러한 현상은 마치 춘추전국시대에 제자백가(諸子百家)들이 할거하던 것과 비슷하였으니 종교사상의 흥성은 즉 문학이 질적인 면이나 양적인 면에서 비례하여 발전하는 요인이 되었던 것이다.

둘째, 정치와 사회의 변화무쌍한 배경이 당시 발달의 큰 요인이 되었다. 태종(太宗) 때에(627~649) 문치(文治)를 중시하여 어진 신하를 임용하고 세금과 부역을 덜면서 태평 시대를 열었으며 현종(玄宗, 712~755) 때에는 물정이 풍부하여 당대의 황금시대를 맞게 되었다. 따라서 개국한지 백 년 간의 정치와 경제의 안정으로 문화가 자연스러이 발전하게 된 것이다. 아울러 대외적인 영토확장이나 외교 면에서도 성공을 거둔 시기라고 할 것이다. 초반 40년 동안에 돌궐(突厥), 토번(吐蕃), 구자(龜玆), 신라(新羅), 일본 등에 도호부(都護府)를 두어 감독하고 남방으로는 동남아의 월남·버마까지 조공케 하여 중국영토상 가장 광대한 영역을 확보하였으며 문화의 교류 또한 빈번하여 국내외의 학인들의 왕래가 사방 각국으로 활발하였다. 그러면 여기서 그 예로써 우리 삼국시대의 신라와 당의 시인들의 교류관계를 살펴보면서 당대의 숭문(崇文) 의식을 관조하고자 한다.

신라가 당나라와 교류하기 시작한 시기는 초당 시기인(621년 전후) 신라 진평왕(眞平王) 43년 전후로 간주하는데(『三國史記』卷四) 신라인으로

당의 빈공과(賓貢科)에 급제한 사람만도 김운경(金雲卿) 등 58인이나 되었다고 한다. 구체적으로 보면『全唐詩』에 수록된 신라인의 시가 김진덕(金眞德: 진덕여왕)·왕거인(王巨仁)·김입지(金立之)·김가기(金可紀)·김운경(金雲卿)·설요(薛瑤) 등 9인의 시가 수록되어 있으며 최치원(崔致遠)·박인범(朴仁範) 등 신라인이 당인에게 준 증시(贈詩)도 십여 수에 달하였다. 그리고 당인이 신라인에게 보낸 증시도 이섭(李涉)·장적(張籍)·장효표(章孝標)·피일휴(皮日休)·정곡(鄭谷)·나은(羅隱)·고운(顧雲)·관휴(貫休) 등의 시 41수나 수록되어 있는 것이 발견되었다(졸서,『중국당시연구』하권 참조). 아울러 그들 상호간의 친분도 두터워서 온화한 인정을 읽을 수 있으며 원진(元稹)의「白氏長慶集序」에 보면 신라의 경주에서는 백거이(白居易)의 시가 돈 백량에 교환될 만큼 문물의 교류가 풍성하였다는 것이다. 이와 같은 당나라의 문화적 역할이 당의 문화 수준을 더욱 높이고 긍지심을 북돋아 주었으리라고 본다.

셋째, 문학 운동에 진력할 수 있는 환경이 조성되어 있었다는 것이다. 문학의 발달에는 음악과 미술 등 예술의 발달이 수반되는 것이다. 당의 현종 때에 음악을 관장하는 교방(敎坊)을 두고 관직에 태악승(太樂丞)이 있었으며 전대의 궁중 및 민간의 악곡을 정리케 하였다. 중당대(中唐代)에 신악부(新樂府)가 다시 성행한 것이며 당 중엽부터 서서히 파생하기 시작한〈사(詞)〉의 등장도 바로 이러한 바탕 위에 가능하였다. 미술도 당에 와서 남화(南畵)가 파생하여 그림의 입체감과 함께 문인화의 등장이 가능하였으며 예술의 규격화된 굴레를 자유로이 벗어날 수 있는 풍토가 조성되게 된 것이다. 특히 한대(漢代)에 성행하던 악부(樂府)가 당대에 와서 더욱 성행하고 체계화된 것은 단순한 음악적인 연관 이상의 사회 구조상의 낭만적이며 토속적인 풍조의 영향도 많이 작용하였다고 본다. 당시의 발달은 일시적이거나 정책적인 인위(人爲)에 의한 요인 때문이 아니고 자연스러우면서도 오랜 시간 쌓여진 복합적인 이유들 때문에 곧바로 당대라는 시기를 거쳐서 형성된 중국문학사상의 피할 수 없는 자연현상적인 추세의 결과로 나타났다고 보는 것이 보다 합리적일 것이다.

2) 당시의 시대구분과 그 특성

당시를 시대구분 하는 방법은 여러 설이 있지만, 지금까지는 명대(明代)의 고병(高棅)이 분류한 다음의 사분법(四分法)을 따르고 있다.(『唐詩品彙』序) 고병도 송대의 엄우(嚴羽)가 분류한 5분법(『滄浪詩話』에서 唐初體·盛唐體·大曆體·元和體·晚唐體로 나눔)을 근거로 하여 나누어 그 시기의 시풍과 활동한 시인들을 체계화 시켰다는 데에 그 구분의 의미를 줄 수 있다. 그러나 어느 시대의 한 시인의 풍격이 반드시 자기가 살던 시기의 풍격에 속한 것으로 일률적인 평가를 하는 편협성(偏狹性)에 대해서는 다시 깊이 생각해 보아야 한다. 더구나 문학이라는 시공(時空)에 구애받지 않는 정신세계를 창조하는 면에 있어서는 더 말할 나위가 없다. 그래서 첸중수(錢鍾書)도 일찍이 육유(陸游)가 송대에 살았지만 어느 한 곳에 송시의 맛이 있느냐며 살기는 송대인이지만 당시의 맛을 지녔다고 하여 문학시기의 구분에 대해 비판적인 견해를 피력하기도 하였다.(『談藝錄』) 어떻든 이러한 점을 감안하면서 고병의 사분법에 의하여 각 시대의 당시 특성을 보고자 한다.

(1) 초당시(618~712)

육조(六朝)와 수(隋)의 유미주의적인 제량풍(齊梁風)이 계승되었지만, 시의 새로운 형식과 기교가 규율화 되고 이전의 고체시의 틀에서 새로운 시체(詩體)가 완성되었다. 상관의(上官儀) 등의 궁정시인과 왕발(王勃) 등의 초당사걸(初唐四傑), 그리고 최융(崔融) 등의 문장사우(文章四友)가 형식미와 음률을 중시하여 내용보다는 격률에 여전히 치중하였기에, 그에 따라 심전기(沈佺期)와 송지문(宋之問)에 의해서 근체시(近體詩)의 완성을 보게 된 것이다. 그러나 이 시기에도 체재의 중시를 반대하고 성정(性情)을 시의 요소로 강조하던 이른바 반제량풍(反齊梁風)의 시를 중시하던 진자앙(陳子昻)과 장구령(張九齡) 같은 시개혁론자들도 등장하였다. 이들 반제량풍의 시인들은 그 이후에 성당시풍을 활짝 열어주는 시문학상의 중요한 역할을 하게 된다.

　이 시대의 중요한 작가로는 율시 완성에 큰 공헌을 한 상관의(上官儀, 608~664)를 비롯하여 제량풍을 따랐지만 독자적인 초당시를 주도한 초당사걸(初唐四傑)인 왕발(王勃, 648~675), 양형(楊炯, 650~692?), 노조린(盧照隣, 637?~676?), 낙빈왕(駱賓王, 640~680?)이 있었고 초당 후기에 유미풍을 계승하면서 율시의 완성에 적극적인 역할을 하였던 문장사우인 최융(崔融, 652~705), 이교(李嶠, 645~714), 소미도(蘇味道), 두심언(杜審言, 645~708?) 등을 먼저 들 수 있다. 그리고 같은 노선을 지킨 율시의 완성자인 심전기(656~713)와 송지문(656~712)은 여러 문인의 도움 속에 오언율시(五言律詩)를 먼저 완성하고 칠언율시(七言律詩)와 절구(絶句)를 체계화하여 오늘의 한시(漢詩)라는 체재의 틀을 만들었다. 한편, 형식보다는 내용을 중시할 것을 주장하던 반제량풍의 시인들의 활약도 적지 않아서 초기에는 왕적(王績, 585~644), 왕범지(王梵志), 한산(寒山) 등 은둔(隱遁)시인들이 있었으며 특히 시에 성정(性情)의 흥기(興寄)를 중시하여 제량풍을 극력 반대한 진자앙(661~702)이나 장구령(678~740) 등은 성당시풍의 조성에 길잡이라는 시대적 의미에서 중요한 위치에 있었다.

(2) 성당시(713~765)

성당대는 정치·경제의 안정과 번영을 누리면서도 안록산(安祿山)의 난 등 국내외적으로 난리도 많았다. 이 시기에 특기할 것은 현종(玄宗)과 양귀비(楊貴妃)의 애정으로 나타나는 여러 가지 부작용으로 백성에 대한 세금 과중, 기강의 문란, 군벌의 발호 등의 현상이 일어나서 성세의 풍기가 무너지고 민생의 질고가 극심하여지니, 시인의 마음과 현실 또한 이율배반적인 처지에 빠지게 되어 자연히 시도 성정위주(性情爲主)의 낭만적이며 자연추구의 은일(隱逸)사상이 깃들어 갔다. 거기에다 초당말기에 일어난 시개혁(詩改革) 정신이 이어지면서 진자앙·장구령에 뒤이어 하지장(賀知章, 659~744)과 장열(張說, 667~730) 등이 그 뜻을 계승하여 성당시의 문을 열게 되자, 개성에 따라서 여러 파의 시풍이 서로 조화를 이루는 당시의 황금기를 맞게 되었다.

이 시기에는 왕유(王維, 701~761)와 맹호연(孟浩然, 689~740)을 중심한 자연시파가 나와서 산수전원을 주제로 하여 자연을 노래하며 은거적인 의식 속에 현실 문제를 떠난 초월적인 시 세계를 추구하였다. 이런 유파에 속했던 시인으로는 위응물(韋應物)·기무잠(綦毋潛, 741전후)·배적(裴迪) 등을 들 수 있다. 그리고 이 시기에는 잦은 전쟁이 있었는데, 그 당시의 문인들에게는 나라가 혼란하여 민심이 어지럽고 고통스러운 까닭에 비전사상(非戰思想)이 팽배해 있었다. 따라서 고적(高適, 702~765)이나 잠삼(岑參, 715~770)같은 시인들은 변새(邊塞)시파로서 구분되어 전쟁에 대한 갖가지 소재를 작품 속에 다루어 현실적이고 진취적인 면을 보여주었다. 그러나 그들도 역시 자연을 노래하는 낭만성을 공유하고 있었다.

그렇지만 이 시기에 있어서 무엇보다 중요한 시인들은 바로 이백(李白, 701~762)과 두보(杜甫, 712~770)인 것이다. 이들은 당대의 시인일 뿐 아니라 중국문학을 대표하는 시인이기 때문이다. 낭만시인으로서의 이백과 사실주의 시인으로서의 두보는 당시가 낳은 시선(詩仙)이요 시성(詩聖)이다. 이백은 도가적 색채가 강하지만 유가적인 면도 지니고 있으며, 유랑생활을 많이 한 까닭에 다양한 시가를 남기고 있다.

여러 가지의 시형을 구사하는 데에 그의 뛰어난 시재(詩才)를 발휘하여서 자유분방하게 시의 감흥을 토로하였다. 두보가 그의 시를 〈筆落驚風雨, 詩成泣鬼神〉(寄李十二白二十韻)(붓을 쓰면 비바람이 놀란 듯하고 시가 지어지면 귀신도 흐느끼네.)라고 읊은 것으로도 이백의 기품을 알 수 있다. 천재 시인은 그의 창작기교와 시의 정취를 가장 즉흥적이고 담백하게 승화시킨 것이다. 두보는 이백에 비해 율격에 엄정하였다. 즉흥이 아니라 많은 각고의 노력에 의해 입신(入神)의 경지에 든 완전한 시를 창조해낸 것이다. 그의 시는 그의 삶이요, 사회상 그 자체이었으며 살아있는 모습 그대로였기에, 하나 하나가 바로 〈詩史〉이었다. 1,400여 수의 그의 시는 하나같이 형식과 내용이 잘 다듬어져 있어서 후세의 만인에게 사표(師表)가 되며 그의 불행한 생애와는 달리 길이 추숭되고 있다.

(3) 중당시(766~835)

이 시기는 대력(大歷, 766~804)과 원화(元和, 805~835)로 나누어 볼 수 있다. 대력시기는 성당을 계승하여 두보의 영향권에 있었으니 현실주의적인 경향을 지니고 있었다. 노륜(盧綸, 748~799), 전기(錢起, 722~785)를 중심으로 한 대력십재자(大歷十才子)들의 활약이 눈에 띄였으며 민생고를 위시한 평용(平庸)한 시가들을 남기고 있어 부분적으로는 문학적 가치를 높이 평가받지 못하지만 전체적으로 중요한 시사적 의미를 지니고 있다. 그러나 원결(元結, 723~772)이나 유장경(劉長卿, 709~780) 등은 왕유나 맹호연을 계승하여 민중의 고통을 노래하면서도 풍유(諷諭)의 뜻을 살리

려고 하였고 자연풍의 시도 구사하였다.

원화(元和)시기에는 백거이(白居易, 772~846)를 위시한 원진(元稹, 779~831), 장적(張籍, 765~830), 왕건(王建, 751~835) 등이 신악부운동(新樂府運動)을 전개하여 속어의 구사는 물론이어니와 철저하게 민중의 실상을 풍유하는데 주력하였다. 그리고 한유(韓愈, 768~824)의 기험(奇嶮), 맹교(孟郊, 751~814)의 평담(平淡) 등은 특기할만 하고 유종원(柳宗元, 773~819)과 유우석(劉禹錫, 772~842) 등은 중당에서도 자연시를 계승 발전시켰으며 이하(李賀, 791~817)는 낭만적이지만 유미풍을 지향하고 난해한 상징시를 개척하기도 하였다. 이 같이 성당에 이르러 시형과 기교를 발달시켰는가 하면, 중당에서는 그것을 더욱 차원 높여서 발전시켜 나갔다고 하겠다.

(4) 만당시(836~906)

만당은 정치가 혼미해져서 나라가 망해 가는 시대였다. 정치와 사회가 부패하여 백성의 고통은 극에 달하였으며 시인들은 현실을 도피하고 은둔하려 하였고 자포자기적이며 말세적인 도덕과 기강의 문란이 돌이킬 수 없는 지경에 달해 있었다. 따라서 시도 화사한 표현에 주력하여 내용보다는 겉모양의 미화(美化)를 따르게 되었다. 이것을 유미주의적인 시대라고 말하고 있다. 그러나 시단에서는 순수 유미파로 두목(杜牧, 803~852)과 이상은(李商隱, 812~858)을 들 수 있는 반면, 이 시기에도 정치와 사회의 부패와 혼란을 고발하는 현실주의적인 시인들도 많아서 피일휴(皮日休, 843~883)나 두순학(杜荀鶴, 846~907) 등은 민중의 비참한 생활상을 적나라하게 묘사해 냈던 것이다. 여기에 피일휴의「농부의 노래(農夫謠)」한 수를 보고자 한다. 만당에도 이같이 백거이 못지 않은 사실파의 부류가 있었던 것이다(졸서,『中國唐詩硏究』참조).

농부가 고생을 원망하여
나에게 그 마음 털어 놓는다
"한 사람이 농사하기 어려워도
열 사람의 원정은 하여야 하네.
어째서 강회의 곡식을
배와 수레로 서울로 실어 나르나?
태반은 물에 잠기니
옮기는 일에 능사가 난
양반님 네들 어찌 감히 투덜할 건가.
삼천에선 어찌 농사 안 짓고
서울 땅엔 어찌 밭갈이 안 하는가.
그 곡식 수레에 실어 임금의 병사에게 주려함이 아니런가!"
멋지도다! 농부의 말씀
왕도를 어떻게 꾸려 갈려 하는지!

農父冤辛苦, 向我述其情. 難將一人農, 可備十人征.
如何江淮粟, 輓漕穀咸京. 黃河水如電, 一半沈与傾.
均輸利其事, 職司安敢評. 三川豈不農, 三輔豈不耕.
奚不車其粟, 用以供天兵. 美哉農父言, 何計達王程.

당시를 이해한다면 중국의 시를 이해한 것이며 중국문학을 올바르게 이해할 수 있는 것이다. 당시를 모르면 중국의 문학세계를 제대로 모르는 것이기도 하다.

3) 당시의 형식

중국의 시는 그 형식에 있어서 크게 고시(古詩)와 근체시(近體詩)로 나누는데, 당시는 이 둘을 모두 포함하고 있다. 고시에는 다시 시경체(詩經體)의 시와 오언고시·육언고시·칠언고시 등 다양한데, 당시에는 오언과 칠언을 다용하고 있었으며 여기에서도 두 가지에 국한시켜서 적기로 한다. 한편, 근체시는 당대에 완성된 시체이므로 상용되었다. 율시와 절구, 그리고 배율(排律)로 구별하여 각각 5언과 7언체를 쓰고 있다. 시는 시의 운율(韻律)이 있어서 창(唱)할 수 있고 음영(吟詠)할 수 있으니 시의 운율은 시의 음악성과 불가분의 관계를 갖는 직접적인 이유가 된다.

먼저 당고시(唐古詩)의 격률(格律)을 보겠다. 운(韻)을 쓰는데, 평운(平韻)을 쓰는 고시와 측(仄)운을 쓰는 고시가 있으며 4구마다 운을 바꾼다. 고시이므로 통운(通韻)을 하며 전편의 시가 한 개의 운을 가지고 유사운과 통운하는 경우와 두 개 내지 그 이상의 운을 채용하는 경우가 있다. 따라서 근체시처럼 한 개의 운(一韻)으로 시 전체를 압운하는 일운도저(一韻到底)만을 하지 않고 환운(換韻)할 수 있다. 그리고 당고시의 평측론(平仄論)은 이론이 많은데 (졸서, 『中國唐詩硏究』의 「古風의 格律」, 1994년 참고) 다음에 몇 가지 참고할 사항을 보기로 한다.

① 고시의 평측(平仄)은 율시와 맞지 않는다.

    時見歸村人, 沙行渡頭歇。(孟浩然「秋登蘭山寄張五」)
    평측평평평 평평측평측
    때때로 돌아가는 사람 보니
    모래 위에 가다가 나루터에 쉬네.

② 앞 구에서 입률(入律)하면 대구(對句)에서는 피한다.

    明日隔山岳, 世事兩茫茫。(杜甫「贈衛八處士」)

평측측평측 측측측평평
내일 이별하여 높은 산에 막혀 있으면
서로의 소식일랑 또 알지 못하리.

여기서 대구는 입률하지만 출구(出句)는 입률하지 않는다.

③ 삼평조(三平調)(平三連)를 많이 쓴다.

悠悠西林口, 自識門前山。(王維 「崔濮陽兄」)
측측평평평
아늑히 서림의 입구에 서 있으니
문 앞에 산이 있음을 알겠노라.

다음에는 율시와 절구의 평측배열을 도시하려 한다.

① 오언율시의 평측식정격(平仄式正格)
(측)측평평측, 평평(측)측평.(운)
(평)평평측측, (측)측측평평.(운)
(측)측평평측, 평평(측)측평.(운)
(평)평평측측, (측)측측평평.(운)

여기서 첫 구에 운을 쓰면 〈측측측평평(운)〉이 되어야 한다.

② 오언율시의 평기식정격(平起式正格)
(평)평평측측, (측)측측평평.(운)
(측)측평평측, 평평(측)측평.(운)
(평)평펴측측, (측)측측평평.(운)

(측)측평평측, 평평(측)측평.(운)

여기에서 첫 구에 운을 쓰면 〈평평측측평(운)〉이 되어야 한다.

③ 칠언율시의 측기식정격
(측)측평평(측)측평(운), (평)평(측)측측평평.(운)
(평)평(측)측평평측, (측)측평평(측)측평.(운)
(측)측(평)평평측측, (측)평(측)측측평평.(운)
(평)평(측)측평평측, (측)측평평(측)측평.(운)

여기에서 첫 구에 운을 쓰지 않으면 〈(측)측(평)평평측측〉이 되어야 한다.

④ 칠언율시의 평기식정격
(평)평(측)측측평평(운), (측)측평평(측)측평.(운)
(측)측(평)평평측측, (평)평(측)측측평평.(운)
(평)평(측)측측평평(운)

여기서 첫 구에 운을 쓰지 않으면, 〈(평)평(측)측평평측〉이라고 해야 한다.

⑤ 오언절구의 측기격평성운정식(仄起格平聲韻正式)
(측)측평평측, 평평(측)측평.(운)
(평)평평측측, (측)측측평평.(운)

여기에서 첫 구에 운을 쓰면 〈(측)측측평평(운)〉이 되어야 한다.

⑥ 오언절구의 평기격평성운정식(平起格平聲韻正式)
(평)평평측측, (측)측측평평.(운)
(측)측평평측, 평평(측)측평.(운)

여기에서 첫 구에 운을 쓰면 〈평평(측)측평(운)〉이 되어야 한다.

⑦ 오언절구의 측기격측성운정식(仄起格仄聲韻正式)
(측)측평평측(운), (평)평평측측.(운)
평평(측)측평, (측)측평평측.(운)

⑧ 오언절구의 평기격측성운정식(平起格仄聲韻正式)
(평)평평측측(운), 측측평평측.(운)
(측)측측평평, (평)평평측측.(운)

⑨ 칠언절구의 측기격평성운정식(仄起格平聲韻正式)
(측)측평평(측)측평(운), (평)평(측)측측평평.(운)
(평)평(측)측평평측, (측)측평평(측)측평.(운)

여기에서 첫 구에 운을 쓰지 않으면 〈(측)측(평)평평측측〉이 되어야 한다.

⑩ 칠언절구의 평기격평성운정식(平起格平聲韻正式)
(평)평(측)측측평평(운), (측)측평평(측)측평.(운)
(측)측(평)평평측측, (평)평(측)측측평평.(운)

여기에서 첫구에 운을 쓰지 않으면 〈(평)평(측)측평평측〉이 되어야 한다.

⑪ 칠언절구의 측기격평성운정식(仄起格平聲韻正式)
(측)측(평)평평측측(운), (평)평(측)측평평측.(운)
(평)평(측)측측평평, (측)측(평)평평측측.(운)

⑫ 칠언절구의 평기격측성운정식(平起格仄聲韻正式)
(평)평(측)측평평측운, (측)측(평)평평측측.(운)
(측)측평평(측)측평, (평)평(측)측평평측.(운)

이상의 여러 격식에서 〈……起格〉이란 첫 구의 제2자가 평성이냐 측성이냐에 따라 구분한 것이고, 〈仄〉형은 그 자리에 평과 측의 공용이 가능하다는 의미가 된다. 시의 운율은 『절운(切韻)』에서 정리된 평성(平聲) 57운, 상성(上聲) 55운, 거성(去聲) 60운, 그리고 입성(入聲) 34운 등 모두 206운을 가지고 활용하는데 평성운이란 상평과 하평을, 측성운이란 상성·거성과 입성을 두고 하는 말이다. 위에 열거한 형식들은 정해진 규율이거니와, 규식에 얽매이지 않고 변격을 만들어 시를 짓는 경우가 더욱 많았음을 간과할 수 없는 것이다. 당시의 세계는 형식이나 내용에 있어서 변화무쌍한 풍격과 화려하고 섬세(華麗纖細)한 기교, 그리고 영적인 승화를 추구한 경계를 골고루 갖춘 중국문학 최고의 금자탑이라고 말할 수 있다.

전기(錢起) 시의 사실적 흥취와 회화적 기법

당대 대종(代宗) 대력(大歷)년간(766~779)은 정치적으로 안사란(安史亂) 등 내란이 평정되고 기강이 재정립되는 단계에 있었고, 문학적으로는 성당에서 중당으로 이전되는 과도기에 해당한다. 그 중에 문인의 문학활동은 활발하여 소위 대력십재자(大歷十才子) 등 문인집단이 형성되었으니, 이들 십재자는 자료에 따라 출입이 있지만1) 이들은 대개 유장경(劉長卿)·전기(錢起)·이익(李益)·한굉(韓翃)·경위(耿湋)·사공서(司空曙)·노륜(盧綸)·이가우(李嘉祐)·대숙륜(戴叔倫)·낭사원(郞士元) 등을 들 수 있다. 이들은 성당의 은일낭만풍을 지향한 부류와 사회 현실면을 작시에 반영한 부류, 그리고 상기의 양면을 겸용한 부류로 구분할 수 있다. 여기에 거론하는 전기(720~780전후)는 왕유파로 분류하는 경향도 있지만, 대개 양면을 동시에 작시에 도입한 시인이라고 본다.

---

1) 大歷十才子에 대해서 문헌마다 그 분류가 다르니, 姚合 ≪極玄集≫(卷上)에는 「李端與盧綸·吉中孚·韓翃·錢起·司空曙·苗發·崔洞·耿湋·夏侯審唱和, 號十才子.」라 하고 ≪滄浪詩話≫는 冷朝陽을 넣었고, 王世禎의 ≪分甘餘話≫(권3)에서는 皇甫曾을 넣고, 청대 管世銘은 ≪讀雪山房唐詩鈔≫(권18)에서 劉長卿과 皇甫冉을 거론하였음.

그의 시 분량도 최다에 속하여 현존 532수는 당시연구에 중요한 축을 형성하고 있는 것이다. 그럼에도 불구하고 전기의 시는 중국시학에서는 물론 당시에서도 크게 주목대상에 넣지 않고 부분적인 고찰만[2] 하면서 간과해온 것도 사실이다. 이것은 당시의 온당한 정리를 위해서 부적절한 연구풍토로서 향후 중당의 대력시 고찰에서 전기의 위상은 절대 우위에 설정하여 이미 연구 진행해 온 유장경과 동등한 가치를 부여해야 한다. 따라서 필자는 최근 수년간 대력십재자를 중심한 중당시를 정리하는 과정에서 일차적인 정리완료의 의미를 이 전기시의 분석에 두고 연구해 온 내용을 본고에 서술하고자 한다. 우선 전기에 대한 기존 자료가 극소하여 논점의 객관화가 용이치 않으며, 전래되는 역대 시평들이 하나같이 왕유의 후계자이며 그 속류로 기술하고 있어서 본고에 시의 리얼리즘적인 성격을 설정하여 구명하는 것이 여의치 않다고 본다. 예를 들어서 당대 고중무(高仲武)가 『중흥간기집(中興間起集)』(권상)에 전기시를 평하기를,

원외 전기의 시는 체재와 풍격이 청신하고 기특하여 이치가 맑고 화려하다. 과거 급제 후부터 문단을 주도하여 그 당시의 문호 왕유는 그를 고아한 품격이라고 칭찬하였고 왕유 이후에 전기가 으뜸이었다.

員外詩, 體格新奇, 理致淸贍. 越從登第, 抵冠詞林, 文宗右丞, 許以高格, 右丞以後, 員外爲雄.

라고 한 것은 후세시평의 근거가 되었고 그 테두리를 벗어나지 않아 왔다는 사실이다. 그러나 지아오원빈(焦文彬)과 지앙쉬에숭(張學松) 등의 시선본(詩選本)[3]에서의 평석이 그나마 인증에 참고가 되었고 시에하이핑(謝

---

[2] 기존 錢起에 대한 연구자료로 傅璇琮 ≪唐代詩人叢考≫, 譚優學 ≪唐詩人行年考≫, 蔣寅 ≪大歷詩人研究≫(上), 謝海平 「錢起事蹟及其詩作繫年述考」 등이 있음.

海平)의 전기사적 자료 또한 간접적인 근거가 되었다. 아울러 푸시엔중(傅 璇琮)과 탄이우쉬에(譚優學)의 자료도 전기시의 분석에 중요한 길잡이가 됨을 밝히고자 한다. 본문에서는 생평 부분은 기존 자료로 대신하여 생략 하고, 그의 시와 유관한 부분만을 부각시켜 다루고자 한다. 그리하여 그 의 연령별로 시에하이핑이 정리한 시작 계년(繫年)을 보충하여 다루고, 다 소 길지만 그의 시 전체를 형식과 주제 분류하여 전기시 연구의 기본자 료로 삼고자 한다. 그리고 본고는 현실 묘사를 처음으로 시도하여 분량상 많은 비중을 부여하였고 제5장은 전기시를 일반적으로 평가하는 시의 청 신 풍격과 왕유와 비교되는 시의 회화적인 성격을 고찰하기로 한 것이다.

Ⅰ. 생평의 연대별 시작 계년

전기의 생평은 기존 자료들 즉 원이두어(聞一多)의 『당시대계(唐詩大 系)』, 푸시엔중(傅璇琮)의 『당대시인총고(唐代詩人叢考)』(중화서국 1980), 탄이우쉬에(譚優學)의 『당시인행년고(唐詩人行年考)』(巴蜀書社 1987), 왕딩 장(王定璋)의 『전기시집교주(錢起詩集校注)』(浙江人民出版社 1992), 지아오 원빈(焦文彬) 등의 『대력십재자시선(大歷十才子詩選)』(陝西人民出版社 1998), 지앙쉬에숭(張學松) 등의 『대력십재자시전(大歷十才子詩傳)』(吉林人 民出版社 2000), 시에하이핑(謝海平)의 「錢起事蹟及其詩繫年述考」(『中華學 苑≫제34기 臺灣政治大學 中國語文研究所 1986) 등에서 생평 문제를 위 시하여 다양하게 거론한 바, 본고에서는 생평 내용 자체는 생략하고 단지 생졸년 관계는 푸시엔중설을 따르기로 하며 신문방(辛文房)의 『당재자전

---

3) 焦文彬 등 ≪大歷十才子詩選≫(陝西人民出版社 1998), 張學松 등 ≪大歷十才子 詩傳≫(吉林人民出版社 2000)

(唐才子傳)』(권4)의 전기조 일단을 인용하기로 한다.

전기의 자는 중문이고 오흥인이다. …… 사절로 촉에 들어갔고 고공낭중을 제수 받았으며, 대력년 간에 태청궁사와 한림학사를 지냈다. 전기의 시 체제는 참신하고 기특하며 이치가 청담하고 풍부하여 송과 제의 부허함을 없애고 양과 진의 유미함을 털어 내어서 멀리 홀로 우뚝 섰다. 왕유는 그 고아한 품격을 인정하고 낭사원과 명성을 나란히 하였다.

起, 字仲文, 吳興人. …… 奉使入蜀, 除考功郎中, 大歷中爲太淸宮使翰林學士. 起詩體製新奇, 理致淸贍, 芟宋齊之浮游, 削梁陳之嫚靡, 迥然獨立也. 王右丞許以高格, 與郎士元齊名.

위의 글을 토대로 부연하면 전기의 자는 중문(仲文), 절강(浙江) 오흥인(吳興人)이다. 개원(開元) 8년(720) 전후에 출생하여[4] 건중(建中) 원년(780) 전후에 졸하였다. 천보(天寶) 15년(751)에 진사 급제하고 대종(代宗) 광덕(廣德) 2년(764) 이후에 사훈원외랑(司勳員外郎)·사봉낭중(司封郎中)·고공낭중(考功郎中) 등을 역임하였고 ≪전고공집(錢考功集)≫이 있다. 그의 시에 대한 개괄적인 성격을 보면, 위에서 신문방(辛文房)이 기술한 바, 체재상 신기(新奇)하여 소위 가행체의 시를 발전시키고[5] 이치가 청담하고 풍섬하여 육조의 부허하고 화미한 풍격에서 탈피하여 왕유와 동격의 경지를 개척했음을 알 수 있다. 그리고 옹방강(翁方綱)의 ≪석주시화(石洲詩話)≫에서도,

---

4) 출생년에 대해서 聞一多의 ≪唐詩大系≫는 722년, 傅璇琮의 ≪唐代詩人叢考≫ p.427 「錢起考」에서는 712년 보다 늦게 기술.
5) 蔣寅의 ≪大歷詩人硏究≫ p.199 「七言歌行與七律的成就」(中華書局, 1995)에서 이 부분을 거론.

성당 이후와 중당 초기에 일시동안에 웅대하고 준일한 문인으로 전기와 유장경을 능가하는 자가 없다.······칠언가행에 있어서는 만고에 홀로 뛰어나다.

　　盛唐之後, 中唐之初, 一時雄俊, 無過錢劉. ······至于七言歌行, 則獨立萬古.

라고 하여 전기시의 장점을 거론하였다. 다음에 열거하는 전기시의 계년은 전적으로 시에하이핑의 「錢起事蹟及其詩繫年述考」(≪中華學苑≫제34기)를 근간으로 하여 이미 소개한 자료들에 의거하여 비록 분류되는 양은 적어도 149수를 연령별로 세분하여 나열하고자 한다.

　○개원開元 29년(741) 24세
　　〈贈闕下裴舍人〉〈秋舘言懷〉

　○천보(天寶) 원년(742) 25세
　　〈藍上茅茨期王維補闕〉

　○천보 5년(746) 29세
　　〈奉和聖製登會昌山應制〉〈奉和聖製登朝元閣〉〈溫泉宮禮見〉〈和李員外扈駕幸溫泉宮〉〈新豐主人〉

　○천보 9년(750) 33세
　　〈長安落第作〉〈長安落第〉〈下第題長安客舍〉〈落第劉拾遺相送東歸〉〈南中春意〉〈海畔秋思〉〈江上臥病寄王臨〉〈隴右送韋三還京〉〈同鄔戴闕中旅寓〉〈送鄔三落第還鄉〉

　○천보 10년 (751) 34세
　　〈省試湘靈鼓瑟〉〈夜雨寄寇校書〉 〈山中寄時校書〉〈山齋讀書寄時校書〉〈歲初歸舊山〉

o 천보 12년 (753) 36세
  〈李四勸爲尉氏尉李七勉爲開封尉〉

o 천보 13년 (754) 37세
  〈初黃綬赴藍田縣作〉〈淸泥驛迎獻王侍御〉

o 천보 15년 (756) 39세
  〈酬王維春夜竹亭贈別〉〈晚歸藍田酬王維給事贈別〉〈七盤嶺阻寇聞李端公先到南楚〉〈別張起居〉〈寇中送張司馬歸洛〉

o 지덕(至德) 2년 (757) 40세
  〈觀法駕自鳳翔迴〉〈秋霖曲〉

o 건원(乾元) 원년 (758) 41세
  〈長安客舍贈李行父明府〉〈送李明府去官〉〈藍上採石芥寄前李明府〉〈離居夜雨奉寄李京兆〉〈郭司徒廳夜宴〉〈初至京口示諸弟〉

o 건원 2년 (759) 42세
  〈奉和張荊州巡農晚望〉〈中書王舍人輞川舊居〉〈過王舍人宅〉〈樂遊園晴望上中書李侍郎〉

o 상원上元 원년 (760) 43세
  〈送裴頔侍御使蜀〉〈宴曹王宅〉

o 상원 2년 (761) 44세
  〈送元中丞江淮轉運〉〈送畢侍御謫居〉

o 보응(寶應) 원년 (762) 45세
  〈故王維右丞堂前芍藥花開悽然感懷〉

○ 보응 2년 (763) 46세
〈題郎士元牛日吳村別業兼呈李長官〉〈奉送劉相公江淮催轉運〉〈山園秋晚寄杜黃裳少府〉〈山下別杜少府〉〈廣德初鑾駕出關後登高愁望二首〉〈東城初陷與薛員外王補闕暝投南山佛寺〉〈鑾駕避狄歲寄別韓雲卿〉〈登高愁望〉〈寄韓雲卿〉
〈縣內水亭晨興聽訟〉〈偶成〉〈縣城秋夕〉〈縣中池竹言懷〉〈觀村人牧山田〉〈東皐早春寄郎四校書〉〈贈東鄰鄭少府〉〈題玉山村叟屋壁〉〈登玉山諸峯偶至悟眞寺〉

○ 광덕(廣德) 2년 (764) 47세
〈赴章陵酬李卿贈別〉〈訪李卿不遇〉〈登劉賓客高齋〉〈罷章陵令山居過中峯道者二首〉〈題張藍田訟堂〉〈晚過藍灞寄張藍田〉〈詠門上畫松上元王杜三相公〉〈送王使君移鎭淮南〉〈送王季友赴洪州幕下〉〈送裴大落第東歸〉〈酬考功楊員外見贈佳句〉〈山中酬楊補闕見過〉〈送邊補闕東歸省覲〉〈紫參歌〉〈送李季友〉

○ 영태(永泰) 원년 (765) 48세
〈故相國苗公挽歌〉〈酬苗發員外宿龍池寺見寄〉〈送馬使君赴鄭州〉〈贈郭駙馬〉

○ 대력大歷 원년 (766) 49세
〈賦得靑城山歌送楊杜二郎中赴蜀軍〉

○ 대력 2년 (767) 50세
〈陪郭常侍令公東亭宴集〉〈奉陪郭常侍宴浉川山池〉

○ 대력 3년 (768) 51세
〈送陸珽侍御使新羅〉〈重送陸侍御使日本〉〈送王相公赴范陽〉〈送王使君赴太原行營〉〈送李大夫赴廣州〉

○ 대력 4년 (769) 52세
〈送冷朝陽擢第後歸金陵覲省〉〈奉使採箭簳竹谷中晨興赴嶺〉〈夕發箭場巖下

作〉〈秋夜作〉〈和蜀縣段明府秋城望歸期〉〈裴僕射東亭〉〈奉和杜相公移長興宅奉呈元相公〉〈題樊川杜相公別業〉〈喜李侍御拜郎官入省〉〈過李侍御宅〉〈津梁寺尋李侍御〉〈見上林春雁翔青雲〉〈喜李侍御拜郎官入省〉〈臥病李員外題扉而去〉〈送集賢崔八叔承恩括圖書〉〈酬考功楊員外見贈佳句〉

○ 대력 5년 (770) 53세
〈送褚大落第東歸〉〈晚春永寧墅小園獨坐寄上王相公〉〈晚歸藍田舊居〉〈過山人所居因寄諸遺補〉〈罷官後酬元校書見贈〉〈藍田溪與漁者宿〉〈酬劉員外雨中見寄〉〈過桐柏山〉〈淮上別范大〉〈奉和宣城張太守南亭秋夕懷友〉〈九日宴浙江西亭〉〈送楊皞擢第遊江南〉

○ 대력 6년 (771) 54세
〈舟中寄李起居〉〈將赴閿鄉灞上留別錢起員外〉〈送郞四補闕東歸〉

○ 대력 7년 (772) 55세
〈寄袁州李嘉祐員外〉〈送蔣尙書居守東都〉〈漢武出獵〉〈校獵曲〉

○ 대력 8년 (773) 56세
〈送陸贄擢第還蘇州〉〈奉和中書常舍人晚秋集賢院卽事寄徐薛二侍御〉

○ 대력 11년 (776) 59세
〈送鮑中丞赴太原軍營〉

○ 대력 12년 (777) 60세
〈尋司勳李郞中不遇〉〈送外甥懷素上人歸鄉侍奉〉〈送外甥范勉赴常州長史兼觀省〉〈送嚴維尉河南〉

○ 대력 13년 (778) 61세
〈貞懿皇后挽詞〉

○ 대력 14년 (779) 62세

〈褚主簿宅會畢庶子錢員外郞使君〉〈禁闈玩雪寄薛左丞〉

o 건중(建中) 원년 (780) 63세
〈送夏侯審校書東歸〉〈秋夜寄袁中丞王員外〉〈省中對雪寄元判官拾遺昆季〉

o 건중 2년 (781) 64세
〈寄鄖州郞士元使君〉〈送張員外出牧岳州〉

o 건중 3년 (782) 65세
〈同王錥起居程浩郞中韓翃舍人題安國寺用上人院〉

Ⅱ. 시의 형식과 주제 분류

전기는 중당 시인 중에 비교적 많은 시를 남긴 작가로서 시체는 고시·가행·율시·절구 등 고루게 분포되어 있고 시의 주제 또한 다양하지는 않지만 집중적인 형식과 내용을 보여주고 있는 것이 특징이다. ≪전당시≫의 권236에서 권239까지 4권에 532수의 작품이 담겨져 있어서 일목요연하게 확인하게 되며, 그 중에는 〈강행무제(江行無題)〉6)100수(권239)와 〈남전계잡영(藍田溪雜詠)〉22수(상동) 등 하나의 주제로 다량의 집영시를 짓기도 하였다. 다음에 시를 본격적으로 분석하고 후의 참고자료로 삼도록 하게 위해서 전기의 시 전체에 체재와 주제를 부여하여 분류하고자 한다.

---

6) 이 시에 대해서는 ≪全唐詩≫(卷239에 小字로「一作錢珝」)와 傅璇琮의 ≪唐代詩人叢考≫(p.446-448)에 그 손자인 錢珝의 작으로 분류하는 경향이 있지만, 여기서는 ≪全唐詩≫(권239)와 ≪錢考功集≫에 의거하여 錢起詩로 넣음.

시제	시체	주제
(《全唐詩》 卷236)		
紫參歌	7언가행	영물
瑪瑙杯歌	〃	〃
鋤藥詠	〃	〃
病鶴篇	〃	〃
片玉篇	〃	〃
畵鶴篇	〃	〃
秋霖曲	〃	〃
白石枕	〃	〃
賦得靑城山歌送楊杜二郎中赴蜀軍	〃	송별
送李大夫赴廣州	5언고시	송별
送崔校書從軍	7언가행	〃
送張將軍征西	〃	〃
送修武元少府	〃	〃
送崔十三東游	〃	〃
送鄔三落第還鄕	〃	〃
送馬明府赴江陵	〃	〃
送畢侍御謫居	〃	〃
送楮大落第東歸	〃	〃
送傅管記赴蜀軍	〃	〃
送張少府	5언고시	〃
行路難	7언가행	영회
盧龍塞行送韋掌記	〃	송별
效古秋夜長	5·7잡언	영회
臥病李員外題扉而去	5언고시	영회
酬王維春夜竹亭贈別	〃	증수
山中寄時校書	7언가행	기증
送李四擢第歸覲省	5언고시	송별
過曹鈞隱居	〃	감회

哭曹鈞	5・7잡언	애도
東陽郡齋中詣南山招韋十	5언고시	우정
清泥驛迎獻王侍御	5언율시	증수
沁陽古渡作	〃	영물
臥疾答劉道士	〃	증수
夢尋西山準上人	5언고시	영회
長安旅宿	〃	여행
過桐柏山	〃	〃
李士曹廳對雨	〃	감회
登勝果寺南樓雨中望嚴協律	〃	우정
冬夜題旅館	〃	여행
自終南山晚歸	〃	〃
早渡伊川見舊隣作	〃	〃
夕發箭場嚴下作	〃	〃
同李五夕次香山精舍訪憲上人	〃	우정
雨中望海上懷鬱林觀中道侶	〃	〃
廣德初鑾駕出關後登高愁望二首	〃	영회
獨往覆釜山寄郎士元	〃	증수
送王季友赴洪州幕下	〃	송별
客舍贈鄭賁	〃	증수
山中春仲寄汝上王恒潁川沈沖	〃	기증
南中春意	〃	영회
東陵藥堂寄張道士	〃	기증
苦雨憶皇甫冉	〃	우정
寄任山人	〃	기증
登秦嶺半嚴遇雨	〃	유람
杪秋南山西峰題準上人蘭若	〃	〃
田園雨後贈隣人	〃	기증
天門谷題孫逸人石壁	〃	영물
藍溪休沐寄趙八給事	〃	기증
遊輞川至南山寄谷口王十六	〃	기증

藍田溪與漁者宿	〃	초탈
淮上別范大	〃	송별
離居夜雨奉寄李京兆	〃	기증
歎畢少府以持法無隱見繫	〃	우정
小園招隱	〃	초탈
過溫逸人舊居	〃	영회
縣內水亭晨興聽訟	〃	초탈
海畔秋思	〃	감회
太子李舍人城東別業	〃	산수
谷口新居寄同省朋故	〃	기증
京兆尹廳前甘棠樹降甘露	〃	영물
秋夜作	〃	감회
觀村人牧山田	〃	전원
裴侍郎湘川迴以青竹筒相遺因而贈之	〃	증수
東城初陷與薛員外王補闕暝投南山佛寺	〃	산사
奉和張荊州巡農晚望	〃	봉화
送包何同遊	〃	송별
酬陶六辭秩歸舊居見柬	〃	증수
奉使採箭簳竹谷中晨興赴嶺	〃	초탈
同巖逸人東溪泛舟	〃	은일
過沈氏山居	〃	초탈
贈柏巖老人	〃	증수
送薛判官赴蜀	〃	송별
詔許昌崔明府拜補闕	〃	우정
仲春晚尋覆釜山	〃	산수
贈東隣鄭少府	〃	증수
謝張法曹萬頃小山暇景見憶	〃	영회
罷章陵令山居過中峰道者二首	〃	산수
登覆釜山遇道人二首	〃	은거
尋華山雲臺觀道士	〃	초탈
海上臥病寄王臨	〃	기증

登玉山諸峰偶至悟眞寺	〃	초탈
長安客舍贈李行父明府	〃	기증
羨楊侍御淸文見示	〃	산수
山居新種花藥與道士同遊賦詩	〃	초탈
初黃綬赴藍田縣作	〃	유람
歸義寺題震上人壁	〃	은거

(이하 《全唐詩》卷237)

奉和聖製登會昌山應製	5언율시	봉화
省中對雪寄元判官拾遺昆季	〃	기증
山齋獨坐喜玄上人夕至	〃	은거
秋夜寄張韋二主簿	〃	기증
歸故山路逢鄰居隱者	〃	은거
落第劉拾遺相送東歸	〃	송별
和劉七讀書	〃	우정
早下江寧	〃	유람
登復州南樓	〃	유람
江陵晦日陪諸官泛舟	〃	〃
縣城秋夕	〃	영회
秋夜梁七兵曹同宿二首	〃	영회
和萬年成少府寓直	〃	우정
春夜過長孫繹別業	〃	산수
題溫處士山居	〃	산수
題陳季壁	〃	영물
贈鄰居齊六司倉	〃	〃
送征雁	〃	〃
宴鬱林觀張道士房	〃	초탈
秋夕與梁鍠文宴	〃	우정
哭空寂寺玄上人	〃	애도
題精舍寺	〃	산사
開元觀遇張侍御	〃	우정

和人秋歸終南山別業	〃	은거
故相國苗公挽歌	〃	애도
酬劉員外雨中見寄	〃	기증
賦得歸雲送李山人歸華山	〃	송별
過裴長官新亭	〃	산수
寄郢州郞士元使君	〃	기증
過長孫宅與朗上人茶會	〃	우정
下第題長安客舍	〃	감회
陪考功王員外城東池亭宴	〃	우정
過孫員外藍田山居	〃	유람
秋園晚沐	〃	초탈
窮秋對雨	〃	감회
裴迪南門秋夜對月	〃	산수
和蜀縣段明府秋城望歸期	〃	영회
晚歸藍田酬王維給事贈別	〃	송별
再得畢侍御書聞巴中臥病	〃	우정
宿新里舘	〃	영회
谷中書齋寄楊補闕	〃	기증
衡門春夜	〃	감회
題吳通微主人	〃	은거
晚次宿預舘	〃	유람
藍上茅茨期王維補闕	〃	우정
春宵寓直	〃	영회
新昌里言懷	〃	〃
秋夜寄袁中丞王員外	〃	기증
九日閑居寄登高數子	〃	〃
晚入宣城界	〃	산수
靜夜酬通上人問疾	〃	증수
奉陪使君十四叔晚憩大雲門寺	〃	탈속
省中春暮酬嵩陽焦道士見招	〃	증수
酬苗發員外宿龍池寺見寄	〃	〃

貞懿皇后挽詞	〃	애도
歲初歸舊山	〃	증수
鑾駕避狄歲寄別韓雲卿	〃	송별
詠白油帽送客	〃	〃
藍上採石芥寄前李明府	〃	기증
送贊法師往上都	〃	송별
送沈少府還江寧	〃	〃
送虞說擢第東遊	〃	〃
送少微師西行	〃	〃
送嵩山孫少府	〃	〃
送屈突司馬充安西書記	〃	〃
送時暹避亂適荊南	〃	〃
送邊補闕東歸	〃	〃
送彈琴李長史往洪州	〃	〃
送宋徵君讓官還山	〃	〃
送陳供奉恩勅放歸覲省	〃	〃
送外甥范勉赴任常州長史兼覲省	〃	〃
隴右送韋三還京	〃	〃
送元評事歸山居	〃	〃
送武進韋明府	〃	〃
送上官侍御	〃	〃
送郭秀才制擧下第南遊	〃	〃
送夏侯審校書東歸	〃	〃
送衛功曹赴荊南	〃	〃
送馬使君赴鄭州	〃	〃
送郎四補闕東歸	〃	〃
送陸三出尉	〃	〃
送安都秀才北還	〃	〃
送楮十一澡擢第歸吳覲省	〃	〃
送費秀才歸衡州	〃	〃
送陸郎中	〃	〃

送僧歸日本	〃	〃
送楊嶧擢第遊江南	〃	〃
送田倉曹歸覲	〃	〃
送張管書記	〃	〃
送蕭常侍北使	〃	〃
送李棲桐道擧擢第還鄉省侍	〃	〃
送柳道士	〃	〃
送陸珽侍御使新羅	〃	〃
重送陸侍御使日本	〃	〃
送陸贄擢第還蘇州	〃	〃
送虞說擢第南歸覲省	〃	〃
送原公南歸	〃	〃
送萬兵曹赴廣陵	〃	〃
送李判官赴桂州幕	〃	〃
題蘇公林亭	〃	영물
賦得寒雲輕重色送子恂入京	〃	〃
賦得叢蘭曙後色送梁侍御入京	〃	〃
賦得餘氷	〃	영물
賦得浦口望斜月送皇甫判官	〃	송별
賦得綿綿思遠道送岑判官入嶺	〃	〃
江寧春夜裴使君席送蕭員外	〃	〃
送薛八謫居	〃	〃
送衡陽歸客	〃	〃
送員外侍御入朝	〃	〃
送李諫議赴荊州	〃	〃
送元中丞江淮轉運	〃	〃
送唐別駕赴郢州	〃	〃
送鄭巨及第後歸覲	〃	〃
宿遠上人蘭若	〃	산사
酬元秘書晚出藍溪見寄	〃	수증
別張起居	〃	송별

郭司徒廳夜宴	〃	우정
初至京口示諸弟	〃	형제애
月下洗藥	〃	초탈
晚春永寧墅小園獨坐寄上王相公	〃	기증
歲暇題茅茨	〃	영물
九日登玉山	〃	산수
宴崔駙馬玉山別業	〃	우정
春谷幽居	〃	은거
賦得池上雙丁香樹	〃	영물
題樊川杜相公別業	〃	은거
酬盧十一過宿	〃	증수
崔十四宅問候	〃	우정
山路見梅感而有作	〃	감회
詠門上畫松上元王杜三相公	〃	영물
早發東陽	〃	유람
舟中寄李起居	〃	기증
夜雨寄寇校書	〃	〃
喜李侍御拜郎官入省	〃	우정
蘇端林亭對酒喜雨	〃	영회
見上林春雁翔青雲寄楊起居李員外	〃	기증
偶成	〃	감회
漁潭值雨	〃	〃
題蕭丞小池	〃	영물

(이하 《全唐詩》 卷238)

送集賢崔八叔承恩括圖書	五言古詩	송별
送張五員外東歸楚州	〃	〃
閒居寄包何	〃	기증
津梁寺尋李侍御	〃	우정
山園秋晚寄杜黃裳少府	〃	기증
東溪杜野人致酒	〃	우정

憶山中寄舊友	〃	기증
東皐早春寄郞四校書	〃	〃
玉山東溪題李叟屋壁	〃	은거
溫泉宮禮見	〃	봉화
遊襄陽泉石晚歸	〃	유람
夏日陪史郞中宴杜郞中果園	〃	우정
南溪春耕	〃	전원
省試湘靈鼓瑟	〃	영회
觀法駕自鳳翔迴	〃	봉화
題玉山村叟屋壁	〃	영물
縣中池竹言懷	〃	감회
山園棲隱	〃	은거
送王諫議任東都居守	〃	송별
送鄭書記	〃	〃
送族姪赴任	〃	〃
長安落第作	〃	감회
酬長孫繹藍溪寄杏	〃	증수
藥堂秋暮	〃	산수
哭常徵君	〃	애도
送鮑中丞赴太原軍營	〃	송별
奉送劉相公江淮催轉運	〃	〃
送李秀才落第遊荊楚	〃	〃
奉陪郭常侍宴滻川山池	〃	우정
寇中送張司馬歸洛	〃	송별
奉和宣城張太守南亭秋夕懷友	〃	봉화
過山人所居因寄諸遺補	〃	기증
過鳴皐隱者	〃	은거
送楊錥歸隱	〃	송별
酬劉起居臥病見寄	〃	증수
陪南省諸公宴殿中李監宅	〃	우정
山齋讀書寄時校書杜叟	〃	기증

晚歸藍田舊居	〃	은거
寄袁州李嘉祐員外	〃	기증
禁闥玩雪寄薛左丞	〃	〃
春暮過石龜谷題溫處士林園	〃	산수
宿畢侍御宅	〃	우정
中書遇雨	〃	감회
適楚次徐城	〃	유람
經李蒙潁陽舊居	〃	〃
贈漢陽隱者	〃	증수
巨魚縱大壑	〃	영물
送李九歸河北	〃	송별
送丁著作佐台郡	〃	〃
送王使君赴太原行營	〃	〃
送王使君移鎭淮南	〃	〃
李四勸爲尉氏尉李七勉爲開封尉	〃	우정
春夜宴任六昆季宅	〃	〃
閒居酬張起居見贈	〃	증수
奉和王相公秋日戲贈元校書	〃	봉화
過楊駙馬亭子	〃	영회
山下別杜少府	〃	이별
晚出青門望終南別業	〃	산수
送嚴士良侍奉詹事南遊	〃	송별
題祕書王迪城北池亭	〃	영물
過王舍人宅	〃	유람
過瑞龍觀道士	〃	우정
送沈仲	〃	송별
和韋侍御寓直對雨	〃	우정
奉和聖製登朝元閣	〃	봉화
奉和杜相公移長興宅奉呈元相公	〃	〃
送任先生唐山丞	〃	송별
送外甥懷素上人歸鄕侍奉	〃	〃

送張中丞赴桂州	〃	〃
送王相公赴范陽	〃	〃
送蔣尙書居守東都	〃	〃
送李兵曹赴河中	〃	〃
罷官後酬元校書見贈	〃	증수
同鄔戴關中旅寓	〃	우정
新豐主人	〃	〃
夕遊覆釜山道士觀因登玄元廟	〃	영회
陪郭常侍令公東亭宴集	〃	우정
太子李舍人城東	〃	〃
柏崖老人號無名先生男削髮女黃冠自以雲泉獨樂命予賦詩	〃	〃
贈李十六	〃	증수
裴僕射東亭	〃	영물
中書王舍人輞川舊居	〃	영회
溪襄陽盧判官奏開河事	〃	上疏
奉送戶部李郎中充晉國副節度出塞	〃	송별
奉和中書常舍人晩秋集賢院卽事寄徐薛二侍御	〃	봉화
和范郎中宿直中書曉玩清池贈南省同僚兩遺補	〃	증수

(이하 《全唐詩》卷239)

同程九早入中書	칠언율시	우정
仲春宴王補闕城東小	〃	〃
夜宿靈臺寺寄郎士元	〃	기증
題郎士元牛日吳村別業兼呈李長官	〃	기증
獻川雪後送僧粲臨還京時避世臥疾	〃	송별
和李員外扈駕幸溫泉宮	〃	우정
長信怨	〃	영회
送河南陸少府	〃	송별
送李評事赴潭州使幕	〃	〃
送李九貶南陽	〃	〃
送裴頓侍御使蜀	〃	〃

送韋信愛子歸覲	〃	〃
送興平王少府遊梁	〃	〃
送張員外出牧岳州	〃	〃
送孫十尉溫縣	〃	〃
送鍾評事應宏詞下第東歸	〃	〃
送嚴維尉河南	〃	〃
送馬員外拜官覲省	〃	〃
送冷朝陽擢第後歸金陵覲省	〃	〃
九日宴浙江西亭	〃	우정
和王員外雪晴早朝	〃	우정
避暑納涼	〃	유람
早夏	〃	산수
題嵩陽焦道士石壁	〃	영물
題延州聖僧穴	〃	〃
樂遊原晴望上中書李侍郎	〃	우정
幽居春暮書懷	〃	감회
謁許由廟	〃	유람
過張成侍御宅	〃	〃
酬考功楊員外見贈佳句	〃	증수
寄永嘉王十二	〃	〃
七盤嶺阻寇聞李端公先到南楚	〃	우정
酬趙給事相尋不遇留贈	〃	증수
山中酬楊補闕見過	〃	〃
同王鎬起居程浩郎中韓翃舍人題安國寺用上人院	〃	우정
尋司勳李郎中不遇	〃	〃
贈張南史	〃	증수
暇日覽舊詩因以題詠	〃	영회
漢武出獵	〃	〃
宴曹王宅	〃	우정
重贈趙給事	〃	증수
贈闕下裴舍人	〃	〃

登劉賓客高齋	〃	영물
哭辛霽	〃	애도
和慕容法曹尋漁者寄城中故人	〃	기증
山花	〃	영물
送楊著作歸東海	오언가행	송별
送李協律還東京	〃	〃
秋館言懷	〃	감회
和劉明府宴縣前山亭	〃	우정
新雨喜得王卿書問	〃	우정
賦得巢燕送客	〃	송별
題張藍田訟堂	〃	영물
江行無題一百首	오언절구	산수전원
言懷	〃	감회
和張僕射塞下曲	〃	우정
送李明府去官	〃	송별
赴章陵酬李卿贈別	〃	〃
逢俠者	〃	우정
郞員外見尋不遇	〃	〃
過李侍御宅	〃	유람
宿洞口館	〃	〃
九日寄姪箚箕等	〃	기증
梨花	〃	영물
題崔逸人山亭	〃	
藍田溪雜詠二十二首	〃	산수전원
傷秋	〃	영회
送崔山人歸山	칠언절구	송별
題禮上人壁畫山水	〃	영물
送歐陽子還江華郡	〃	송별
暮春歸故山草堂	〃	은둔
訪李卿不遇	〃	방문
與趙莒茶讌	〃	우정

故王維右丞堂前芍藥花開悽然感懷	〃	감회
送張參及第還家	〃	송별
夜泊鸚鵡洲	〃	유람
歸雁	〃	영물
春郊	〃	산수
晚歸嚴明府題門	〃	유람
秋夜送趙洌歸襄陽	〃	송별
送符別駕還郡	〃	〃
同王員外隴城絶句	〃	우정
過故洛城	〃	유람
校獵曲	〃	산수
晚過橫瀾寄張藍田	〃	기증
九日田舍	〃	전원
長安落第	〃	감회

이상의 분류에서 주제에 의한 작품의 수를 정리하면 다음 표와 같다.

주제	영물	송별	영회	애도	증수	유람	우정	은거	봉제	산수전원	계
시수	28	127	43	6	66	27	53	30	9	143	532

여기서 전기시의 은일낭만적인 성당 시풍이 왕유와 비교된다고 보면 주제상 산수와 전원과 송별의 시가 주류를 이룬다고 하겠다. 반면에 관장과 유관한 봉제와 영물관계는 상대적으로 비중이 적다고 보아 전기시가 지향한 성격을 파악할 수 있다.

Ⅲ. 시의 리얼리즘적 의식

전기의 시를 흔히 왕유의 후계자로 지칭하기를 선호해 왔는데[7] 이것은 전기의 시 풍격으로 볼 때, 광덕년간(763)을 기점으로 해서 그 전후기를 구분하는데 왕유와의 관계는 주로 후반기의 시에서 수용되는 이론이 되겠다. 그러니까 전기에 해당되는 전기의 청장년기의 시를 중심으로 해서 총괄하면, 역시 중당대의 원진(元稹)·백거이(白居易)·왕건(王建)·장적(張籍) 등의 사실파의 선도적인 역할자로서의 사회현실을 직시하는 리얼리즘적인 사회시라고 할 작품성향을 보여 준다. 이것은 전기의 시를 단순한 성당의 은일낭만적인 왕유파의 일원으로 평가하여 중당의 성당시인으로 분류하는 논조에서 탈피하여야함을 의미한다. 이 점에 있어서는 두보시의 시조를 방불케 한다고 보아서, 전기의 전반기의 시는 대체로 우울하고 비감이 어린 성정을 토로한다고 논평하는 경향을[8] 수용할 필요가 있으며, 필자는 이에 동의하면서 이 전기시의 현실상 부분을 설정하는 것이다. 전기의 시 500여 편에서 현실을 풍유한 분량은 전체의 ¼ 정도이지만, 그 시적인 가치는 전기의 시에 대한 새로운 평가를 위해서 더욱 중요한 평가대상이 되리라 본다. 그러면 전기의 조기작품이 왜 짙은 감상의 의식이 배어 있는가를 상고해 보면, 이미 거론한 바 수차에 걸친 과거의 낙제 경험과 청년기의 천보년 간 안사란의 실상을 직접 체험한 역경이 주된 요인으로 추정한다. 그리고 조년의 병약한 체질에서 오는 정신적인 나약성도 추가요인이 될 수 있다. 시구의 예를 구체적으로 들어서 제시한다면, 먼저〈궐하 배사인에게(贈闕下裴舍人)〉(권239)의 말4구를 보면,

　　따뜻한 기운 흩어지지 않은데 어려운 길 한스럽고,
　　하늘은 오래 두고 해를 받들 날 새롭기를 그리네. (임금 보필의 기회
　　오길 바램)

---

7) 沈德潛 《唐詩別裁集》, 施補華 《峴傭說詩》, 蔣寅 《大歷詩人硏究》 등에서 거론.
8) 蔣寅 《大歷詩人硏究》 p.177과 焦文彬 등의 《大歷十才子詩選》 p.57 참고.

시 지어 바치길 10년(과거시험 참여)에 아직 이루지 못하니,
백발로 고운 비녀를 대함이 부끄럽네.

　　　陽和不散窮途恨, 霄漢長懷捧日新.
　　　獻賦十年猶未遇, 羞將白髮對華簪.

　여기서 말2구는 전기의 본심이니 과장된 표현이 아니며, 그리고 〈장안에서 낙제하고(長安落第作)〉(권238)의 말4구에서도,

깃털을 씻으며 높은 나무 그리고,
오르는 용이 물결 떠남을 한하네.
쓸모 없는 재능 세상에 쓰이지 않고,
감도는 소리 구름 낀 여라 덩굴에 사라지네.

　　　刷羽思喬木, 登龍恨失波.
　　　散才非世用, 回音謝雲蘿.

라고 하여 실의한 심정의 일단을 토로하고 있다. 한편, 낙제의 원인으로 과거제도의 부조리를 은근히 묘사한 것으로 〈장안낙제(長安落第)〉(권239)를 보면,

화려한 꽃과 그늘진 버들이 구중대문에 깊으니,
대문을 대하고 술 마시며 슬픈 노래 부르니
눈물이 옷소매에 가득하다.
며칠 두고 꾀꼬리 울고 꽃피는 좋은 봄 날개 지듯 다 가니,
돌아가는 봄 한번에 상심도 한번이라.

　　　花繁柳暗九門深, 對飲悲歌淚滿襟.
　　　數日鶯花皆落羽, 一回春至一傷心.

이 시에서 주의할 점은 천보 성세의 부조화에 대한 침울한 정조를 표현한 것을 알 수 있다. 더구나 다음 그의 〈성시의 상영에서 가야금 타며 (省試湘靈鼓瑟)〉(권238)은 그가 과거에 응하면서 심리적으로 운명적인 상황이 아니면 급제하기 어렵다는 의미를 제시하는 드문 성시시(省試詩)이다.

운화가야금을 잘 타니,
늘 상군의 넋을 듣노라.
풍이신은 공허히 절로 춤만 추고,
초의 나그네 차마 듣지 못하네.
괴로운 가락은 악기에서 처량하게 울리니,
맑은 소리는 먼 곳에 스며드네.
창오에는 원한의 그리움이 일고,
백지 향초에는 짙은 향기 우러나네.
흐르는 물 따라 소수의 물가에 전하고,
슬픈 바람이 동정호를 스쳐가네.
곡조가 끝나니 사람은 보이지 않고,
강가에 몇 봉우리 푸르다.

善鼓雲和瑟, 常聞帝子靈.[9]
馮夷空自舞, 楚客不堪聽.
苦調淒金石, 清音入杳冥.
蒼梧來怨慕, 白芷動芳馨.
流水傳瀟浦, 悲風過洞庭.
曲終人不見, 江上數峰青.

---

9) 帝子: 堯의 딸, 舜의 처. 屈原 ≪九歌≫湘夫人:「帝子降兮北渚.」劉向 ≪烈女傳≫ 有虞二妃:「舜爲天子, 娥皇爲后, 女英爲妃, 舜死于蒼梧, 二妃死于湘之間, 俗謂之湘君.」

이 시는 미려하면서 기교가 넘치는 시어를 구사하고 있지만 그 이면에는 유원(幽怨)하면서도 애모(哀慕)어린 한이 맺혀 있어서 읍소하는 듯한 음조와 맑으면서도 처연한 시흥이 다양한 상상력을 불러 일으켜서 이와 관련된 신기한 고사를 낳게 한 것이다.10) 이러한 시는 전기가 평소에 심신이 나약하여 소극적이며 은둔적인 의식이 잠재되어 있음을 간설하는 것이라고 하겠다. 이처럼 그의 시가 지닌 독특한 성격을 통해서 다음 세 가지 면에서 여하히 묘사하고 있는지를 살펴보고자 한다.

1. 정치 부조리 고발

성당의 번창한 사회상은 생활여건이 향상되었지만, 한편으론 빈부의 격차와 정치부패가 성행하여 전기의 심정은 과거급제도 희원하였지만 정치현실에 대한 불만과 거부감이 동시에 격동한 양면적 의식을 제시하는 작품을 볼 수 있다. 먼저 〈사직한 이명부을 보내며(送李明府去官)〉(권239)를 보면,

> 비방하는 말 자주 들린 후에,
> 직언의 말한들 무엇하리.
> 오늘 남전의 냇물에는,
> 밤 낚시질 누군가 꼭 한다네.
>
> 謗言三至後, 直道歎何如.
> 今日藍溪水, 無人不夜漁.

---

10) ≪舊唐書≫ 錢徽傳:「父起, 天寶十年登進士第. 起能五言詩, 初從鄉薦, 寄家江湖, 嘗于客舍月夜獨吟, 遽聞人吟于庭曰; 曲終人不見, 江上數峰青. 起愕然, 攝衣視之, 無所見矣. 以爲鬼怪而志其十字. 就省試之年, 李暐所試湘靈鼓瑟詩題中有青字, 起卽以鬼謠十字爲落句, 稱爲絶唱. 是歲登第, 釋褐秘書省校書郎.」

시제의 「이명부」는 그 당시의 남전현령(藍田縣令) 이행보(李行父)이며 명부(明府)는 관명이다. 전기가 이명부에게 준 시 〈장안의 객사에서 이명부에게(長安客舍贈李行父明府)〉(권236)의 제3~5연을 보면,

> 누가 전쟁 때에, 거문고 타서 울린다고 말하는가?
> 번민을 다스리는데 대범하고 명료하였고,
> 거센 자를 다스리는데 관용을 겸하였네.
> 밤낮으로 백성을 염려하느라,
> 자다가 깨어나고 연회도 편치 않았네.
>
> 誰謂兵戈際, 鳴琴方一彈.
> 理煩善用簡, 濟猛能兼寬.
> 夙夜念黎庶, 寢興非宴安.

라고 하여 이명부의 청렴하고 애민하는 치정을 칭찬하면서 이러한 관리가 관직을 떠나야 하는 현실에 대해서 원망과 분개를 금치 못하고 있다.[11] 그러니까 이명부가 거관하고 귀향함을 전송하면서 제1연에서 직설적으로 비판하게 된 것이다. 「三至」는 공자의 제자 증삼(曾參)의 모친이 아들과 동명이인이 살인했다는 사실을 여러 사람이 반복해서 잘못 고하므로 해서 그 일로 진실인줄 알고 베틀을 놓고 담 넘어 피한 고사에서[12] 나온 시어이다. 간신이 준동하므로 직언이 수용되지 않고 소위 「소인을 가까이 하고 현신을 멀리함(親小人遠賢臣)」(諸葛亮〈出師表〉)의 부패정치가 횡행하여 제4구에서 백성이 약탈당하는 현실을 직설하여 폭로한 것

---

11) 張學松 등 ≪大歷十才子詩傳≫ p.149, (吉林人民出版社 2000.1), 焦文彬 등 ≪大歷十才子詩選≫ p.73, (陝西人民出版社 1988)
12) ≪戰國策≫秦策, ≪後漢書≫班超傳:「身非曾參而存三至之讒, 恐已疑于當時矣.」

이다. 전기시에 이같이 정치현실을 직설적으로 폭로한 예는 이 시가 유일하다고 본다.13) 그리고 이제(吏制)의 부조리를 통렬하게 비판한 〈손십위를 보내며(送孫十尉溫縣)〉(권239)는 이도(吏道)가 타락한 현실을 가장 직핍하게 묘사한 것이다.

> 날리는 꽃과 떨어지는 버들 솜이 강다리에 가득한데,
> 천리 길 멀리 아픈 마음으로 객을 보내노라.
> 운향의 향기가 하급관리의 노란 인끈에 물드는 것 아쉽지 않으나
> 다만 큰 새의 날개(포부 있는 선비)가
> 푸른 하늘에 떨어지는 것 안타깝다.
> 구름 낀 네거리엔(관직 현달) 뜻 없는 자 머리를 들고 있고
> 벼슬길에 끌어주는 자 없으면 허리가 꺾이네.(굴욕 당하다.)
> 빠르고 번화한 음악은 취하기를 재촉하니
> 석양에 머물지 않고 말 재갈을 당겨서 떠나네.

> 飛花落絮滿河橋, 千里傷心送客遙.
> 不惜芸香染黃綬, 惟憐鴻羽下青霄.
> 雲衢有志終驤首, 吏道無媒且折腰.
> 急管繁弦催一醉, 頹陽不駐引征鑣.

이 시에서 제3구의 「芸香」은 향초이지만 정조가 고상한 선비를 비유하니 제4구는 큰 웅지를 품은 선비가 포부를 펼 수 없는 상황을 애석하게 여긴 부분이며 제6구에서 「折腰」는 굴욕당하는 청백리의 수난상을 풍자하고 있다.14) 더구나 전기는 빈부간의 대립과 정치부패를 심각하게 제시하면서 현실의 개변과 인민행복의 회포를 강렬하게 토로한 다음 〈가을장마(秋霖曲)〉(권236)은 주목할 만한 것이다.

---

13) 張學松 등 上揭書 p.149
14) 焦文彬 등 상게서 p.110

그대는 보지 않는가, 성명하신 임금이 식사를 거르며
백성 근심하는 것을,
추풍 장마 비에 사방 천리가 어둡구나.
봉황지에는 샘물이 들끓고,
창용궐 아래엔 구름 기운이 인다
달이 필성을 만나서 오래 머물러 큰 비 내려서
지친 새 돌아가려 해도 머물 나무 모르네.
우수에 찬 검은 구름 쌀쌀한데 때마침 큰 번개 치니
생령이 물에 푹 빠져 찬 재 같도다.
공경대부의 붉은 곡식은 단계로 밥을 짓고,
평민 백성의 백골엔 푸른 이끼가 덮었네.
담비털옷 입고 좋은 음식 먹는 부귀한 사람들
고기 굽는 연기 하늘을 덮고 대문에는 창을 세우네.
또 노래하고 웃어대며 날마다 황금을 휘감고서,
응당 우왕과 탕왕이 나라고난을 자기 탓으로 돌린 것을 비웃노라.
학이 우니 개구리가 뛰는 (속물이 득실거림) 마침 어지러운 때에,
표범이 숨고 난초가 시드니(현인이 버림받음) 또한 슬프다.
어찌하면 태아보검으로 비구름(병예:구름신)을 갈라서,
다시 온 백성으로 아침해를 보게 할 수 있으리?

君不見聖主旰食憂元元, 秋風苦雨暗九門.
鳳凰池裏沸泉騰, 蒼龍闕下生雲根.
陰精15)離畢太淹度, 倦鳥將歸不知樹.
愁陰慘淡時殷雷, 生靈墊溺若寒灰.
公卿紅粒爨丹桂, 黔首白骨封靑苔.
貂裘玉食張公子, 炰炙熏天戟門裏.
且如歌笑日揮金, 應笑禹湯能罪己.16)

---

15) 《顔氏家訓》歸心: 「日爲陽精, 月爲陰精.」
16) 《左傳》莊公十一年: 「禹湯罪己, 其興也勃焉.」

鶴鳴蛙躍正及時, 豹隱蘭凋亦可悲.
焉得太阿決屛翳, 還令率土見朝曦.

  이 시를 세석하면, 제1연은 군주의 노심초사와 정치의 암운 같은 현상을 암시하고, 제2연은 궁궐 안의 연못에 물이 솟고 창용궐의 구름이 자욱한 광경을 통하여 정치가 맑고 밝지 않은 점을 은유하며, 제3·4연은 달이 필성(畢星)에 가까이한다는 것은 대우(大雨)를 예고하며 지친 새가 머물 나무를 찾지 못하니, 이 모든 현상을 통해 민심이 우울하고 방황하는 점을 비유한 것이다.
  제5·6연에 이르러서 백성이 식은 재처럼 버림받았는데 공경대부는 호의호식하며 화려한 생활을 누리는 광경을 대조적으로 묘사하였다. 마지막 부분에서 부패의 극치에 달한 정치풍토는 우탕(禹湯)의 겸허한 치민의식을 비웃고「규약(蛙躍)」즉 속물들이 득세하여「표은난조(豹隱蘭凋)」의 현상이 일어나서 난세에 현인이 모두 은둔하니, 언제나 나라에 구름이 걷히고 아침 햇살을 비치게 하는 개혁이 가능한지를 통탄하고 있다. 전기의 시를 흔히 청신한아(淸新閑雅)한 풍격을 지닌 것만으로 분류해 온 기존의 평가에서[17] 탈피해야 하는 이유가 곧 이 같은 작품이라는 점을 강조하게 된다.

2. 전쟁과 사회 혼란상 묘사

  전기는 천보개원 년간을 살면서 안록산(安祿山)과 사사명(史思明)의 난을 겪고 그 전후로 사회가 혼란하고 민생의 고통을 직접 보고 체험하였으니 그의 시에서 이 부분을 간과할 수 없는 것이다. 그의 시에서 내란상

---

17) 淸代 宋育仁 ≪三唐詩品≫:「其源出于謝朓, 清新揚采, 寥然遠音.」≪唐詩韻滙≫:「錢仲文清新閑雅, 風趣一變.」

과 애국사상을 찾아보고 난리로 인한 방랑의 비애와 실의 그리고 이들을 극복하고 승리를 고취하고 축하하는 소망의 심경을 담고 있는 것들을 차례로 살피려 한다.

먼저 사회적으로 안사란 등 내란 시에 국가 운용의 일면을 묘사한 시로〈유상공을 보내며(奉送劉相公江淮轉運)〉(권238)를 보면,

> 나라의 비용으로 전쟁을 치르느라,
> 신하는 고생하며 임금 위해 근심하네.
> 토지공물을 징수하고
> 더욱 제천의 배를 띄우네.
> 수레 타고 밤새 가느라 별도 사라져 날이 밝았고,
> 연못을 지나가니 봉황이 머물지 않네.
> 오직 높은 충절 지키느라고 찬물 마시고,
> 집을 떠난 근심 조금 덜어지네.
> 낙엽이 회수 가의 빗속에 지고,
> 외론 산은 바다 위에 우뚝 가을이구나
> 아득히 진대의 사안(謝安)의 흥취를 알지니(여기서는 유상공 비유),
> 강루에는 희미한 초생달이 떠 있다.
>
> 國用資戎事, 臣勞爲主憂.
> 將徵任土貢, 更發濟川舟.
> 擁傳星還去, 過池鳳不留.
> 唯高飮水節, 稍淺別家愁.
> 落葉淮邊雨, 孤山海上秋.
> 遙知謝公興, 微月上江樓.

이 시의 유상공은 유안(劉晏)(715~780)으로서 그 당시에 이재가로 군국의 비용을 계획하고 집행하는 판탁지(判度支)의 지위에 있었기 때문에 전기는 제1연에서 전란의 비용을 염려하는 구절이 나온다. 제3연의 황급한

부임과 제5연의 고통 장면은 모두 국가를 위해 전쟁의 비용을 마련해야 함을 주장하는 구절들이다. 따라서 이 시는 변방의 환란과 내란의 급박한 상황 하에서도 긍정적이며 적극적인 의지를 토로하고 있다. 그리하여 이러한 긍정적인 전란극복의 의지를 가지고 애국사상을 고취하는 진전된 시를 남기고 있으니, 〈태원행영에 부임하는 왕사군을 보내며(送王使君赴太原行營)〉(권238)가 그것이다.

> 태백성이 밝아 모습이 없고,
> 황제의 위세는 전쟁 평정 안되네.
> 제후는 권세의 부절과 무기를 지니고,
> 천리 길 산하를 치도다.
> 한나라의 영접하는 역에는 쌍 깃발 날리고,
> 오랑캐 땅에는 수많은 군사 지나가네.
> 놀란 다북쑥에 기러기는 날고,
> 말을 몰아 구름처럼 들어오네.
> 노용새의 변새를 팔지 않아도,
> 능히 넓은 바다(고비사막)의 물결 잠재우리라.
> 모름지기 출사표의 노래 전해야지,
> 식미가는 부르지 마오.

> 太白明無象, 皇威未戢戈.
> 諸侯持節鉞, 千里控山河.
> 漢驛雙旌度, 胡沙七騎過.
> 驚蓬連雁起, 牧馬入雲多.
> 不賣盧龍塞, 能消瀚海波.
> 須傳出師頌, 莫奏式微歌.

이 시는 제1연을 보아서, 안사란이 평정되기 전에 쓰여진 것으로 추정한다. 전쟁에서 승리하기 위해서 승리에 필요한 행동과 심기가 제2연부터

제5연까지 다양하게 표출되어 있으니 「절월(節鉞)」과 「쌍정(雙旌)」,「칠기(七騎)」와 「목마(牧馬)」 등의 시어가 그 구체적인 예증이 된다. 그래서 말연에 출사의 송가를 불러야지 피세적이며 은둔적인 식미가(式微歌)는[18] 염두에 두어서는 안 된다는 것이다. 그러면서도 국가의 안위를 염려하여 역사의 사실을 기록했다고 보는 시사적 의미가 있는 다음 〈광덕초 국경을 나서 등고하여 수심에 차서(廣德初鑾駕出關後登高愁望)〉(권236) 2수중 제1수를 보기로 한다. 광덕 원년(763) 10월 토번(吐蕃)군이 장안을 점령하매 대종은 섬주(陝州)로 피난 가고 그 해 12월에 곽자의(郭子儀)가 장안을 수복하고 회경하는 사태가 있었기에 전기의 이 시는 그 당시의 형세를 사실수법으로 묘사하여 사료적인 자료로도 가치가 있다.[19]

  장안을 볼 수 없으니,
  먼 곳 변방에서 수심이 일도다.
  임금의 수레 바퀴 통이 오랑캐에 더럽혀져,
  산하의 안팎이 텅 빈다.
  누런 구름은 성궐을 짓누르고,
  기우는 햇살은 봉화 누대로 옮기네.
  임금의 깃발은 멀리 노을이 들고,
  오랑캐 말 달려옴이 개미 같도다.
  옛날 黃帝가 탁록에서 싸워,
  곧 우치(토번)을 죽인 것 모르는구나.
  목마르게 날마다 강이 맑기를 기다리니(평화),
  짙은 근심에 늙기만을 재촉하누나.

  長安不可望, 遠處邊愁起.
  轂轂混戎夷, 山河空表裏.

---

18) ≪詩經≫邶風 式微篇을 지칭.
19) 張學松 등 ≪大歷十才子詩傳≫ p.146

黃雲壓城闕, 斜照移烽壘.
漢幟遠成霞, 胡馬來如蟻.
不知逐鹿戰, 早晚蚩尤死
渴日候河淸, 沈憂催暮齒.

위의 시에서 제2구의「수변(邊愁)」는 토번이 변관을 침입한 사실을 지칭하고 제3구의「융이(戎夷)」는 토번군을 의미하며 제4연의「한치(漢幟)」구는 대종의 몽진,「호마(胡馬)」는 토번의 병마를 의미하는 것이다. 그리고 말연의「하청(河淸)」은 백년하청이니 나라의 안정과 평화가 언제나 가능하겠는가 라는 깊은 국가안위의 우심을 토로한 것이다.

그런 중에 전란의 고초와 방랑, 부역과 귀향불가의 비애를 극복하기 쉽지 않았다. 그래서 전기는 민심의 이런 면을 직설적으로 묘사하고 있다. 먼저〈한운경을 이별하며(鑾駕避狄歲寄別韓雲卿)〉(권237)를 보면,

백발 드니 웅장한 마음가시고,
수심에 차서 나라 운명 보노라.
관산은 비참하여 빛이 없고,
친애하는 사람 문득 놀라서 떠나가네.
그림자 끊어지고 용검이 외짝이니(차마 헤어지기 어려움),
소리 슬픈 새가 가지를 그리워하네.
아득히 구름 낀 바다 밖에서,
서로 그리워하며 만나지 못하네.

白髮壯心死, 愁看國步移.
關山慘無色, 親愛忽驚離.
影絶龍分劍, 聲哀鳥戀枝.
茫茫雲海外, 相憶不相知.

위의 시는 전란이 국가의 운명에 영향이 클 뿐 아니라 백성에게 주는 난리의 고통이 지대함을 토로한다. 제1연의 「國步」란 국가운명의 의미이며 제3연의 제7구는 가족의 이산과 국가의 혼란을 비유한다. 그리하여 분산되어 상봉할 수 없는 혈육과 기약 없는 귀향 등이 전기의 눈에도 실상으로 다가오고 전기 자신도 그 신세인 만큼, 그에 따른 심신의 비애와 실의 또한 심각한 것이었다. 다음 〈장기거를 이별하며(別張起居)〉(권237)와 〈옛 낙양을 지나며(過故洛城)〉(권239)는 각각 이산가족의 번민과 사향의 비감을 노래한다. 먼저 앞의 시를 보면,

이별할 때 한이 남느니,
더욱이 지금은 혼이 나갔도다.
바람 부는 파도 막 바다를 진동하고
원추리와 백로 각각 숲을 떠나네. (백관이 흩어짐)
나라의 곡관과 하천은 끊어지고,
초가을에 풀 이슬이 깊도다.
육기가 세상그물(세상일)에 얽매어서,
고향의 마음 등졌다네.

有別時留恨, 銷魂況在今.
風濤初振海, 鶢鷺各辭林.
舊國關河絶, 新秋草露深.
陸機嬰世網, 應負故山心.

이 시는 비유적인 시로서 제1연은 이별의 한과 상심을, 제2연은 전란이 발생하매 조관이 떠나는 것을 각각 비유한다. 제4연에서 진대 육기(陸機)를 시인 자신에 비유하여 비관적인 말로를 예상하면서 고향에 대한 향수를 표출하고 있다. 그리고 뒤의 시를 보면,

옛 성 문 밖에 봄날이 기우는데,
옛 성 문 안에는 인가가 없구나.
시장을 알고 파도 어딘지 모르고,
아득히 들밭에 공허히 풀꽃만 있구나.

故城門外春日斜, 故城門裏無人家.
市朝欲認不知處, 漠漠野田空草花.

　이 시의 시어를 비유대상과 대조하여 정리하면,「銷魂－ 비애, 風濤－ 전란, 鳱鷺－ 조관, 辭林－ 이별, 世網－ 사회제도의 속박」등으로 분류해 볼 수 있다. 위의 시는 칠절이지만, 안록산이 낙양(洛陽)을 함락하고 성내는 허망한 광경뿐, 그 실의는 사실 그대로인 것이다.[20] 그런 와중에도 지덕(至德) 2년(757)〉〈권238)를 남기고 있다. 10월 난이 평정되고 숙종(肅宗)이 회경하니 전기는 승리를 노래한 축시〈관법가자봉상회(觀法駕自鳳翔廻)〉를 보면,

혜성이 일시에 사라지고,
구중 궁궐문이 활짝 열리네.
바다가 잔잔하여(천하태평) 고래 같은 큰 고기 사라지고,
천지가 바뀌어 일월이 뜬다.
성명하신 임금은 문물을 소생시키니,
임금의 수레(임금의 정치)가 구름·우뢰 헤치네.
새벽의 물시계 신선한 조정의 의장에 전해져서,
아침해가 제대에 솟는다.(「아침 조정에 제대곡을 높이 울리네」의 뜻)
주 무왕의 은을 멸한 후 말이 돌아오는 공로가 부끄럽고,
우왕의 깊은 강을 소통시킨 치수업적이 양보할 일이로다. (안록산난 평정을 극찬)

---

20) 焦文彬 등 상게서 p.103(천보 14년, 755년)

국경방위의 관리의 소원을 알아주려니,
남산에서 술잔을 들기로 하세.

欃槍一掃滅, 閶闔九重開.
海晏鯨鯢盡, 天旋日月來.
聖情蘇品物, 龍御闢雲雷.
曉漏移仙仗, 朝陽出帝臺.
周慚散馬出, 禹讓濬川廻.
欲識封人願, 南山擧酒杯.

위에서 제3연은 황제가 국가회복과 치적을 묘사하고 제4연은 황제의 회경 광경과 군신의 성황을 묘사하였다. [21] 그리고 제5연은 천하태평의 회복은 주무왕(周武王)의 은(殷) 멸망과 우(禹)의 치수 성공에 못지 않은 큰 업적이라고 칭송하는 과장적인 봉제시의 맛을 풍기고 있다. 이 과장적 표현은 국가의 장래 번영을 희망하는 상향적인 비유법이라고 평가해도 가할 것이다.

3. 민생의 질고 대변

이 부분은 어느 시인에게서나 찾아볼 수 있는 소재이다. 남과 더불어 살아가기 때문에 그 시인도 현실 속의 제상을 직간접적으로 목도하는 것이다. 전기도 예외가 아니어서 간헐적으로 그의 시를 통해서 그의 민생을 보는 시각이 다각적으로 표출되어 있다. 광덕 원년(763) 안사란이 평정되고 시국이 다소 안정되었지만, 민심은 현실생활의 처절과 빈곤으로 정치지도자들과의 이반 현상이 일어나매, 전기가 인민의 생활상을 묘사한 다음 시 〈정주로 부임하는 마사군을 보내며(送馬使君赴鄭州)〉(권237)는 그

---
21) 張學松 등 상게서 p.160~161

좋은 예가 된다.

> 동녘 땅은 문득 별일 없이 평화로우니,
> 태수의 성을 다시 어진 이가 맡았네.
> 관리의 예식을 기뻐하며 보니,
> 다시 전쟁 없는 시절이로다.
> 단비는 영수에 내리고,
> 돌아온 사람들 밭을 갈도다.
> 멀리 태수가 오던 날 알고 있나니,
> 온 마을에 새 연기 일도다.

> 東土忽無事, 專城復任賢.
> 喜觀班瑞禮, 還在偃兵年.
> 膏雨帶滎水, 歸人耕圃田.
> 遙知下車日, 萬井起新煙.

이 시는 마수(馬燧)가 정주자사(鄭州刺史)로 부임하는 것을 전송한 것인데 먼저「任賢」이라 하여 마수의 임직을 칭송하고 백성이 마사군으로 인해 생활 안정되고 귀농하여 국가안위의 평강이 있을 것을 희망하고 있다. 제1구의「無事」는 안사란이 평정되고 제4구에서「언병(偃兵)」이라 하여 전쟁이 끝났음을 말해 준다. 그리하여 제3·4연에서는 귀향과 평화를 희원하면서 아직은 혼란한 사회상을 암시해 준다.

그리고 전기는 실질적으로 지배층과 피지배층간의 경제적인 빈부격차의 심각성을 다음〈긴 가을 밤에(效古秋夜長)〉(권236)시에서 제시해주면서 격분을 토로하고 있다.

> 가을 하늘에 옥 서리 날리고,
> 북풍은 연꽃 향기 쓸어가네.

정 머금고 베 짜며 외론 등 가물대는데,
눈물 닦으며 그리운 마음속에 찬 물시계는 길기도 하다.
처마 앞 푸른 구름 고요하기 물 같고,
달 아래 깃든 까마귀 소리에 새들이 깨어나네.
뉘 집 젊은 부인이 베틀 일삼다가,
은 장막 구름 병풍 치고 깊이 사립문을 닫는가.
백옥 같은 창가에 낙엽소리 들리지만,
가난한 여인 홀로 입을 옷 없음이 가련하다.

秋漢飛玉霜, 北風掃荷香.
含情紡織孤燈盡, 拭淚相思寒漏長.
簷前碧雲靜如水, 月弔棲烏啼鳥起.
誰家少婦事鴛機, 錦幕雲屛深掩扉.
白玉窻中聞落葉, 應憐寒女獨無衣.

위의 시에서 제2연은 밤새도록 베틀에 앉아서 눈물짓는 한녀(寒女)의 자태를 직설하고 제4연에서는 은병풍에 고이 잠든 소부의 호화로운 생활을 묘사하여 대비법을 구사하였다. 말연에서는 백옥창가에서 낙엽소리 듣는 한가하고 여유 있는 부유층이 입을 홑옷조차 없는 빈한한 백성을 돌보아야 할 것임을 권고하고 있어서 빈부의 부조리 현상을 대조적으로 비유한다. 이러한 부조화의 현상을 고발하면서 실지로 백성의 질고를 다음 〈남문에서 가을 밤에 달릉 대하고(裵廸南門秋夜對月)〉(권237)에서 묘사하고 있다.

밤에 시 짓고 술 훙취나니,
달이 사공(謝靈運)의 누각에 가득하다.
그림자 걷힌 겹문이 조용하고,
찬 기운 나는데 홀로 가을 심노라.
까치 놀라 잎 따라 흩어지고,

반딧불 멀리 날아 안개 속에 흘러든다.
오늘 저녁 저 먼 하늘가에,
맑은 달빛 드리운 어디에서 수심에 잠길건가.

夜來詩酒興, 月滿謝公樓.
影閉重門靜, 寒生獨樹秋.
鵲驚隨葉散, 螢遠入煙流.
今夕遙天末, 淸光幾處愁.

　이 시는 시우인 배적(裵廸)과 달을 감상하는 형식을 택한 일종의 민생고발시로서, 제2연은 적막하고 한산한 광경 속에서 고통의 냉기를 계시하고 제3연은 정경교융의 합자연적인 정회를 표출시키면서 성(聲)과 색(色)의 선재(選材)기법[22]인 회화적 요소를 삽입시켰지만, 그 이면에는 삭막하고 우수에 찬 생활상을 대변해 준다. 말연에서는 항상 민생질고에 관심과 우수의 염으로 가득한 시인의 내심을 읽을 수 있다. 그래서 심덕잠(沈德潛)은 『당시별재집(唐詩別裁集)』에서,

　　달밤에 반딧불은 절로 빛을 잃지만, 멀리 안개 무리 속에 스며드니 곧 여전히 그 흐름을 보게 된다. 이것은 사물을 체험해서 가장 잘 기교 있게 표현한 것이다.

　　月夜螢光自失, 然遠入煙叢, 則仍見其流矣. 此最工于體物.

라고 하였다. 그리고 여기서 〈마을 사람 산의 밭갈이를 보며(觀村人牧山田)〉(권236)시를 보면,

---

22) 拙著 ≪王維詩比較硏究≫ 제4장 참고.(北京 京華出版社 1999)

국고가 아직 차지 않으니,
논과 밭 그리고 산에서 힘써 농사짓네.
빈민은 정전세가 모자라서,
척박한 땅도 모두 개간하네.
벼와 수수는 찬 구름에 묻혀
아득히 산촌 가운데 있도다.
가을에 장마 비 내리지만,
서리가 내리면 곧 낫질하여 거두네.
삼 년에 일년 쉬는 중전 밭에 백성이 모여 있어서
석양이 되 비치는 마을은 텅 비었네.
돌아보아 밭 갈지 않는 자에게 부끄러우니
미천한 몸으로 나라의 녹을 받는 무용지물이로다.
바라나니 주임의 말을 따르고,
감히 사조의 빈민 긍휼의 말을 지겠노라.

六府且未盈, 三農爭務作.
貧民乏井稅, 埆土皆墾鑿.
禾黍入寒雲, 茫茫半山郭.
秋來積霖雨, 霜降方銍穫.
中田聚黎甿, 反景空村落.
顧慚不耕者, 微祿同衛鶴.23)
庶追周任言, 敢負謝生諾.

전기는 불만과 원망의 현실상을 목도하면서, 미미한 관직의 녹을 먹고 있다고 교만하여 실질적인 삶의 현장인 농사를 홀대하고 무기력한 의식에서 벗어나지 못한 것을 부끄러워한다. 그래서 말연에서 주임(周任)24)

---

23) ≪左戰≫閔二:「狄人入衛, 衛懿公好鶴, 鶴有乘軒者; 將戰, 國人受甲者皆曰: 使鶴, 鶴實有祿位, 余焉能戰.」 국록을 누리며 국가에 무용한 사람 비유.
24) ≪論語≫季氏:「周任有言, 陳力就列, 不能者止; 危而不持, 顚而不扶, 則將焉用彼相矣.」

처럼 위기에는 잡아주고 엎어지면 부추기는(持危扶顚) 마음으로 백성을 돌보고 사조(謝朓)25) 처럼 백성과 동고동락하는 위민의식을 토로한다.

Ⅳ. 시의 청신미(淸新味)와 회화적 기법

1. 청신 풍격

전기의 시를 청신하다고 단적인 평을 하는 경향이 있는데 이것은 그의 시를 두고, 고중무는 「이치가 맑고 풍부하다(理致淸贍)」(『中興間氣集』卷上)라 하고 심덕잠은 「전기의 오언고시는 왕유를 다함아서 매우 청수하다.(仲文五言古彷彿右丞, 而淸秀彌甚.)」(『唐詩別裁』)라 하며, 청대 주극생(朱克生)은 「유려하고 청준함을 전기와 유장경에서 본받을 만 하다.(流利淸雋, 錢劉可式也.)」(『唐詩品匯刪』)라 하고, 청대 오서영(吳瑞榮)은 「이치가 청담하다(理致淸淡)」라 하여 이들 여러 시평에서 '청(淸)'의 개념을 거론하고 있기 때문이다. 실지로 전기의 시 전체에서 「淸」자가 91회 출현하며 시 한 수에 「淸陰」・「淸香」(〈酬長孫繹藍溪寄杏〉), 그리고 「淸流」・「淸文」・「淸香」(〈美楊侍御淸文見示〉) 등 연용되는 경우를 발견하게 되는데. 이는 전기의 시풍과 밀접한 연관성이 있는 것으로 그 시구의 예를 다음 몇 개 들기로 한다.

(가) 흰 이슬에 누에는 이미 실을 틀고, 텅빈 숲에 해가 쓸쓸하다.
　　　白露蠶已絲, 空林日淒淸.(〈臥疾答劉道士〉)

---

25) 謝朓 〈賦貧民田〉 제2~4연: 「中歲歷三臺, 旬月典邦政. 曾是共治情, 敢忘恤貧病. 孰有知方性, 敦本抑工商.」(《全漢三國晉南北朝詩》中 全齊詩 卷三 p.814 臺灣 世界書局 1978)

(나) 탁발을 씻으니 샘이 이제 따뜻하고, 향피우니 새벽이 더욱 맑다.
洗鉢泉初暖, 焚香曉更淸.(《送原公南游》)

(다) 득의함이 이제 이 같으니, 맑은 빛을 올라가 따르지 못하네.
得意今如此, 淸光不可攀.(《送陳公奉恩勅放歸覲省》)

(라) 명승지 만나기 어려우니, 문에 드니 정신이 문득 맑아지네.
勝景不易遇, 入門神頓淸.(《題精舍寺》)

(마) 고은 경치에 글모임 아쉬우니, 맑은 그늘에서 느긋이 술잔을 드네.
美景惜文會, 淸陰遲羽觴.(《太子李舍人城東別業與二三友逃暑》)

여기서 (가)는 기분의 청, (나)는 경계의 청, (다)는 기도(氣度)의 청, (라)는 심경의 청, (마)는 시풍의 청을 각각 묘사한 것으로26) 청의 이미지가 풍격 형성에 중요한 요소가 되고 있다는 사실을 확인하게 된다. 그런고로 전기의 시는 왕유(王維)의 시와 비교된다.27) 이제 전기의 시에서 이러한 풍격을 표현하고 있는 예들을 보기로 한다. 먼저 산사(山寺)를 소재로 한 〈늦가을 남산 서봉에서 준상인의 절을 제목으로(杪秋南山西峰題准上人蘭若)〉(권236)를 보면,

산을 보니 날이 활짝 개었거늘,
걸으며 그윽한 마음 넓어진다.
되 비치는 햇빛에 흐르는 물 밝게 어른거리며,
저 하늘에 수많은 산봉우리 맑기만 하다.
돌문에는 마냥 그윽한 멋 넘치는데,

---

26) 蔣寅 ≪大歷詩人研究≫上 p.195 참고
27) 拙著 ≪王維詩比較研究≫(北京 京華出版社 1999)·≪唐詩論考≫(北京 中國文學出版社 1994)·≪初唐詩와 盛唐詩 硏究≫(國學資料院 2001) 등을 참고.

노을 옅게 드린 속에 달빛이 비추려하네.
위로 진대의 승혜원의 집(준상인을 지칭)을 찾아가니,
외론 산봉우리에 한 가닥 오솔길이 걸려있네.
구름 속에 창문의 등불이 묻혀 있는데,
솔 아래에서 산의 인경소리 듣노라.
나그네는 원숭이 마음 같은 속정과 참선의 선정
두 갈래에서 할 말을 잊노라.

向山看霽色, 步步豁幽性.
返照亂流明, 寒空千嶂淨.
石門有餘好, 霞殘月欲映.
上詣遠公廬, 孤峰懸一逕.
雲裏隔窗火, 松下聞山磬.
客到兩忘言, 猿心與禪定.

이 시는 늦가을의 불사를 담은 적막하고 무념한 심성이 토로되어 있다. 전10구는 사원과 그 주변 환경의 유미청정함을 묘사하여 심령의 정화와 잡념의 청세(淸洗)를 극대화시킨다. 말2구는 이러한 환경에 동화된 준상인(准上人)의 고매한 도행을 찬미한다. 제3연과 제5연의 경물묘사는 동(動)과 정(靜)이 상생하고 명(明)과 암(暗)이 상영(相映)하여 공적(空寂) 속에 영성(靈性)의 감이 있고 뜻이 깊은 속에 낙실(落實)의 처소가 드러나서 한 폭의 회화를 삽입시킨 것이다. 그래서 명대 주경(周敬)은 『당시선맥회통평림(唐詩選脈會通評林)』에서 평하기를,

> 봉우리와 사찰 두 개의 묘사에 경물의 흥취가 섬세하여 결국은 이미 상인과 함께 깨달은 바 있게 되니, 마침 그윽한 품성은 환히 깨달은 바 오득의 요처이다. 청화하고 온아하여 저광희와 왕유 일파에 뒤지지 않는다.

兩峰與蘭若景趣入細, 結言已與上人俱有所得, 正幽性豁然悟處. 清和溫雅, 不失儲王一派.

라 하였고, 청대 육형(陸鎣)은 『문화루시화(問花樓詩話)』에서 시중유화(詩中有畵)의 실체로 평가하기를,

옛 사람(소공파)이 이르기를 시속에 그림 있고 그림 속에 시 있다고 하였지만, 역시 화가의 손으로 미치지 못하는 것이었다. 일찍이 이르기를 전중문의 〈초추남산시〉의 「되 비치는 햇빛에 흐르는 물 밝게 어른거리며, 저 하늘에 수많은 산봉우리 맑기만 하다.」구에서 이것은 어찌 화가의 손으로 미칠 수 있는 것이겠는가?

昔人謂詩中有畵, 畵中有詩, 然亦有畵手所不能到者, 先廣文嘗言; 錢仲文杪秋南山詩; 返照亂流明, 寒空千嶂淨……此豈畵手所能到耶?

라고 하여 이 시의 청일하고 수경한 경지를 극찬하고 있다. 그리고 영물로 성정을 기탁한 시로 〈배꽃(梨花)〉(권239)를 보면,

곱고 고요하기가 새장 안의 달 같아서,
산뜻한 향기는 바람 안고 머무네.
복사꽃은 공연히 마주 대하고서,
끝내 곱고 붉은 미소짓고 있구나.

艷靜如籠月, 香寒未逐風.
桃花徒照地, 終被笑妖紅.

여기서 단순한 영물시가 아니라 한 사물의 이치를 정신적으로 승화시키고 있는 것이다. 그래서 주보영(朱寶榮)은 『시식(詩式)』에서 이 시를 구별로 다음과 같이 분석한 것으로 이 시의 탈속적인 청신미를 이해하게

한다.

  첫 구는 배꽃을 읊으며 달을 연상시키니, 달빛이 밝다는 것으로 정면으로 환기시켜서 첫 두 자를 부각시켜 배꽃을 절로 드러내었다. 다음 구는 단지 꽃이 떨어지지 않은 것을 말하면서 기탁함이 심원하다. 제3구 또한 복사꽃을 연상하면서 배꽃을 기탁시키고, 제4구에서 곱고 붉다라는 말로 복사꽃 빛으로 배꽃의 빛을 연상시켰으니 이어서 서로 대비하면서 매듭지었다. 전체 시에서 어느 한 자도 사실과 어긋남이 없으니, 이것을 읽으면 진실로 비유하여 뜻을 알 수 있으니, 붓 놀림이 절로 공활하고 신령스럽다.

  首句詠梨花而想到月, 以月色皎白正面村起, 冠以艶靜二字, 自切梨花. 次句但言花之未落, 而寄託遙遠. 三句又想到桃花, 以襯梨花. 四句曰妖紅, 以桃花之色襯梨花之色, 係從對面襯結. 通體無一字犯實, 讀此 苟能隅反, 用筆自爾空靈.

 전기에게서 심적인 청일한 의식을 선경으로[28] 몰입시켜 좌망(坐忘)의 무아지경을 추구하는 시를 찾아 볼 수 있으니, 그 예로서 〈산재에서 홀로 앉아서 현상인의 저녁에 옴을 기뻐하며(山齋獨坐喜玄上人夕至)〉(권237)를 보기로 한다.

  절 아래 호계의 오솔길이
  안개 노을에 감추었다가 열리네.
  사립문이 대와 어울려 고요하고
  산달이 스님과 함께 오도다.
  마음 밝은데 홍연이 물에 뜨고
  할 말 잊은 속에 녹차 잔을 기우네.
  앞 봉우리 날 밝으니 더 좋은데

---

28) 拙著 ≪王維詩比較硏究≫ 제5장 참고

기우는 하늘에 서방으로 돌아가려 하네.

舍下虎溪徑, 煙霞入暝開.
柴門兼竹靜, 山月與僧來.
心瑩紅蓮水, 言忘綠茗杯.
前峰曙更好, 斜漢欲西回.

이 시는 속계와 상관없는 합자연의 경계이다. 제2연은 죽(竹)과 산월(山月)이 승(僧)과 하나로 어울린다. 그래서『당시경(唐詩鏡)』에서는 「三四淸新」(제3·4구가 맑고 신선함)이라 하였고 다음의『대력시략(大歷詩略)』에서는 보다 자세하게 분석하여 그 묘경을 절감케 한다.

첫 연에 글자마다 의취가 있어서, 제2연의 오묘한 경지를 낳게 한다. 제5구는 僧자의 마음을 품고서 제6구에서 喜자의 우아한 심정을 펴놓았다. 말연에서는 별다른 것이 없이 단지 夕자의 이미지로 거두어 놓았다. 이것은 시인이 색감 있는 글자를 잘 활용한 것이니, 거의 어느 하나 담아하고 자연스럽지 않은 것이 없다.

起便字字用意, 遂生出頷聯妙境. 第五抱僧字, 第六申寫喜字. 結意無他, 只收夕字. 此公慣用顔色字, 殆無一不淡雅自然.

2. 〈남전계잡영(藍田溪雜詠)〉과 〈망천절구(輞川絶句)〉의 회화적 기법 비교

전기와 왕유의 교유관계는 다음 전기의 시와 왕유의 시 목차에서 확인하게 된다.

* 전기의 시 : 〈酬王維春夜竹亭贈別〉(권236), 〈淸泥驛迎獻王侍御〉(상동), 〈東

城初陷與薛員外王補闕暝投南山佛寺〉(상동), 〈晚歸藍田酬王維給事贈別〉(권237), 〈藍田茅茨寄王維補闕〉(상동), 〈中書王舍人輞川舊居〉(권238), 〈遊輞川至南山寄谷口王十六〉(권236), 〈故王維右丞堂前芍藥花開悽然感懷〉(권239)

* 왕유의 시 : 〈春夜竹亭贈錢少府歸藍田〉(『王摩詰全集箋注』권2), 〈留別錢起〉(상동 권8)

이런 관계성은 시 특히 본문의 두 산수전원류의 집영시(集詠詩)를 상호 회화적인 각도에서 살펴보면 더욱 분명해질 것이다. 풍격상의 근접점도 중요하지만, 특성화시킨다는 의미에서 역시 여기서 그 상관성을 강구하고자 한다. 그 관계성은 기설했지만 다음 여러 평구에서 다시 확인할 수 있다.

- ○ 전중문 시는 백지 향초에 봄빛이 물든 것 같아서, 정밀하고 고와서 속진을 떨치고 있으니, 왕우승 이후에는 오직 전중문 한 사람 뿐이다.
  仲文詩如芷珠春色, 精麗絶塵, 右丞以後, 一人而已.(喬億『大歷詩略』)

- ○ 대력시대의 전기와 유장경의 고시는 역시 왕마힐(왕유)에 가깝다.
  大歷錢劉古詩亦近摩詰.(施補華『峴傭說詩』)

- ○ 청신하고 유현하며 온후하고 소박하여 왕마힐에 기대어 있다.
  清幽渾朴, 依稀摩詰.(邢昉『唐風定』)
- ○ 전기의 웅혼하고 고매한 것이 직접적으로 왕우승을 계승하는 이유인 것이다.
  員外之雄邁, 所以直繼右丞也.(吳瑞榮『唐詩箋要』)

- ○ 질박하고 자연스런 풍격은 성당대 왕마힐을 이어서 살아 있다.
  直朴自然, 不減盛唐王摩詰.(方東樹『昭昧詹言』)

이상의 평구는 모두 양인의 시풍이 상근되어 있음을 제시해 준다. 특히 본문에서 다룰 〈남전계잡영〉 22수(≪전당시≫ 권239)는 왕유의 〈망천절구〉 20수(『왕마힐전집전주』 권13)와 회화적인 기법을 도입하여 시의 화적인 구도를 시도했다는 점에서 주시할 만 하다. 전기의 시가 회화성을 지닌 점에 대해서 유영제(劉永濟)는 『당인절구정화(唐人絶句精華)』에서 이미 서술한 바,

전기의 단시는 자못 회화적인 의취를 갖추고 있다. 그런데 〈희학〉시는 백색을 묘사하고, 〈원산종〉은 종소리를 묘사하였으니, 화필이 닿지 않는 곳이다.

錢起小詩, 頗具畫意. 戱鶴寫白色, 遠山鐘寫鐘聲, 有畫筆所不到處.

라고 하여 그 밀접성을 강조하고 있다. 전기시의 화적 분석은 전적으로 왕유시의 시중유화론에[29] 의거하여 비교 고찰된다. 그러면 먼저 왕유의 〈망천절구〉 20수를 회화적인 기법의 하나인 구도면으로 살피기로 한다. 왕유화법은 북종화파(北宗畫派)의 이사훈(李思訓)이 청록(靑綠)산수를 묘사함에 있어 필격이 견경하고 세밀하며 육조의 조탁을 습용한 데에 비해서, 오히려 남종화(南宗畫)를 창출하여 선담(渲淡)을 종지(宗旨)로 해서 자연의 생명을 시화에 부각하여 문인화(文人畫)[30]의 전통을 확립한 것이다. 여기에 선(禪)의 문학화를 가미하여 시의 외적인 면에서 평면적 상(像)을 입체화시키고, 내적으로는 시의 상을 심화시킨 것이다.[31] 왕유의 화법은

---

29) ≪東坡志林≫卷五 「書摩詰藍田烟雨圖」: 「味摩詰之詩, 詩中有畫, 觀摩詰之畫, 畫中有詩.」
30) ≪王摩詰全集箋注≫卷末 畫錄에 「文人之畫, 自王右丞始.」(≪容臺集≫)
31) ≪王摩詰全集箋注≫卷末 畫錄: 「南宗則王摩詰, 始用渲淡, 一變拗硏之法.」 又「要之摩詰所謂雲峰石迹, 廻出天氣, 筆意縱橫, 參乎造化者.」(≪容臺集≫)

「화학비결(畵學秘訣)」에32) 상세히 기술되어 있는데 그의 「무릇 산수를 그리는데 의취가 붓보다 앞에 있다.(凡畵山水, 意在筆先)」란 구에서 그 화의(畵意)를 감지할 수 있다. 화적 공교를 도입한 왕유의 〈맹성요(孟城坳)〉(『왕마힐전집전주』 권13)를 보면,

> 맹성 입구에 새집을 지었더니,
> 오랜 버드나무가 늘어져 있네.
> 올 사람 또 누구일까?
> 공연히 옛사람의 일이 슬퍼지누나.
>
> 新家孟城口, 古木餘衰柳.
> 來者復爲誰, 空悲昔人有.

위에서 불과 28자 중에 시대의 명확성, 즉 과거·현재·미래의 변천을 묘사하고 인사의 무상함을 함축시킨 공교의 극치를 보여 준다. 전2구는 배적(裴迪)의 다음 같은 시를 보면,

> 옛 성 아래에 초가 짓고,
> 가끔 옛 성 위에 오르노라.
> 옛 성은 옛 사람의 것이 아니고,
> 지금 사람들이 왔다 갔다 하노라.
>
> 結廬古城下, 時登古城上.
> 古城非疇者, 今人自來往. (〈孟城坳〉의 和詩)

---

32) ≪王摩詰全集箋注≫ 卷二八 論畵의 「畵學秘訣」에 「凡畵山水, 意在筆先. 丈山尺樹, 寸馬分人. 遠今無目, 遠樹無枝, 遠山無石. 隱隱如眉, 遠水無波, 高與雲齊. 此是訣也.」

여기서 전2구의 화의를 가하지 않은 평면적 기교와 대조된다. 회화의 구도 설정은 화가의 기본공이다. 화가는 다수의 형상을 조합하여 한 완전한 정체를 구성한다. 왕유시는 이 화적 특색을 흡취하였다. 예컨대, 〈위천전가(渭川田家)〉(《왕마힐전집전주》 권3)를 보면,

석양이 아련히 비추니
저 골목으로 소와 양이 돌아오는 시골.
노인은 목동이 걱정되어
지팡이 짚고 사립문 앞에 기다린다.
꿩 우는 속에 보리는 이삭 피어나고
누에 허물 벗을 때 뽕잎이야 드물지.
농부들은 호미 메고 서서
이야기 나누며 떠드는 소리.
아! 이 한가로운 그들이 너무 부러워
쓸쓸히 식미가를 읊노라.

斜光照墟落, 窮巷牛羊歸.
野老念牧童, 倚仗候荊扉.
雉雊麥苗秀, 蠶眠桑葉稀.
田夫荷鋤立, 相見語依依.
卽此羨閑逸, 悵然歌式微.

위의 시는 위천 일대의 농가 풍경을 그려서 자신의 전원으로 낙향하고 싶은 심정을 노래하고 있다. 위천은 위수(渭水)로서 감숙성(甘肅省) 위원(渭源)현에서 출원하여 섬서(陝西)의 장안 등을 거쳐 동관(潼關)으로 흘러간다. 이 시는 백묘 수법을 써서 전반에는 농가의 저녁 풍경을 담담하게 묘사하고 말2구는 본시의 주제가 되는 것으로 작자가 여기서 농촌의 한일을 묘회하여 관장의 분주한 생활의 염오을 표시하고 있다. 전9구중

에「墟落」,「牛羊」,「牧童」,「荊扉」,「麥苗」,「蠶眠桑葉」,「田夫」,「荷鋤」등 여러 농촌생활의 하나하나 경물을 나열하고 제9구에서만「閑逸」2자 1점을 사용하여 모든 적상을 꿰어 놓아 한 폭의 화해하고 구체적이며 생동적인 완정한 화면을 조성하였다. 이것은「위치는 짜임새가 있고 필묵은 성글다(位置緊而筆墨鬆)」33)라 한 평어와 적합하다.

왕유의 망천시는 당 송지문(宋之問)의 별장이었던 망천별수(輞川別墅)에서 은거하며 시우 배적(裴廸)과 화창한 작품이다.34) 왕유는 31세(731년)에 부인을 잃고 재혼하지 않은 채 평생을 살았는데, 그가 이부낭중(吏部郎中)의 벼슬을 그만두고 망천의 별장에 은거한 것은 모친 최씨의 병환이 위중하였던 시기인 그의 나이 50세(750년)로 추정된다. 이듬해(751년)에 모친상을 당했으므로 그 후 3년 상을 마칠 때까지 최소 3년 이상은 망천장에 칩거하였을 것으로 보여진다. 이때 친구인 배적과 화창하며 지은 시를 엮은 것이 바로『망천집(輞川集)』이다. 천보 년간의 안사지란으로 왕유는 소극적인 반관반은을 지향하면서, 망천집의 결구에 회화적인 산수경색에 대한 묘회를 통해 자신의 은거생활의 사상감정을 반영하였는데 이제 그 20수를 성격별로 다음과 같이 3분할 수 있다.

현실의 불만에 기초한 변환의 관장생활에의 염오를 표현한 (가)류로 〈유랑(柳浪)〉·〈칠원(漆園)〉등과, 우미한 경색과 건강한 생활기식을 묘사한 (나)류로 〈문행관(文杏館)〉·〈근죽령(斤竹嶺)〉·〈목란채(木蘭柴)〉·〈수유편(茱萸沜)〉·〈임호정(臨湖亭)〉·〈남탁(南垞)〉·〈의호(欹湖)〉·〈난가뢰(欒家瀨)〉·〈백석탄(白石灘)〉·〈북탁(北垞)〉, 그리고 현실도피의 고독한 심정, 청냉한 경색, 신선의 성향, 인생허환의 감상 등 소극적 색채가 농후한

---

33) 盛大士의 ≪谿山臥遊錄≫卷一:「古人位置緊而筆墨鬆, 今人位置懈而筆墨結, 則甛邪賴不去而自去矣.」
34) 졸저 ≪初唐詩와 盛唐詩 연구≫제2장 부분에서 裴廸을 참조.(國學資料院, 2001)

(다)류로는 〈맹성요(孟城坳)〉·〈화자강(華子岡)〉·〈녹채(鹿柴)〉·〈궁괴맥(宮槐陌)〉·〈금설천(金屑泉)〉·〈죽리관(竹里館)〉·〈신이오(辛夷塢)〉·〈초원(椒園)〉 등으로 분류된다. 이상의 삼분류시는 서로 밀절한 내재연계(內在聯繫)를 지니고 있는데 결구상으로는 (가)를 선색(線索)으로 삼아 (나)·(다)의 시를 관통하여 완정한 조시(組詩)를 형성하고 있다. 즉 매수시가 각각 한 화면을 구성해서 그것을 집결시켜 한 폭의 화해한 전경을 이룬 것이다. 위 각류의 시를 예를 들어본다.

(가)류:
〈유랑〉
줄지어 서있는 아름다운 나무들
맑은 잔물결 속에 거꾸로 비추누나.
배우지 말지니, 궁궐 도랑에서
봄바람에 이별의 상심을.

分行接綺樹, 倒影入淸漪.
不學御溝上, 春風傷別離.

장안 동쪽 패교(灞橋)에서 이별할 때는 버들가지 꺾어주며 아쉬운 송별의 마음을 나누었다고 전해지는데, 이 시에서는 속세의 부귀공명을 떨치고 자연과 벗하며 한가로운 심경을 추구하려는 작자의 마음을 표현한 것으로 보아야 한다.

(나)류:
〈목난채〉
가을 산 노을을 거두는데
나는 새는 앞 짝을 쫓는구나.
고운 산 기운 뚜렷한데

저녁 산바람에 머물 곳이 없구나.

秋山斂餘照, 飛鳥逐前侶.
彩翠時分明, 夕嵐無處所.

가을의 석양도 저물고 새들도 둥지로 돌아가는데, 목련의 고운 자태엔 아지랑이가 감돌고 있다. 「令人心目眞遠」(시인의 마음과 눈을 진실로 아련하게 하는구나.)(≪唐詩萬首絶句詩評≫)라고 느낌은 오늘날 우리의 마음은 다를 바가 없다.

〈임호정〉
가벼운 쪽배에 객을 태우고
한가로이 호수 위를 건너와서
난간에 기대어 술잔 대하노라니
사방에 연꽃이 피어 있구나.

輕舸迎上客, 悠悠湖上來.
當軒對樽酒, 四面芙蓉開.

쪽배와 술, 그리고 연꽃의 조화 어린 구성은 미술의 선재와 구도를 시에 도입한 기법으로서, 호수를 바탕 삼아 한 폭의 그림을 그린 것이다.

〈난가뢰〉
소록소록 가을비에
졸졸 바위 새로 여울이 흐르네.
돌에 부딪친 물결 튀어 오르니
백로가 놀라 오르다 다시 앉도다.

颯颯秋雨中, 淺淺石溜瀉.

跳波自相濺, 白鷺驚復下.

맑은 여울물 소리는 천상의 음악인 양하여, 시인의 심금과 어우러질 뿐 범인들에게는 들리지도 않는다. 제1·2구의 의성어는 첩어로 쓰여져, 여울물이 우렁차게 흘러가고 있음을 생생하게 표현하고 있다. 이 시에 대해 청대 황배방(黃培芳)은 다음과 같이 평하고 있다.

한가로운 정경을 속세의 먼지와 소음에 찌들어 있는 자들이 어떻게 깨달을 수 있겠는가? 오직 평정한 마음에서만이 경물 묘사가 절로 이루어지는 것이다.

閑景閑情, 豈塵囂者所能領會, 只平平寫景自見(『唐賢三昧集箋注』권1)

(다)류:
〈녹채〉
텅 빈 산에 인적도 없이
어디서 말하는 소리만 들릴 뿐.
노을이 수풀 깊이 스며들더니,
어느새 푸른 이끼에 드리운다.

空山不見人, 但聞人語響.
返景入深林, 復照青苔上.

적막만이 감돌고 있는 자연 그대로의 모습 속에 동화된 시인의 마음 상태를 한 폭의 그림처럼 그려놓았다. 숲이 깊어 햇빛이 덜 들면 이끼가 자라기 쉽다. 한편 저녁에 되 비치는 빛이 스며들고 빈 산은 고요하니 진실로 노루터 삼기에 알맞은 곳이다. 시가 매우 섬세하다.

〈죽리관〉
홀로 깊은 대 숲 속에 앉아
거문고 타고 길게 휘파람 부는데,
깊은 숲 아무도 모르거늘
밝은 달이 찾아와 비추노라.

獨坐幽篁裏, 彈琴復長嘯.
深林人不知, 明月來相照.

죽리관은 망천장 부근 대숲에 있는 집인데, 시인은 이 시에서 그 곳에 홀로 앉아 있는 정경과 내면의 고독감을 묘사하였다. 망천시의 화적 결구 법상의 조시 특색이 전기의 〈藍田溪雜詠〉에 적용하여 살펴보기로 한다. 전기의 시도 왕유시와 같이 구도를 (가)·(나)·(다) 등 3 분류하여 같은 내용으로 구분할 수 있다는 점에서 이미 여러 학자들은 양인을 상호 대등적 위치에서 그 관계를 거론하고 있다.

그러나 본고에서는 아무도 거론하지 않은 구도적 방법으로 상호 상통점을 찾으려는데 그 특이성이 있음을 강조한다. 전기의 시 22수를 분류하면

(가) 관장생활에의 혐오 ;〈석상태(石上苔)〉·〈동선요(洞仙謠)〉·〈판교(板橋)〉,
(나) 우미한 경색과 생활기식 ;〈등대(登臺)〉·〈죽서(竹嶼)〉·〈송하설(松下雪)〉·〈전학(田鶴)〉·〈석연화(石蓮花)〉·〈지상정(池上亭)〉·〈희학(戲鶴)〉·〈약원(藥圃)〉·〈고등(古藤)〉,
(다) 현실기피의 고독과 탈속의식;〈창리산(窗裏山)〉·〈죽간로(竹間路)〉·〈채하천(砌下泉)〉·〈원산종(遠山鐘)〉·〈동파(東陂)〉·〈함어취조(含魚翠鳥)〉·〈제남파(題南陂)〉·〈잔원성(潺湲聲)〉·〈석정(石井)〉·〈만귀로(晚歸鷺)〉

전기(錢起) 시의 사실적 흥취와 회화적 기법 · 87

위의 시들이 구도상으로 한의 선색을 중심으로 시의 순서와 내용이 조화를 이루면서 남전계의 경물 묘사가 한 폭의 그림 속에 배치되어 마치 실물을 관망하는 경지에 도달하게 한다. 그러면 각 류의 예시를 통해 그 조화미를 가려 보고자 한다.

(가)류의 예:
〈석상태〉
맑기가 냇물 빛과 이어져 있고
그윽이 솔 비 방울이 어울러 지누나.
누가 알리오 오랜 돌 위에서
세상 사람의 자취 물들지 않음을.

淨與溪色連, 幽宜松雨滴.
誰知古石上, 不染世人跡.

〈판교〉
조용히 나무하면서 숨어 지내며
멀리 거마와 떨어져 사네.
가끔 약초 하러 다녀와서
즐거이 산에 드는 객을 만나지.

靜宜樵隱度, 遠與車馬隔.
有時行藥來, 喜遇歸山客.

위의 두 시에서 앞의 시는 세속성을 입지 않고 뒤의 시는 관직일랑 관심과 인연도 없음을 직설적으로 토로한다.

(나)류의 예:
〈고등〉

이어진 덩굴 구름 낀 나무에 솟고
드리운 줄기는 둥지 튼 학을 덮치네.
숨은 이 술을 대하고 있을 때
이끼 위에 한가로이 꽃이 지누나.

引蔓出雲樹, 垂綸覆巢鶴.
幽人對酒時, 苔上閒花落.

〈죽서〉
맑은 여울에 조용히 새가 와서
흥을 돋구니 볼수록 더 고와라.
새 대숲의 싹이 물밑에 눌린 것이
어제 밤 원앙이 머물었나 봐.

幽鳥淸漣上, 興來看不足.
新篁壓水低, 昨夜鴛鴦宿.

〈전학〉
밭가의 학이 푸른 하늘 바라보며
바람 없어도 절로 떠가누나.
홀로 나는데 잔설이 남아 있어
머지 않아 앞선 짝을 따르리라.

田鶴望碧霄, 無風亦自擧.
單飛後片雪, 早晩及前侶.

위의 (나)류의 시에서 극히 평범한 소재에 평이한 시어를 구사하여 경물에 대한 섬세하면서도 산뜻한 먼지 하나 묻지 않은 정결성을 제시해 준다. 시인의 결백한 심성이 표현되어 있다. (가)류에 비해 초월적인 의지가 돋보이기 시작한다. 엷은 색이 (나)류에 와서 짙어지며 시인의 의도가

뚜렷해진다. 너무 치밀하여 여성적이다. 그래서 ≪대력시략≫에서 전기의 시를 이르기를,

> 시가 맑고 고운 것 이 점은 왕유의 계파인데, 단지 시의 기상이 넓고 트이지 못할 따름이다.
>
> 淸麗是右丞一派, 但氣象未能渾闊耳.

라고 비교적 정확하게 지적하고 있다. 그림으로 비하면 세필의 묘를 다한 것이라 할 수 있다.

(다)류의 예:
〈석정〉
조각 난 노을 선녀 우물에 드리우고
샘 밑엔 복사꽃이 붉구나.
어찌 알리오 그윽한 돌 아래 머물며
무릉도원과 통하지 아니함을.

片霞照仙井, 泉底桃花紅.
那知幽石下, 不與武陵通.

〈창리산〉
먼 곳 볼수록 가까이 있는 듯
천리가 창 속에 다 들었구나.
앉아 있노라니 돌 위의 구름이
어느 새 항아리 속에서 솟아 나누나.

遠岫見如近, 千里一窓裏.
坐來石上雲, 乍謂壺中起.

〈원산종〉
바람 스치니 산 종소리 나고
구름 탄 노을이 물 낮게 지나가네.
소리가 닿는 곳 알고 싶지만
새가 사라지고 허공이 멀리 보이누나.

風送出山鐘, 雲霞度水淺.
欲知聲盡處, 鳥滅寥天遠.

　위의 시들은 초탈적이다. 선녀를 등장시키고 온 세상이 창 안에 다 보이고 만뢰(萬籟)가 고요한 탈속의 경지가 전개된다. 그래서 명대 종성(鍾惺)은 『당시귀(唐詩歸)』에서 「恬秀中有遠神, 有全力.」(맑고 빼어난 중에 원대한 신묘함이 있고 온 힘이 들어 있다.) 라고 한 것이다. 모든 시의 시정이 화의화한 연계를 유지하여서 선색인 (가)의 구조상에 (나)와 (다)의 직감과 비유, 회고의 색과 상을 첨가하여 (가)·(나)·(다)가 연결된 화적 결구의 조시를 이루고 있는 것이다.
　전기의 시는 대력시대에 질과 양에 있어서 폄하할 수 없는 가치가 큰 문학성을 지니고 있음을 확인할 수 있었다. 그 성격을 정리한다면, 첫째는 시수가 532수의 다량이며 송별과 산수전원, 그리고 영회와 영물 등을 주제로 하는 작품성향을 지니고 있다. 둘째는 시의 리얼리즘적인 묘사에 있어서 전쟁과 정치에 대한 부정적인 시각을 표출하고, 민생문제는 직설적인 고발의식을 드러내었다. 셋째는 시의 청신하고 고아함과 왕유시와 회화적인 기법을 그의 〈남전계잡영〉을 통해서 비교한 것은 이 또한 새로운 상호접근방법의 시도이다. 부연하고자 하는 점은 전기시에 신라와 상호교류의 근거를 확인할 수 있다는 것이다. 전기의 시에는 〈스님이 동으로 돌아감을 전송하며(送僧歸東)〉(권237), 〈육정 시어가 신라 사절로 감을 전송하며(送陸珽侍御使新羅)〉(권237) 등 관련작이 있어서 그의 교유의 폭이 다양한 점을 알 수 있다. 그 중에 〈육정 시어가 신라 사절로 감을 전송하며(送陸珽侍御使新羅)〉를 보면,

> 의관은 주의 주사답고
> 재능과 학식은 나의 고향 사람이라.
> 왕명을 받아 임금께 하직하니
> 온 성내가 사군을 전송하네.
> 가는 여정에 넓은 바다의 달을 보고,
> 돌아오며 상림궁의 봄을 그리워하겠지.
> 이제 유학의 기풍이 멀리 불어갈 생각하니
> 저 나라에도 예악이 새로워지리라.

> 衣冠周柱史, 才學我鄕人.
> 受命辭雲陛, 傾城送使君.
> 去程滄海月, 歸思上林春.
> 始覺儒風遠, 殊方禮樂新.

이 시는 대력 년간에 나당의 정치교류가 빈번하고 문물의 교역이 성대하였음을 보여준다.[35] 제4구는 육사군(陸使君)이 신라에 사신으로 가는데 「경성(傾城)」이라 할만큼 대대적으로 전송하였고 그 위상이 높은 것을 알 수 있으며, 제4연은 양국의 학술과 문예가 서로 대등한 품격으로 신라에 대한 존중을 암시하고 있다. 그리고 〈스님이 동으로 돌아감을 전송하며(送僧歸東)〉를 더 보면,

> 중국에 인연으로 머물었는데

---

35) 羅唐의 교류 관계는 졸저 ≪한국한시와 당시의 비교≫ 「신라한시와 당시」부분을 참고.(푸른사상 2002)

오는 길이 꿈을 꾸는 듯 하였네.
뜬 하늘 넓은 바다 멀리에
세상을 떠나서 불법 위해 배를 가벼이 탔다네.
물과 달 같은 청준한 인품은 참선의 오묘한 경지에 달하여,
물고기와 용이 그 불경암송 소리 경청한다네.
오직 등불 같은 밝은 지혜
만리 멀리까지 눈 안에 밝히 보인다.

上國隨緣住, 來途若夢行.
浮天滄海遠, 去世法舟輕.
水月通禪觀, 魚龍聽梵聲.
惟憐一燈影, 萬里眼中明.

이 시는 귀국하는 스님의 불도와 인격, 그리고 시인의 존경심이 조화롭게 구성되어 묘사되어 있는 것을 알 수 있다. 전기의 시를 고찰하는 과정에 한국한문학의 위상정립은 중국문학과 동등한 상호비평과 보완하에서 더욱 가능하다는 점을 믿는다.

이가우(李嘉祐) 시의 주제분류와 그 양면적 의식

　　당시를 연구하는데 중당대는 유종원·한유·백거이를 중심으로 한 불과 10여 명만을 대상으로 하고 있었지만 지금은 그러한 편견을 가지고 나름대로의 전문가로 자처할 수 없는 입장에 있음을 강조하고자 한다. 이런 의미에서 중당대 대력시대의 시 연구의 필요성이 더해지는 것이다. 대력년간(766~779)에 활동한 시인들 중에서 대표적인 작가를 일컬어서 「대력십재자」라 하는데, 문헌마다 그 분류가 달라서, 최조본인 요합(姚合)의 ≪극현집(極玄集)≫ 권상에는 「이단은 노륜, 길중부, 한굉, 전기, 사공서, 묘발, 최동, 경위, 하우심과 창화하니 십재자라 불렀다.(李端與盧綸, 吉中孚, 韓翃, 錢起, 司空曙, 苗發, 崔洞, 耿湋, 夏侯審唱和, 號十才子。)」라고 기술한 것을 비롯하여 ≪구당서(舊唐書)≫ 권163 「李虞仲傳」에는 「대력 년간에 한굉, 전기, 노륜 등과 글을 읊고 화답하여, 명성을 서울에 떨치니 대력십재자라 불렀다.(大歷中, 與韓翃, 錢起, 盧綸等文咏唱和, 馳名都下, 號大歷十才子。)」라 하였다.

　　그리고 엄우(嚴羽)의 ≪창랑시화(滄浪詩話)≫ 「시평」에는 냉조양(冷朝陽)을 넣었고, 왕세정(王世禎)은 ≪분감여화(分甘餘話)≫ 권3에서 낭사원

(郎士元), 이익(李益), 이가우(李嘉祐), 황보증(皇甫曾)을 따로이 넣었으며, 관세명(管世銘)은 《독설산방당시초(讀雪山房唐詩鈔)》(권18)에서 유장경(劉長卿)과 황보염(皇甫冉)을 거론하였다. 이가우에 대한 본격적인 연구는 푸쉬엔중(傅璇琮)의 《당대시인총고》(중화서국, 1980)에서의 〈李嘉祐考〉(pp.238~268)가 최조이나 생평의 의문점 등을 개괄하는데 그쳐 있으며, 지앙인(蔣寅)의 《대력시인연구》상편(중화서국, 1995)에서의 「中興高流 — 李嘉祐」(pp.77~92)은 시기별로 주관적인 서술에 머물러 있을 뿐, 적지 않은 모순점이 드러나 있는 글이다. 그래서 필자는 본론에서 그 문제점을 지적하고자 하는 것이다. 본고는 필자가 누년을 두고 작업을 시도해 온 《唐代 大歷十才子詩 硏究》(2002년 한국외대 출판부)의 일환으로 대력시 연구 과정 속의 하나인 것이다. 본고의 원시의 저본으로는 《全唐詩》(권206-207)를 기본으로 하여 지아오빈(焦文彬)의 《大歷十才子詩選》, 그리고 천보하이(陳伯海) 주편의 《당시휘평(唐詩彙評)》 등을 참고자료로 하였다. 본고는 이가우 생평상의 몇 가지 점을 고찰하고 그 시 140수의 성격을 추출하여 논구하고자 한다. 특히 시 140편에 대한 다양한 분류는 향후 그 시를 집중적으로 고찰하는데 기초자료가 되리라고 믿는다

I. 생평과 시집 판본

1. 생평상의 여러 문제점

이가우의 생평 자료는 적어서, 그의 생애를 정확하게 규명하기가 용이하지 않다. 그래서 생졸년부터 관직 등이 어느 것 하나 명확하지 않아서 푸쉬엔중(傅璇琮)은 이미 《당대시인총고(唐代詩人叢考)》(1980)의 「李嘉

祐考」부분(pp.220~237)에서 고찰을 시도한 바 있다. 그러나 그것도 거론만 하였을 뿐, 규명한 것이 거의 없기에, 본고에서도 생평 관계는 역시 그 한계를 넘지 않으며, 단지 몇 가지 자료에 의거하여 개괄적인 서술을 가하려고 한다. 이가우에 대해서는 신구당서에는 평전이 없고, 당말의 요합(姚合)의 ≪극현집(極玄集)≫(권하)에서,

   자는 후일이며, 원주인이고 천보 7년에 진사되고 대력년간에 천주자사가 되었다.

  字後一, 袁州人, 天寶七載進士, 大歷中泉州刺史.

라고 기재한 것이 최초의 사적이며 신문방(辛文房)의 ≪당재자전≫(권3)의 기록이 비교적 자세한 바, 그 부분을 보면,

  이가우는 자가 후일이며 조주인이다. 천보 7년에 진사에 급제하여 비서정자가 되나 죄로 남황에 폄적 갔다가 얼마 안되어 칙조에 의해 파양재가 되고 다시 강음영이 되었다. 후에 태주와 원주자사가 되었다. 시 짓기를 잘 하여 기려하며 완미하니 전기와 별도로 한 체제를 이루어 왕왕 제량체를 드러내니 그 때 사람들이 오균과 하손에 필적할만 하다고 하였다. 절로 조정에 떨치니 크게 향기론 명예를 거두고 풍류를 중흥시킨 것이다. 문집이 있어서 지금 전해진다.

  嘉祐, 字後一, 趙州人, 天寶七年, 擧榜進士, 爲秘書正字, 以罪謫南荒, 未幾何, 有詔量移爲鄱陽宰, 又爲江陰令. 後遷台袁二州刺史. 善爲詩, 綺麗婉摩, 與錢郞別爲一體, 往往涉於齊梁, 時風人擬爲吳均何遜之敵, 自振藻天朝, 太收芳譽, 中興風流也. 有集今傳.

이와 같은 정도의 기술을 통하여 이가우의 생평상의 문제점을 개괄하고자 한다. 원이두어(聞一多)는 현종(玄宗) 개원 7년(719)이 이가우의 생년이라고 하였는데(≪唐詩大系≫),36) 그렇다면 요합과 신문방이 기술한 이가우의 급제시기(천보 7년, 748)와 비교해서 볼 때, 이가우는 30세에 진사가 되었다는 계산이 나온다.

그리고 이가우의 고향과 자사 관계인데, 푸쉬엔중(傅璇琮)이 이가우는 천주(泉州)자사를 지낸 일도 없으며, 원주인(袁州人)이 아니라 원주자사를 지냈을 뿐이라는 주장37)이 있지만 그 자체의 확증이 부족한 만큼 시를 분석하는데 큰 영향이 못된다고 하겠다. 그의 관직에서 남황(南荒)에 폄적된 사실을 보면, 우선「南荒」이란 어느 특정 지역이 아니라, 대개 영남(嶺南), 계관(桂管) 지구가 될 것이며 구체적으로는 파양(鄱陽) 지역이 될 것이다. 유장경(劉長卿)의「처음 남파에 폄적되어 파양현 이가우의 강정에 이르러(初貶南巴至鄱陽縣李嘉祐江亭)」(≪劉隨州詩集≫ 권6)를 보면,

        파교의 남행 길이 멀거늘
        장강의 만리 길을 따라 나선다.
        재주 없어 달게 폄적을 가나니,
        흐르는 물은 또한 어디로 가는가.
        땅이 멀고 명철한 임금이 버렸는데
        하늘이 높고 혹독한 관리는 기만한다.
        청산에 홀로 가는 길
        방초에 돌아 올 기약 없도다.
        떠돌다가 다시 만나면
        슬픔과 기쁨 속에 그리운 님을 말하도다.
        뜻밖의 참소로 상심할 가 하여

---

36) 傅璇琮은「幷無根據」라고 하여 부정했음.(≪唐代詩人叢考≫ p.221)
37) 상게서 pp.221~224 越世人으로 추정.

수심 찬 저녁에 강 울타리를 거닌다.
버들 색은 높은 마을에 드리우고
연꽃 옷은 늘어진 장막에 비춘다.
백발로 긴칼을 보며
창주에서 낚시 줄을 드리운다.
모래밭의 갈매기는 소리에 놀라고
호수의 달은 높은 가지에 걸려 있도다.
어린애도 오 땅의 말 잘 하고
새 글은 초 땅의 글을 탓하노라.
그대 뜻을 얻지 못한 것 안쓰러우니
내와 골짜기가 절로 구비 져 있다.

巴嶠南行遠, 長江萬里隨.
不才甘謫去, 流水亦何之.
地遠明君棄, 天高酷吏欺.
青山獨往路, 芳草未歸時.
流落還相見, 悲歡話所思.
猜嫌傷薏苡, 愁暮向江蘺.
柳色迎高嶋, 荷衣照下帷.
水雲初起重, 暮鳥遠來遲.
白首看長劍, 滄洲寄釣絲.
沙鷗驚小吏, 湖月上高枝.
稚子能吳語, 新文怨楚辭.
憐君不得意, 川谷自逶迤.

　여기서 전반은 유장경이 반주(潘州) 남파현(南巴縣)으로 폄적 가다가 파양을 지나면서 이가우를 상면한 내용을 기술하였으며, 말미에서 「沙鷗驚小吏」의 「小吏」는 이가우를 지칭한 것이고, 「新文怨楚辭」는 이가우가 굴원처럼 되어 파양에 있음을 비유한 것이다. 그리고 말2구는 2인이 같이 역경에 처한 신체를 탄식한 부분이다. 이러하다면, 이가우가 파양에 있던 시기를 유추하건데, 유장경이 남파현으로 폄적 가던 시기가 건원(乾元) 원년(758)이므로38) 이가우가 40세에 파양에 있었음을 알 수 있다. 신문방은 얼마 안되어 강음령(江陰令)으로 옮겨졌다고 기록하면서 「量移」라고 하여 「파양재」에 해당되는 어구처럼 보이지만, 폄적 되었다가 강음령이 된 만큼 파양재에 대한 해당어구가 아니라, 강음령에 대한 어구로 풀이함이 타당할 것이다. 이가우는 유장경을 회상하는 시 「목주 분수로에 들어 유장경을 생각하며(入睦州分水路憶劉長卿)」(≪전당시≫권207)이 있으니 보건대,

　　　　북궐에서 명철한 임금을 미워하여
　　　　남방에서 흰 구름을 따르노라.
　　　　회탄을 따라서 풀빛이 이어 있는데
　　　　응당 바다 갈매기 떼와 가까이 한다.
　　　　건덕강의 밀물 벌써 다하고
　　　　신안강 또한 갈라져 있구나.
　　　　엄자뢰를 돌아보며
　　　　낭랑하게 사안의 글을 읊노라.
　　　　비가 지나가니 저녁 산이 더 푸르고
　　　　원숭이 우니 가을 해가 어두워진다.
　　　　오주를 갈 수 없으니
　　　　귀밑 털 더듬으며 그대를 그리워한다.

　　　　北闕忤明主, 南方隨白雲.
　　　　沿洄灘草色, 應接海鷗群.
　　　　建德潮已盡, 新安江又分.
　　　　回看嚴子瀨, 朗詠謝安文.
　　　　雨過暮山碧, 猿吟秋日曛.

---

38) 傅氏「劉長卿事迹考辨」pp.238~268(≪당대시인총고≫)

吳洲不可到, 刷鬢爲思君。

　이 시는 이가우가 파양을 떠나서 소주(蘇州)를 지나다가 유장경을 만나서 목주(睦州)에 이르러서 유장경을 회상한 시라고 할 수 있다. 그러니까 이가우가 758년 전후에 파양에 있었음이 확실하다. 그러면 이가우는 파양에 얼마나 머물렀다가 강음령으로 옮겼는지에 대해서 신문방은 단지「未幾何」라고만 기술하였는데, 다음에 이가우의「분성포에 올라 여산을 보며(登湓城浦望廬山初晴直省齋敕催赴江陰)」(상동 권206)를 보면,

　　　　서쪽으로 향로봉의 눈을 보니.
　　　　천 개의 봉우리에 저녁 빛이 새롭다.
　　　　흰머리 나도록 아전 노릇이 슬프니
　　　　누런 칙서가 재촉함이 괴롭다.
　　　　등산 신 젊어지고
　　　　깊이 숨어 술이나 마시노라.
　　　　관부에 상한 마음이지만
　　　　관복의 홀대를 날마다 가까이해야 한다.

　　　　西望香爐雪, 千峯晩色新。
　　　　白頭悲作吏, 黃紙苦催人。
　　　　多負登山屐, 深藏漉酒巾。
　　　　傷心公府內, 手板日相親。

　여기서 시제를 보면 강음으로 부임할 것을 재촉한 것을 확인하게 되고, 그 내용에서 제2연을 보면 조서(黃紙)가 재촉하는 내용인 것을 묘사하고 있다. 그리고 정확하게 머문 기간에 대해서는 이가우의「파강에서 슬픔에 젖어(承恩量移宰江邑臨鄱江悵然之作)」(상동 권207)를 보면,

4년의 폄적 관리 강성에 머물면서
문 앞의 맑은 파수 싫지가 않도다.
누가 읍재가 서민 된다고 말하는가,
구름 산과 헤어지려니 형제와 같도다.
두 마리 갈매기 여기에 무심히 가까운데
백발이 여기에서 귀밑부터 더 세도다.
서글프게 한가로이 잠자며 포구에 임하거니
석양에 가을 마음 가눌 수가 없도다.

四年謫宦滯江城, 未厭門前鄱水淸。
誰言宰邑化黎庶, 欲別雲山如弟兄。
雙鷗爲底無心狎, 白髮從他遶鬢生。
惆悵閒眠臨極浦, 夕陽秋草不勝情。

이 시에서 제1구에 의거하여 이가우 자신이 4년 간 파양에 머물렀음을 분명히 밝혀준다. 그러니까 이가우 나이 43세(761) 전후까지 파양에 있다가 강음영으로 부임한 것을 알 수 있다. 이가우가 강음영으로 재직한 기간은 길지 않은 듯 하니, 유장경의 「태주 이사군을 보내며(送台州李使君兼寄題國淸寺)」(≪劉隨州詩集≫권9)에서 국청사(國淸寺)39)는 절강(浙江) 천태산(天台山)에 있고 유장경이 상원(上元) 2년(761)에 남파위(南巴尉)를 파관하고 오월주(吳越州) 일대에 이르러서 쓴 시이므로 이가우는 이미 태주자사(台州刺史)를 부임한 이후로 본다. 그렇다면 상원 2년(761)에서 보응(寶應) 원년(762) 사이에 강음령에서 태주자사로 부임한 것으로 추정할 수 있다. 이가우의 다음 「상주에서 강음으로 돌아가는 길에(自常州還江陰途中作)」(상동 권206)는 강음에 재임시에 지은 시이다.

---

39) 鄒志方 ≪浙東唐詩之路≫; 「國淸寺, 位于天台縣北十里天台山南麓.」(p.273 浙江古籍出版社. 1995) ≪嘉定赤城志≫卷28; 「隋開皇十八年爲僧智顗建, 先是顗修禪于此.」

곳곳에 텅 빈 마을
강촌을 차마 볼 수 없도다.
아무도 없어 꽃 빛이 슬프고
비 많이 내리니 새소리 차도다.
황패가 처음 군에 임하고
도잠은 관직을 물리치지 못하였다.
봄을 타고 힘써 정벌하리니
그 누가 시드는 것을 묻겠는가.

處處空籬落, 江村不忍看。
無人花色慘, 多雨鳥聲寒。
黃覇初臨郡, 陶潛未罷官。
乘春務征伐, 誰肯問凋殘。

 이 시에서 이가우는 자신을 황패(黃覇)나 도연명에 비유하여 은거적인 심정을 토로하고 있다. 태주자사로 재임한 기간은 불명하지만 이가우는 지금도 「당시지로(唐詩之路)」로 명칭되는 절강의 천태(天台)·회계(會稽)·천모(天姥)·옥주(沃洲) 등 명산이 즐비하고 당시 창작의 중요 거점에서 그의 시풍 형성에 적지 않은 영감을 얻었으리라 본다. 그 후에 그의 마지막 관직인 원주자사를 지낸 시기 또한 불명한데, 이가우의 「황보시어에게 부치며(酬皇甫十六侍御曾見寄)」(상동 권207)에 보면 자주(自注)에 「이때 공이 서주사마로 폄적되다.(此時公貶舒州司馬.)」라 하였는데, 황보증(皇甫曾)이 서주사마(舒州司馬)를 지낸 시기가 대력 6년(771)이며[40] 강서(江西) 서주(舒州)가 장사(長沙) 원주(袁州)에 인근하고 있어서 이 시기에 이가우가 원주에 있었다고 본다.[41] 그리고 이가우의 관직관계

---

40) 傅氏「皇甫冉皇甫曾考」pp.409~426
41) 자세한 것은 傅氏 pp.234~235 참조

인데, 하후심(夏侯審)과의 교류로서 근접하는 유추가 가능하다. 이가우의 「강동 가는 하후심을 보내며(送夏侯審參軍遊江東)」(상동 권206)를 보면,

> 소매에 아름다운 구절이 많으나
> 세상에 알려지지 않는다.
> 밤에 취하여 강의 달 속에 자고
> 한가한 때에 바다 구름 좇는다.
> 띠 꽃 차게 흩날리고
> 갈매기 저녁에 무리 짓는다.
> 장사의 뜰에 이르면
> 어촌에 그대를 기다리고 있으리.

> 袖中多麗句, 未遣世人聞。
> 醉夜眠江月, 閒時逐海雲。
> 荻花寒漫漫, 鷗鳥暮群群。
> 若到長沙苑, 漁家更待君。

이 시의 제목에서 하후심이 참군으로 명칭되는데, 《당회요(唐會要)》(권76)에 보면 하후심이 건중(建中) 원년(780)에 군모월중과(軍謀越衆科)에 급제한 것이 나온다. 이 시로 보아 이가우는 건중년 간(780) 이후에도 장안에 생존해 있었음을 알 수 있다. 그러므로 이가우는 60대가 넘도록 그 당시의 젊은 문인과 교류가 빈번했음을 추정하게 된다.

2. 시집의 판본

이가우의 시에 대한 가장 편리하고 확실한 자료는 역시 《전당시》(권206~207)에 수록된 137수이다. 시집으로는 명목상으로 《숭문총목(崇文總目)》에 《이가우시(李嘉祐詩)》가 1권이라고 하였으며, 《군재독서지(郡

齋讀書志)≫권4에는 2권, ≪직재서록해제(直齋書錄解題)≫권19에는 1권이라고 하면서 모두 다 같이 기록하기를,

 또한 대각집이라 하여 이조는 그 논에는 백로가 날고 여름 나무에는 꾀꼬리가 울도다 라는 구를 칭찬하였다. 왕유는 그것으로 칠언시를 지었는데 지금은 이 문집에 없다.

 亦號臺閣集, 李肇稱其水田飛白鷺, 夏木囀黃鸝之句, 王維取之以爲七言, 今按此集無之。

라고 한 것에서 이가우의 문집이 송대에 이미 출간되었음을 알 수 있다. 그리고 정병(丁丙)의 ≪선본서실장서지(善本書室藏書志)≫에 이가우집 2권이 수록되어 있는데, 명대의 활자본으로서 하몽화(何夢華)의 다음 기록에서 이가우집의 내막을 확인할 수 있다.

 동산의 석씨가 송본 대각집을 오군의 유첨가에서 얻어 백가당시에 넣고 제하에 원주자사 이가우 자는 종일이라 한 바 앞에 건염 3년 정월 군수 양하 사극가의 서문이 있다. 이에 이르기를, 생각컨대 가우는 상원년간에 일찍이 태주자사를 지내고 대력년간에 또 원주자사를 지낸 바 지금 원주의 시가 많이 있는데 대개 단절되어 드러내지 못함이 한스럽다. 이조가 기록한 바 왕유의 아득한 논에는 백로가 날고 그늘진 여름 나무에는 꾀꼬리가 난다는 구는 가우에 본받은 것이지만 권 중에 역시 보이지 않는다. 그러나 중흥간기집에 남훈같은 것이 기록되어 남아 있지 않으니(이 글은 有의 오자인가 함), 당시에 전해진 것이 여기에 멈추어 그 산실된 것이 많았다 라고 하였다.

 東山席氏得影宋本臺閣集於吳郡柳僉家, 刊入百家唐詩, 題袁州刺史李嘉祐字從一, 前有建炎三年正月郡守陽夏謝克家序云：按嘉祐上元中嘗爲台州刺史, 大曆間又刺袁州, 今袁州之詩多在, 顧天台山水奇秀, 略無連絕

發揮之, 可恨也。李肇記王維漠漠水田飛白鷺, 陰陰夏木囀黃鸝之句, 本於
嘉祐, 而卷中亦不復見。然中興閒氣集若南薰可錄無遺(此文疑有誤字), 則當
時所傳止此, 其放失多矣云云。

여기서 유첨가(柳僉家)에서 얻은 송본(宋本)이 건염태주각본(建炎台州
刻本)과 연관되어 있는 이가우 시집으로서는 최조본인 것을 알 수 있다.
위의 글에서와 같이 이가우집을 ≪대각집(臺閣集)≫이라고 하였다고 하
면, 이 대각집에 대해서 황요포(黃蕘圃)가 급고각초원본(汲古閣抄元本)의
대각집에 발문(跋文)을 붙인 것이 있는 바, 이것을 통하여 이가우시집의
전래를 더욱 입증할 수 있다.

가경 갑술년 여름 5월 새로 이 모자진의 구장초본 대각집을 입수하
여 이로 인해서 전장본인 정초본을 내어 한 번 손수 교정을 한 바 정초
본엔 목차와 서문이 없는데 여기엔 모두 그것들이 있어서 보다 나은 것
같다. 사구에 있어서도 차이가 많아서 세상에 고각본이 없으므로 감히
어느 것이 옳은지를 단정하지 못하겠다. 복옹의 정초본이 혹시 모본이
아닌가 하였는데 이제 이 초본을 보니 오히려 모씨 도서가 비교적 믿을
만한 것 같다. 도장 찍힌 원본 말미에 송인의 발문이 있는데 어찌 원본
과 송본이 뒤바뀔 수 있겠는가? 저 정초본도 송을 기휘한 것이 없거늘
원본에서 나온 것이라 생각한다. 책에 고각본이 없으니 단지 초본만으
로는 근거하여 믿기가 어려운 것이다. 복옹이 다시 기술한다.

嘉慶甲戌夏五月新收此毛子晉舊藏鈔本臺閣集, 因出向藏精抄本手校一
過, 精鈔本無目與序, 此皆有之, 似勝。至詞句亦多異同, 世無古刻, 不敢定
其誰是也。復翁精鈔本向亦疑爲毛鈔, 今觀此本, 卻有毛氏圖書, 似較可信。
印鈐元本, 末有宋人跋, 豈元翻宋本歟? 彼精鈔亦無宋諱, 想亦出元本也。書
無古刻, 但從鈔本徵信難矣。復翁又記。

여기서 급고각의 ≪대각집≫이 원본으로서 송본과는 다른 판본인 것을

밝히고 있다. 그러니까 같은 이름의 대각집이라도 시대에 따라서 판본이 다른 점을 알 수 있는데 그래도 목차와 서를 볼 때, 송대 건염본을 번안한 점을 완전히 배제할 수 없다.

그리고 그 후에 황요포는 ≪이가우시집≫ 5권을 수득하고서 유성덕(劉成德)에게 편교케 하고서 그 과정을 기술하기를,

> 이가우의 시집의 옛 이름은 대각집으로 한 권 통권으로서 체재분류하지 않았는데 나의 집 장본 두 권 모두 이러하다. 그 하나인 모씨구장본은 앞에 목차가 있고 뒤에는 건염년 간의 사극가의 발문이 있어서 그 구본을 믿을 만 하다. 이 책은 유성덕의 편집과 교정을 거쳐 5권으로 나누었는데 그 5권으로 나눈 이유는 단지 시체를 분류한 것일 뿐이다. 내가 이것을 가지고 모씨장본을 교정하니 자구에 다른 것이 많아 오히려 정초본과 같고 시기적으로 두 장본과 맞지 않은 것이 있어서 모씨본 위에 차이점을 다 기재하여 이 장본을 구각본의 하나로 남겨 놓는다. 위에 하작국의 기술이 있고 수교한 글자가 있어서 더욱 진귀하다. 을해년 2월 21일 복옹 기술.

> 李嘉祐詩舊名臺閣集, 通一卷, 不分體, 余家藏有二本, 皆如是也。其一本毛氏舊藏, 前有目, 後有建炎年間謝克家跋, 是可信其舊矣。是冊出劉成德編校, 故分五卷, 其所以分五卷者, 特分體耳。余取此以校毛藏本, 字句多不同, 反同於精抄之一本, 亦時與兩本有不合, 因盡載異同於毛本上, 而此本留爲舊刻之一本云。上有何焯國記, 又有手校字, 益可珍矣。乙亥二月二十有一日復翁記。

이 판본은 전대의 것들을 수합하여 시 형식별로 7언고시, 5언율시, 5언배율, 7언율시, 5언절구, 그리고 7언절구의 순서대로 배열한 것은 처음 정리된 것인 바, 문집의 체제를 갖추었다고 본다. 그 말미에 막백기(莫伯驥)의 다음 발문은 이 판본의 짜임새까지 상세하게 기록하고 있다.

이 판본은 북평 점포에서 얻었는데 한 쪽이 9행이고 한 행이 17자로 서 어미 상하로 이가우집 권 상하라 제를 붙였고 좌우에 흑선이 있으며 작은 흑구가 있다. 판식이 매우 우아하여 의외로 전인의 진기한 것을 내가 이에 뜻밖에 얻게 된 것이다.

此本得自北平廠肆, 半葉九行, 行十七字, 魚尾上下題李嘉祐集卷上下, 左右黑線, 小黑口. 板式甚雅, 不意前人之所珍異者, 伯驥乃於無意中得之.

Ⅱ. 시의 형식과 주제 분류

이가우의 시는 모두 140수에 달하며(≪전당시≫ 권206~207과 ≪전당시속습(全唐詩續拾)≫), 상기의 시제별 분석을 통하여 볼 때, 교유가 빈번하여 송별류와 증수·창화류, 그리고 영회와 산수전원을 중심 소재로 한 귀전원과 은둔의 흥취를 담은 작품을 제시하고 있음을 알 수 있다. 이러한 분류에 의거하여 먼저 이가우의 시 전체를 형식과 시의 주지로 나누어서 다음과 같이 세분하여 열거하고자 한다.(편호는 전당시권 206과권 207의 순서에 의거함) 분류에 앞서 이가우의 시에 대한 나름의 견해를 정리한다면 명대 양신(楊愼)은 ≪승암시화(升菴詩話)≫(권5)에서 이가우 시를 논하기를,

이가우의 왕사인죽루시에 「으젓한 벼슬아치 한가로이 제후를 비웃으며 서강에서 대를 가지고 높은 누대에 오른다. 남풍에 부들부채 소용없고 모시모자로 한가로이 갈매기와 잠드네.」라 하니 긴 여름의 경치가 맑고 고우며 시원하여 읽으면 정신이 상쾌해진다.

李嘉祐王舍人竹樓「傲吏身閒笑五侯, 西江取竹起高樓. 南風不用蒲葵扇, 紗帽閒眠對水鷗.」長夏之景, 淸麗瀟洒, 讀之使人神爽.

라고 하여 이가우 시의 청려하면서 신상한 면을 상찬하기도 하였지만, 일반적으로는 고중무 가 ≪중흥간기집(中興間氣集)≫에서 거론한 평가를 따라서, 송대 우무(尤袤)가 논한 바,

> 흔히 제량풍의 기려하고 화려함을 지니고 있어서 대개 오균과 하손에 필적한다.

> 往往涉于齊梁綺靡婉麗, 蓋吳均何遜之敵也.(≪全唐詩話≫卷2)

라 한 바와 같이 중평을 하는 경향이 있다. 그러나 필자의 견해로는 양신의 평이 더욱 적절하여 마치 성당의 이가우가 아닌가할 만큼 낭만적이며 은일적인 풍모가 드러나 있음도 간과할 수 없다.

편호	시제	형식	주제	주지
1	江上曲	칠언고시	영회	순임금의 아황과 여영의 노래
2	傷吳中	〃	영사	오국의 관아궁을 회고하며 비애에 참
3	夜聞江南人家賽神因題卽事	〃	영회	영신곡을 들으며 굴원을 회고
4	古興	오칠잡언	영사	한대 반첩여를 회고
5	雜興	〃	영회	춘절에 여인의 원한
6	送韋邕少府歸鍾山	오언율시	송별	파관하고 鍾山 별업에 은거
7	送盧員外往饒州	〃	〃	늦가을 벗을 요주로 보내며
8	送裵五歸京口	〃	〃	벗이 오릉으로 돌아감
9	送嚴維歸越州	〃	〃	섬계로 벗이 귀향
10	送杜士瞻楚州覲省	〃	〃	두사첨의 효심
11	送裵宣城上元所居	〃	〃	벗이 금릉으로 떠남
12	留別毘陵諸公	〃	〃	변란 중의 이별

13	送獨孤拾遺先輩先赴上都	〃	〃	입경하여 관직에 나감
14	常州韋郎中汎舟見餞	〃	〃	강가의 경치와 합자연의 정감
15	送崔侍御入朝	〃	〃	귀원전의 의식
16	送岳州司馬弟之任	〃	〃	악양으로 귀향
17	裵侍御見贈斑竹杖	〃	〃	상비와 가의를 회고
18	送張觀歸袁州	〃	〃	늦봄의 경물
19	冬夜饒州使堂餞相公五叔赴歙州	〃	〃	별자리로 우정 상징, 이별의 정
20	蔣山開善寺	〃	서경	가을 석양의 절과 초탕의식
21	晚發江寧道中呈嚴維	〃	증수	초가을의 정경과 무상한 세월
22	句容縣東靑陽館作	〃	서경	석양의 산장과 산수묘사
23	晚春宴無錫蔡明府西亭	〃	영회	은거적인 전원정취
24	送王端赴朝	〃	송별	멋의 승진과 성공
25	送王正字山寺讀書	〃	〃	가을의 정경과 불심
26	送房明府罷長寧令湖州客舍	〃	〃	전원적 묘사와 청빈 의식
27	詠螢	〃	영물	가을의 반딧불과 은둔 의식
28	送李中丞楊判官	〃	송별	가을날 계포의 능력을 지닌 무인
29	至七里灘作	〃	산수	송별의 심정을 석양에 맞춤
30	南浦渡口	〃	〃	서경과 민생의 고통
31	暮秋還客贈思寄京華	〃	기증	송옥과 장형을 인용 향수 묘사
32	送蘇修往上饒	〃	송별	탐속과 은거
33	題王十九茆堂	〃	영물	산정의 주변 경물과 은둔 의식
34	送弘志上人歸湖州	〃	송별	속탈 속의 참선
35	送陸士倫宰義興	〃	〃	청정한 심계
36	和張舍人中書宿直	〃	화창	긍정적인 관직생활 권면
37	司勳王郎中宅送韋九郎中往豪州	〃	송별	노년의 심회
38	晚春送吉校書歸楚州	〃	〃	길중복의 고명와 은거
39	送嚴二擢第東歸	〃	〃	속세의 경쟁비판
40	送冷朝陽及第東歸江寧	〃	〃	냉조양의 귀향과 축하
41	送越州辛法曹之任	〃	〃	섬세한 경물 묘사는 한폭의 그림
42	送樊兵曹潭州謁韋大夫	〃	〃	오직 산수의 미를 묘사
43	送杜御史還廣陵	〃	〃	국록을 떨치고 귀향
44	送兗州杜別駕之任	〃	〃	경물 속에 비애를 담음

45	題裵十六少卿東亭	〃	영물	합자연의 의식
46	同皇甫御題薦福寺一公房	〃	영물	사찰의 정경과 한적한 도장
47	送從姪端之東都	〃	송별	피리를 들으며 전원을 즐김
48	送王諫議充東都留守判官	〃	〃	사령운을 닮은 생활관
49	和都官苗員外秋夜省直對雨簡諸知己	〃	화창	청원한 중에 자연미 부각
50	送從弟歸河朔	〃	송별	평범함 경물 묘사에 별정 넘침
51	送崔夷甫員外和蕃	〃	〃	종군의 격려와 화합 강조
52	春日長安送從弟尉吳縣	〃	〃	노년과 자연 현상의 비교
53	元日無衣冠入朝寄皇甫拾遺冉從弟補闕紆	〃	기증	벗의 관록에 대한 흠모
54	和韓郎中揚子津玩雪寄嚴維	〃	〃	눈 속에 봄이 오는 정경
55	送王牧往吉州謁王使君叔	〃	송별	약관에 관직한 덕망
56	廣陵送林宰	〃	〃	청백리에 대학자임을 칭찬
57	贈衛南長官赴任	〃	기증	부임하면서 청빈하기를 권함
58	自常州還江陰途中作	〃	영회	도연명의 심정을 기리며
59	潤州楊別駕宅送蔣九侍御收兵歸揚州	〃	송별	종군의 의취
60	仲夏江陰官舍寄裵明府	〃	기증	산수가 좋아 사관
61	送夏侯審參軍遊江東	〃	송별	산수와 合一한 심정
62	送袁外宣慰勸農畢赴洪州使院	〃	〃	임지로 가는 담백한 심정
63	送侍御史四叔歸朝	〃	〃	조정에 가는 벗에 대한 충고
64	登楚州城望驛路十餘里山村竹相次交映	〃	영회	산수와 어울리는 삶
65	奉陪韋潤州遊鶴林寺	〃	산수	선심과 초탈
66	奉酬路五郎中院長新除工部員外見簡	〃	증수	직언을 권면
67	送韋司直西行	〃	송별	노장적인 의식
68	送上官侍御赴黔中	〃	〃	남방의 경물과 서정
69	送元侍御還荊南幕府	〃	〃	종군의 심정
70	登澁城浦望廬山初晴直省齋催赴江陰	〃	영회	노년에 관직의 상심
71	九日	〃	〃	중양절에 만감 교차

72	九日送人	〃	송별	절개를 지키는 마음
73	春日淇上作	〃	산수	봄날에 남녀의 연정
74	送從叔陽氷祇召赴都	〃	송별	왕명을 받들어 헌신 희망
75	送友人入湘	〃	〃	산수의 정경과 담백한 심정
76	送裵員外往江南	〃	〃	강남의 정경
77	登秦嶺		서경	진령에 올라 고향 생각
78	送張惟儉秀才入擧	〃	송별	벗의 독서와 봄 경치
79	送韋侍御湖南幕府	〃	〃	종군의 의미와 고뇌
80	同皇甫冉赴官留別靈一上人	〃	〃	초탈과 불심
81	送客遊荊州	〃	〃	동정호에서 벗과 노닐던 일
82	與鄭錫遊春	〃	산수	봄날에 고향을 그리워함
83~84	故燕國相公輓歌二首	〃	애도	상심과 초탈
85~86	故吏部郞中贈給事中	〃	애도	망자의 덕성
	韋公輓歌二首 (이상 권206)			
87	和袁郞中破賊後經剡縣山水上太尉		오언배율	종군 정벌의 용맹
88	送評事十九叔入秦	〃	송별	원정과 고독
89	贈王八衢	〃	증수	마음의 평정
90	入睦州分水路憶劉長卿	〃	영회	뛰어난 문장력
91	奉和杜相公長興新宅卽事呈元相公	〃	봉화	포숙의 우정과 문장
92	江湖秋思	칠언율시	영회	자연현상의 오묘함
93	送朱中舍游江東		송별	원정의 상심
94	送杜拾遺赴朝因寄中書十七弟	〃	기증	불변의 우정
95	自蘇臺至望亭驛人家盡空春物	〃	〃	전쟁의 연속과 그리움
	增思悵然有作因寄從弟紆			
96	承恩量移宰江邑臨鄱江愴然之作	〃	영회	늙음의 비애
97	題靈臺縣東山村主人	〃	〃	촌부의 삶
98	同皇甫冉登重玄閣	〃	〃	이별의 한과 눈물
99	宋州東登望題武陵驛	〃	〃	전쟁터에서의 비애
100	晚登江樓有懷	〃	〃	고독과 초탈
101	遊徐城河忽見淸淮因寄趙八	〃	기증	중양절에 벗을 그리는 마음
102	題遊仙閣白公廟	〃	영사	합자연의 탈속 의식
103	送鄭則漢陽迎婦	〃	송별	강가의 풍경과 비애
104	送皇甫冉往安宜	〃	〃	깊은 우정의 표현

105	晚發咸陽寄同院遺補	〃	기증	진한대의 고사를 회고
106	早秋京口旅泊章侍御寄書相問因以贈之時七夕	〃	〃	초가을의 정취와 집 소식
107	秋曉招隱寺東峯茶宴送內弟閻伯均歸江州	〃	송별	깊은 우정과 이별의 상심
108	送嚴員外	〃	〃	봄에 어촌에서의 한가함
109	赴南中留別褚七少府湖上林亭	〃	〃	농촌의 정경과 고독
110	與從弟正字從兄兵曹宴集林園	〃	화창	봄날 사혜련처럼 시회에 참여
111	酬皇甫十六侍御曾見寄	〃	증수	장석에서 글월을 회고
112	暮春宜陽郡齋愁坐忽枉劉七侍御新詩因以酬答	〃	〃	세월 따라 인생이 무상
113	送舍弟	〃	송별	우정과 문장 칭찬
114	送從弟永任饒州錄事參軍	〃	〃	변방의 겨울경치
115	送馬將軍奏事畢歸滑州使幕	〃	〃	변경의 경물과 노병에 위로
116	聞逝者自驚	〃	애도	애도의 마음을 자연에 비유
117	傷歙州陳二使君	〃	〃	인생의 무상
118	自田西憶楚州使君弟	〃	영회	산천의 정경과 우수
119	送陸澧還吳中	육언고시	송별	고향 생각
120	春日憶家	오언절구	영회	집이 그립다.
121	遠寺鐘	〃	〃	절간의 초탈
122	白鷺	〃	영물	고아한 백로
123	夜宴南陵留別	칠언절구	송별	이별의 그리움
124	題前溪館	〃	산수	타향의 생소함
125	過烏公山寄錢起員外	〃	영회	나라 일에 매인 근심
126	寄王舍人竹樓	〃	기증	자연에 취한 관리
127	韋潤州後亭海榴	〃	영물	전원에 심취
128	送崔十一弟歸北京	〃	송별	이별 후의 상사
129	訪韓司空不遇	〃	영회	진사왕 같은 문장
130	題道虔上人竹房	〃	영물	시심과 참선의 조화
131	秋朝木芙蓉	〃	〃	가을의 연꽃 자태
132	袁江口憶王司勳王吏部二郎中起居十七弟	〃	회고	은거의 심정
133	答泉州薛播使君重陽日贈酒	〃	기증	은둔과 그리움

134	題張公洞	〃	영물	신선의 오묘
135~137	句 3首(以上 卷207)	오언연구	전원의 낙, 종군의 감회, 밤의 정경
138	登郡北佛龕	오언율시	사묘	불당의 정취
139	謁倍城縣南香積寺老師	칠언율시	감회	노승의 초탈
140	登北山寺西閣樓	〃	증수	탈속의 흥취

馮禪師茶酌贈崔少府(以上 ≪全唐詩續拾≫卷16)

    이상의 시를 종합해 보면 총 140수에서 ≪전당시≫에는 137수, ≪전당시습유(全唐詩續拾)≫에 3수가 수록되어 있다. ≪전당시≫에 7언고시 3제 3수, 잡언고시 2제 2수, 5언율시 81제 82수, 5언배율 5제 5수, 7언율시 26제 26수, 6언고시 1제 1수, 5언절구 3제 3수, 7언절구 12제 12수, 5언연구 3수가 각각 분류되어 있으며, ≪전당시속습(全唐詩續拾)≫에는 5언율시 1제 1수, 7언율시 2제 2수가 분류되어 있다.

Ⅲ. 시의 양극화(兩極化) 성격

    이가우는 중당대 시인이지만 그의 시속에는 초성당대의 풍격까지 골고루 포함하고 있다는 점이 특이하다.[42] 그러나 이것은 비단 이가우에 한정된 것이 아니고 시인 누구나 다 정도의 차이가 있지만, 다양한 성격을 표출해 준다. 이가우에 있어서도 예외는 아니어서, 그의 연륜을 따라서 작풍의 성향이 양극화되어서 나타나고 있는 것이라고도 볼 수 있다. 여기서 「양극화(兩極化)」란 곧 예컨대 초당의 제량풍(齊梁風)과 성당의 낭만풍, 그리고 중당의 고담풍(古淡風) 등 상호 이질적인 요소들이 그의 시에 공

---

[42] 高仲武가 ≪中興間氣集≫에서「綺靡婉麗, 涉于齊梁.」이라고 하여 初唐風에 넣었음. 그리고 蔣寅은 ≪大歷詩人硏究≫(上)P.77~85에서 前期・中期・後期 등의 創作論이란 명칭으로 다양한 면모를 설정.

존한다는 의미인 것이다. 이러한 이가우 시의 다양성에 대해서 청대 하상(賀裳)은 그의 ≪재주원시화우편(載酒園詩話又編)≫에서 다음과 같이 서술하고 있다.

  고중무는 이가우의 기미하고 완려함이 제양풍을 거쳤다고 칭찬하는데 나의 생각은 이에 있어 후인으로 온정균과 이상은 만한 자를 보지 못했으니 마치 순임금이 칠기를 만드니 사치하다고 지적한 것과 같다. 그러나 간기집에 실린 것은 역시 평담하여 내가 더욱 기풍을 좋아하니「바람은 물가의 잎을 흔들고 구름 자욱하여 하늘에 서리 내리려 하네. 꽃색이 처량타 하는 이 아무도 없는데 많은 비에 새소리 차도다. 능히 계포의 응락을 지킨다면 노련의 공을 말하지 말지라. 상쾌한 기분으로 멀리 포구의 곶에 격해 있는데 기우는 햇빛은 비슷이 강 건너는 이 비춘다.」자못 우아한 맛이 있으나 이가우의 시는 한굉에 반도 못 따르니, 정곡이 말하기를 어쩐 일로 후에 고중무가 간기에서의 품평이 공평하지 않았는지 라고 하였는데 이 말 역시 진실로 옳다.

  高仲武稱李嘉祐綺靡婉麗, 涉于齊梁, 余意此由未見後人如溫李耳, 猶舜造漆器而指以爲奢也. 然間氣集所載. 殊亦平平余更喜氣「風搖近水葉, 雲薄欲霜天. 無人花色慘, 多雨鳥聲寒. 能全季布諾, 不道魯連功. 爽氣遙分隔浦岫, 斜光偏照渡江人.」殊有雅致. 按李詩綺麗不及君平之半, 鄭谷曰何事後來高仲武. 品題間氣未公心, 語亦良是.

 여기에서 하상의 관점을 정리해 보면, (1) 이가우의 시를「기려(綺麗)」하다고 본 것은 만당의 이상은(李商隱)이나 온정균(溫庭筠)과 비교하지 않은 좁은 소견이므로 온당한 평가가 아니라는 점이며, (2) 기려하기 보다는 성당의「아치(雅致)」에 오히려 가깝다는 점으로 집약할 수 있다. 이가우의 시 140수를 고찰할 때에, 하상의 의견이 오히려 긍정적으로 평가된다. 왜냐하면 필자의 견해로서도 이가우의 시에서 상기한 몇 수의 봉화(奉和)나

기증류, 그리고 영회시의 일부를 제외하고는 이가우를 통하여 중당에서 성당의 시가 재흥한 듯이 창작되어 있음을 확인한다. 이것이 하상이 강조한 「아치」인 것이다.43) 그런데도 지앙인(蔣寅)은 그의 ≪대력시인연구≫ (上)에서(p.78) 「1. 전기 창작론: 제량풍」의 부분 속에 「봄날의 기상에서(春日淇上作)」를 인용하고 난 후에 "이것은 고중무가 말한 바 기려하고 화려한 것으로 제량을 거친 부류의 작품이다.(這應該就是高仲武所說的綺靡婉麗, 涉于齊梁的那一類作品.)"라고 기술하고 또 이어서 이 부분 안에 "심지어 반전의 주제를 노래한 제영대현동산촌주인도 이러한 취향의 체현인 것이다.(甚至歌詠反戰主題的〈題靈臺縣東山村主人〉也是這種趣向的體現.)"라고 한 후에 "이 시는 현종 만년에 병사의 강제동원을 지적한 것으로 그 용의가 두보의 병거행과 후출새 등 시와 닮았다.(這首詩是指責玄宗晚年的窮兵黷武. 用意與杜甫兵車行·後出塞等詩相仿.)"라고 서술하고 있다. 지앙인의 이런 기술은 그의 주제와 상이한 것이다. 그의 주제는 표현법과 내용 중에서 어느 것을 택하고 있는지를 혼동하고 있다. 그의 서술대로라면 수사법으로 본 주제 설정 같이 보이는데, 이가우의 시어에 어느 하나 기미한 면이 부각되어 있지 않기 때문이다. 그렇다면 지앙인의 이가우에 대한 기록은 객관성이 부족하며 분류 서술상의 혼선이 생긴 것이다. 중기와 후기 부분도 같은 맥락에서 볼 때, 이해가 난득하다고 할 것이다. 따라서 여기서 이가우의 시를 내용주제별로 분류하여 재론하고자 한다.

1. 안사난(安史亂)으로 인한 반전(反戰)

이가우가 생존하던 시기는 안사란, 토번(吐蕃)의 침입(763), 주자(朱泚)

---

43) 蔣寅은 上記書 p.79에서 「李嘉祐除春日淇上作之外, 古興·雜興·傷吳中也同樣體現了盛唐風格.」이라고 한 것은 부적절.

의 난44) 등이 연발하면서 민심이 이산되고 사회가 극히 혼란한 혼란기였기 때문에 이 시기의 문인들은 연속되는 질고를 민생과 같이 하게 되었고, 비전의식과 현실도피 등의 살기 위한 소극적인 처세가 팽배하면서 전기, 유장경, 이가우 같은 낭만추구자가 출현하기도 하였지만, 노륜(盧綸), 경위(耿湋) 같은 현실 상황을 직시하는 시인이 나타나기도 하였다. 낭만주의자인 이가우로서는 전쟁의 반대론자인 것이 당연하다. 그의 「영대현의 동산촌 주인(題靈臺縣東山村主人)」(권207)이 이런 취향을 체현해 준다.

곳곳에 오랑캐 정벌 간 자 점차 드무니
산촌이 고요하고 저녁 연기 희미하다.
문에는 숲이 우거져 한 해 가도록 닫혀 있고
몸은 방탕한 길 좇다가 언제나 돌아가려나.
빈처는 백발 되어 세금에 쪼들리고
내 몸 황하에 떠돌며 헤어나지 못하다.
천자는 지금 무기를 쓰려는데
한 해 가기 전에 전쟁을 그침이 좋으리라.

處處征胡人漸稀, 山村寥落暮煙微.
門臨莽蒼經年閉, 身逐嫖姚幾日歸.
貧妻白髮輪殘稅, 余寇黃河未解圍.
天子如今能用武, 只應歲晚息兵機.

위의 제1구의 정호, 제3구의 신축표요, 제7구의 용무에서 이 시는 현종 만년의 징병상황을 질책하는 것을 알 수 있다. 동산 촌민의 처참한 생활상을 묘사하면서 이런 중에도 현종이 안일한 자세로 징병을 강요하는 것을 증오하였다. 그의 시에는 민생의 질고를 묘사한 것이 적고 반전적인

---

44) 朱泚의 亂은 ≪新唐書≫卷225 列傳第150「朱泚」부분 참조.

입장에서 현실을 고발한 점이 보이니 이 시가 그 예라 할 것이다. 안사난이 발생한 후에 이가우는 양주(揚州)와 윤주(潤州) 일대에서 피난생활을 하였다. 이 같은 유랑적인 생활의식은 다음「소대에서 망정역에 이르러 봄 풍물에 수심에 젖어서(自蘇臺至望亭驛人家盡空春物增思悵然有作因寄從弟紓)」(권207)에 적절히 표현되어 있다.

  남포의 줄에 흰 갈대 덮혔고
  동오의 기장엔 누런 두건 걸렸도다.
  들 해당화 절로 피어 물가에 서 있고
  강가의 제비 돌아와도 아무도 안 보인다.
  먼 곳 아련히 객을 보내는 듯
  넓은 밭 아득히 홀로 봄을 보낸다.
  어찌 장주원에 고개 돌릴 수 있으리.
  봉화는 해마다 오랑캐의 전쟁을 알리누나.

  南浦菰蔣覆白蘋, 東吳黎庶逐黃巾.
  野棠自發空臨水, 江燕初歸不見人.
  遠岫依依如送客, 平田渺渺獨傷春.
  那堪回首長洲苑, 烽火年年報虜塵.

이 시에 대해 후세의 평가는 다양한 바, ≪당시선맥회통평림(唐詩選脈會通評林)≫에서는「주정이 말하기를, 전란의 음악이 슬프고 상하니, 작가는 마음 아프고, 듣는 자는 놀라고, 독자는 눈물 흘린다.(周廷日; 喪亂之音悲以傷, 作者痛心, 聞者驚憶, 讀者下淚.)」라고 하였으며, ≪관화당선비당재자시(貫華堂選批唐才子詩)≫에는「그의 '아련히'라는 글자를 보면 송객의 나무를 빗겨 묘사하였고 '아득히'라는 글자는 갈지 않는 밭을 사실대로 묘사였으니, 오묘하도다.(看他依依字, 虛寫送客之樹, 渺渺字, 實寫無耕之田, 妙妙.)」, 그리고 ≪당시전요(唐詩箋要)≫에서는 "보이는 건 모두 참담하고 감정이 더없이 아득하여 이 내 마음 사그라진다.(滿眼慘憺, 含情最遠, 使人之意也消.)"라고 하고, ≪망사원당시전(網師園唐詩箋)≫에는 "'강가의 제비 돌아왔지만 아무도 보이지 않는다'라는 구는 난리 후의 정경을 다 묘사한 것이다.(江燕初歸不見人, 寫盡亂離後景象.)"라고 하여 공통적으로 이 시가 지닌 의미에 매우 적절한 평가를 가하고 있다.

2. 별정(別情)의 귀은(歸隱)

이가우의 송별시는 63수에 달하여 전체의 반을 차지하는데 그 내용을 예시를 통해 살펴보고자 한다. 송별시에서 먼저 지적할 것은 우정과 함께 사회혼란에 대한 비애 심리의 묘사를 들 수 있으니, 〈하삭으로 가는 종제를 보내며(送從弟歸河朔)〉(≪전당시≫권206)를 보면,

고향을 어이 갈 수 있으리.
아우가 홀로 돌아갈지라.
뭇 장수 깃발을 드나니
누구라서 은둔 선비를 중하게 여기리.
빈 성에 유수는 남아 있는데
황량한 못의 옛 마을은 인적이 드물다.
가을 날 들판 길에
풀벌레 울며 뽕잎에 난다.

故鄕那可到, 令弟獨能歸.
諸將矜旄節, 何人重布衣.
空城流水在, 荒澤舊村稀.
秋日平原路, 蟲鳴桑葉飛.

여기서 이가우는 종제에 대한 심후한 우의를 표현하면서 동시에 풍진

난리로 세상이 바뀌고 마을도 사라진 사회현실을 그려내었다. 시인의 심의는 이별의 비애가 감돌고 있으니, 지아오원빈(焦文彬)은 이 시의 주에서45),

　　'고향을 언제나 갈 수 있으리오. 아우로 홀로 돌아가게 할 수 있으리.'구는 이별의 정경을 묘사하였으니 괴로움이 열 배나 더한다. 떠나는 사람 멀리 가니 그리운 정을 묘사함에 그 여운이 그지없다.

　　「故鄕那可到, 令弟獨能歸.」, 狀離別景, 苦增十培. 離人遠去, 寫依戀之情, 餘味無窮.

라고 하여 경중유정(景中有情)의 극치를 보여준다. 이 시에 대해서 ≪대력시략(大歷詩略)≫에서도 별정과 여로가 모두 다 잘 드러나 있다고 서술하였다.46) 그리고 「비릉의 제공을 이별하며(留別毘陵諸公)」(권206)를 보면,

　　오래 잠양영이 되었다가
　　단서를 버리고 홀연히 돌아왔도다.
　　처량하게 수촌을 하직하고
　　난리 속에 고향 산에 왔도다.
　　북고에 여울 소리 가득하고
　　남서에 풀빛이 한가롭다.
　　마음 이에 이별을 알지니
　　생각수록 귀밑 털이 희끗하다.

　　久作涔陽令, 丹墀忽再還.

---

45) 焦文彬 等, ≪大歷十才子詩選≫, p. 230, 陝西人民出版社
46) ≪大歷詩略≫:「三四激昻, 結處只平平寫景, 而別情旅況, 兩兩俱到.」

凄凉辭澤國, 離亂到鄕山.
北固灘聲滿, 南徐草色閒.
知心從此別, 相憶鬢毛班.

여기서 제2연은 전란으로 고향을 떠나야 하고 제4연은 나이 들도록 이별의 정을 가누지 못하는 심정을 각각 묘사하고 있다. 이가우의 이러한 심태는 자연히 현실로부터 초탈하려는 의식을 더하게 되었으니 이것이 바로 귀은적인 마음의 발로로 이어진 것이다. 그의 「아늬에 가는 황보염을 보내며(送皇甫冉往安宜)」(권207)를 보면,

> 강가에 종일 물안개 자욱한데
> 그대 어느 날에 돌아갈 건가.
> 초지의 갈대 바다 멀리 이어진데
> 수나라 버들은 드물게 둑에 드리웠다.
> 나루 누각과 옛 저자에 객이 없고
> 산사의 황성은 지는 해에 닫혀 있다.
> 행인에게 전쟁을 묻는다면
> 그대 두 줄기 눈물 옷깃을 적시리라.

> 江皐盡日唯煙水, 君向白田何日歸.
> 楚地蒹葭連海迥, 隋朝楊柳映堤稀.
> 津樓故市無行客, 山館荒城閉落暉.
> 若問行人與征戰, 使君雙淚定霑衣.

현실은 너무나 허무한 것이다. 홀로 버림받은 심정이 제4연에서 묘사되어서 시인의 눈에는 고독한 자신 그리고 황량한 환경으로 반영되어 제3연에서 「無」・「閉」라는 측성자(仄聲字)를 구사하는 시를 짓게 한 것이다. 이 마음은 현실의 암담함을 극복하고 초일한 경지를[47] 추구하는 자세가

---

47) ≪湘綺樓說詩≫:「起極超逸, 接亦工麗.」

아니고서는 진심을 이같이 그려내기 어려운 것이다.

3. 영물(詠物)에 의한 비흥(比興)

영물시는「정을 기탁하여 풍유함(寄情寓風)」을 바탕으로 하는 바, ≪사고전서총목제요(四庫全書總目提要)≫집부(集部)5의 「영물시제요(詠物詩提要)」에서,

> 옛날 굴원은「귤송」을 짓고 순자는「잠부」를 지었는데, 영물의 작품은 여기에서 싹텄다. 당대는 사물의 모양을 숭상하고 송시는 의론을 삽입하는데, 기탁된 정감과 붙여진 풍유가 그 가운데서 끝없이 흘러나오니 이것이 그 대체적인 비교이다.

> 昔者屈原頌橘, 荀況賦蠶, 詠物之作, 萌芽于是, 唐尙形容, 宋參議論, 而寄情寓諷, 旁見側出于其中, 此其大較也.

라고 하여 영물작품의 근본적인 착상의식을 피력하였으며 영물시를 짓는 의도는 시를 통하여 비흥의 풍유를 하는데 있음을 이중화(李重華)는 다음과 같이 기술하였다.

> 영물이라는 체재는 제재로 말하면 부요, 시를 짓는 까닭으로 말하면 흥이요, 비이다.

> 詠物一體, 就題言之, 則賦也, 就所以作詩言之, 卽興也, 比也.(≪貞一齋詩說≫)

한편, 영물시의 작법에 대해서 구체적으로 여하히 표현해야 할 것인가에 대해서 원대의 양재(楊載)는 다음과 같이 기술하였는데 이는 전대의

작품에서 보이는 공통점과 후대의 작법의 기준을 제시한 것으로 본다.

영물시는 사물에 기탁하여 뜻을 펼치고, 두 구에 맞춰 사물의 형상을 노래하고 물상을 그대로 그려야 하나, 지나친 조탁과 기교는 피해야 한다. 제1연은 직설한 제목과 합치해야 하고 사물의 출처를 명백히 해야 된다. 제2연은 영물의 본체와 합치해야 하고, 제3연은 사물을 말하는 작용과 합치해야 하는데, 뜻을 말하기도 하고, 의론하기도 하고, 인사를 말하기도 하고, 고사를 사용하기도 하며, 외물을 구체적으로 실증하기도 한다. 제4연은 제목 외의 것으로 뜻을 표현하거나 혹은 본의로 그것을 결속한다.

詠物之詩, 要托物以伸意, 要二句詠狀寫生, 忌極雕巧. 第一聯須合直說題目, 明白物之出處方是. 第二聯合詠物之體, 第三聯合說物之用, 或說意, 或議論, 或說人事, 或用事, 或將外物體證. 第四聯取題外生意, 或就本意結之.(≪詩法家數≫一卷)

이 장법은 매우 세밀하게 묘사되어 있어서 시의 독창과 주관을 제약할 수 있지만, 그 본의는 순수한 영물시란 사물을 순수하게 묘사하되,「우회(寓懷)」를 담아야 함을 알 수 있다. 이러한 성격은 청대 이영(李瑛)의 ≪시법역간록(詩法易簡錄)≫ (권13)에서,

영물시는 진실로 이 사물을 확실하고 적절하게 표현해야 하며, 외양을 버리고 흥취를 얻는 것이 더욱 소중하지만, 반드시 뜻을 기탁할 곳이 있어야 비로소 시인의 의취를 얻을 수 있는 것이다.

詠物詩固須確切此物, 尤貴遺貌得神, 然必有命意寄託之處, 方得詩人風旨.

라고 하였듯이 혼신의 의식으로 영물시의 기탁법을 가지고 최대한 내

적 갈등을 표출하고자 했던 것이다. 이가우의 시에서의 영물시도 예외가 아니어서 그의 「바딧불이(詠螢)」(권206)를 보면,

>드리운 물빛 가닥잡기 어려운데
>허공에 몸이 절로 가벼워라.
>밤바람 쉬지 않고 불어오고
>가을 이슬 씻기니 더 밝구나.
>촛불 여전히 불꽃 일고
>보내온 글 더욱 정이 넘친다.
>오히려 출렁이는 그림자가
>이곳에 와 처마서까래에 멈춘다.

>映水光難定, 凌虛體自輕.
>夜風吹不滅, 秋露洗還明.
>向燭仍分焰, 投書更有情.
>猶將流亂影, 來此榜簷楹.

이 시는 겉으로는 반딧불의 날아다니는 모습을 묘사하는 담백한 맛을 주는 듯하지만 속으로는 마치 송대 요보(姚寶)가 ≪서계총어(西溪叢語)≫(권상)에서 만당대 나은(羅隱)의 「모란(牡丹)」시를 두고,

>모란시는 「가련토다. 한령의 공이 이뤄진 뒤로, 공연히 버림받은 무성한 꽃은 이런 몸으로 지내누나.」라 이르고 있다. 백정한의 ≪당몽구≫ 「한령모란」, 주에 의하면 「원화중, 장안의 귀족 자제들은 모란을 숭상하였는데, 한 그루의 값어치가 수만 전에 달하였다. 한황은 사저에 그것이 있자, 당장 꺾어 버려라 명하며 「어찌 아녀를 본받겠는가?」라고 말했다 한다.

>牡丹詩云: 可憐韓令功成後, 虛負穠華過此身, 據白廷韓蒙求韓令牡丹注

云: 元和中, 京部貴遊尙牡丹, 一木值數萬. 韓滉私第有之, 據命劚去, 曰:
豈效兒女邪?

라고 한 바와 같은 비흥적인 의미를 지닌 것이다. 이가우는 바람직한 관직생활을 하지 못한 상황 하에서 항상 자신을 비하시켜서 현실과 단절된 의식을 견지하는 경향을 보이는데 이 시는 바람에도 꺼지지 않으며 이슬에도 더욱 밝아지는 형상을 통하여 어떠한 역경에서도 굳은 의지와 절개를 지켜나갈 것을 풍유해 준다. 그래서 ≪근체추양(近體秋陽)≫에서는 이 시를 두고 이르기를,

　　형상을 닮지 않고 의취를 닮았기 때문에 고아한 것이다(밤바람 2구 이하). 이 시의 제3연 즉 함연같은 영물구는 환히 허공을 넘나들고 합하고 헤어짐이 모두 조화를 이루어서 끝내 당대 영물시로는 이를 능가할 것이 없으니 진실로 가작인 것이다.

　　不肯形而肯意, 所以爲高(夜風二句下). 詠物句如此篇頷聯, 活見凌虛, 卽離俱化, 終唐詠物要未有能過之者, 誠佳作哉.

라고 하여 이 시의 가치를 높이 평가한 것이다. 그리고 「왕십구의 묘당(題王十九茆堂)」(권206)을 보면,

　　　　뜰 가득히 약초가 많아서
　　　　마을 안으로 산가를 이루도다.
　　　　종일토록 머물 수 있으니
　　　　추위를 이기며 꽃을 대하노라.
　　　　바다 갈매기 대밭 섬을 지나고
　　　　문가의 버들은 강모래를 스친다.
　　　　그대 천하게 거하는 뜻 알거니
　　　　시를 지으면 흰 꽃을 찬미하도다.

滿庭多種藥, 入里作山家.
終日能留客, 凌寒亦對花.
海鷗過竹嶼, 門柳拂江沙.
知爾卑棲意, 題詩美白華.

이 시는 진정 고결한 묘사 속에 시인의 본심이 스미어 있는 것이다. 그래서 ≪근체추양≫에서는 이 시를 두고서,

절실한 진정과 절실한 흥취는 소위 질박하면서 속되지 않는 글에 있는 것이다. 제2구는 더욱 진정한 흥취에서 기묘한 정감을 들어낸 것이나 이런 경물은 오히려 보기 드물다. 전면의 사람은 드러나지 않으면서 제3연이 제2연을 잇고 제4연이 제1연을 이어서 제4구를 빌려 제3구의 주지를 뽑아내고 있으나 4연 도두 자연스러우며 구마다의 정서가 고아하고 화려하며 시의 사조가 절묘하다.

眞絶, 趣絶, 所謂質而不俚漢文也. 第二句更從眞趣討出奇情, 然此景却不少見. 前面人都未寫得. 三承二, 四承一. 借四句拖出三句之旨, 然四自然而句情高華, 思路迥絶.

라고 하여 시인의 자연의 형상에 대한 섬세한 관찰이 은둔의 지사임을 굳게 자리매김 하는 심도 있는 시이다. 그래서 사색의 길이 절실하다고 평자는 결론을 내린 것이리라. 이것은 일종의 자기 갈등의 간접적인 표현일 수도 있다. 이가우의 시는 읽기 좋을 만큼 평담한 중에 애틋한 심적 상심을 비흥적으로 그려놓곤 한다.

이 시가 그런 경우가 아닐는지 하고 유추한다. 왜 그럴 수 있느냐 하면, 말관에 머물고 자사라는 높은 직분이지만 지방관이라는 일종의 콤플렉스가 잠재해 있다는 것이다. 그래서 위의 시평은 진취에서 특이한 정을

토로한다고 하지 않았는가. 이런 류의 시는 내면에 있어 자신의 불우한 처지에서 과거의 낙방이나, 성격의 부조화 등으로 인해 자아학대와 증오감으로 확대될 수 있다. 비슷한 예로서 나은의 영물시에는 자기갈등 속에 자연의 현상을 넣어서 풍유한 점이 매우 허다하다. 나은의 「뜬 구름(浮雲)」을 보면,

일렁이며 뭉게뭉게 저절로 퍼지며,
창오로 가지 않고 서울로 가누나.
무심히 아무 일 없다고 말하지 마오.
일찍이 초 나라의 양왕을 걱정했던 적이 있다네.

溶溶曳曳自舒張, 不向蒼梧卽帝鄕.
莫道無心便無事, 也曾愁殺楚襄王.

라고 하여 이 시에 대해 명대 민원구(閔元衢)는 「나강동외기(羅江東外記)」에서,

나은시의 '무심히 아무 일 없다고 말하지 말라, 일찍이 초나라의 양왕을 걱정한 적이 있다네.' 이것은 당시의 일을 풍자한 것이다.

羅隱雲詩: '莫道無心便無事, 也曾愁殺楚襄王.' 此刺生事者.

라고 적절한 평을 가하고 있는 점을 통하여 이가우의 경우에도 간접적인 적용이 가능할 것이다.
한편 이가우는 영물을 통해서 속세에서 차별화 되고자 하였으니 그의 「백로(白鷺)」(권207)는 백로를 현인에 비유한 것이다.

강남에 흐르는 물이 많아

그림자 보며 잔물결 일군다.
지는 해 진땅의 구름 속에 묻히는데
산이 높아서 어이하면 좋을가.

江南流水多, 顧影逗輕波.
落日秦雲裏, 山高奈若何.

이 얼마나 고결한 심성의 표현인가. 그러므로 시인은 초탈의 경지를 추구한 것이다. 다음의 「먼 절의 종(遠寺鐘)」(권207)을 보면,

성근 종소리 어디서 오는가.
대숲을 지나고 물도 건넌다.
점점 미풍을 따라 오는 소리
은은히 귓가에 맴돈다.

疏鐘何處來, 度竹兼拂水.
漸逐微風聲, 依依猶在耳.

이 시는 산사의 종소리와 자연이 하나된 상태를 포착하려는 마음이 나타나 있으며 그것이 인간이 합자연의 경지에 몰입된 의식이라고 볼 것이다. 그리고 「도건상인의 죽방(題道虔上人竹房)」(권207)을 보면 시와 선이 하나라는(論詩如論禪) 송대 엄우(嚴羽)가 ≪창랑시화(滄浪詩話)≫ 시변(詩辨)에서 언급한 논지와 합치된다. 단순히 중당 시인의 경지라고만 할 수 있겠는가.

시상과 선심은 모두 대밭의 한가로움에서 나니
임지의 유수는 세상으로 흐른다.
높은 창가에서 뜻대로 손 모으니
지는 해 강을 따라 천만 산을 대한다.

詩思禪心共竹閒, 任地流水向人間.
手持如意高窓裏, 斜日沿江千萬山.

 위의 기술을 통해서 보면 이가우의 시는 중당시의 낭만적인 성격을 대표하는 작풍을 지니고 있다. 따라서 본고는 그의 사실적이면서 낭만적인 성향에 초점을 맞추어서 부분적인 면만 다루었다고 볼 수 있다. 대력십재자 중에서 전기와 함께 가장 성당시에 접근한 시인이면서 중당의 위응물(韋應物)이나 유장경(劉長卿)에 못지 않은 풍격을 제시한 것이다.
 전기와 이가우를 기점으로 하여 중당대 시론이 성당의 맥락과 여하히 연관되는지를 관찰할 수 있게 된다는 점에서 이가우에 대한 일차적 고찰은 당시사에 있어서도 매우 중시되는 대상이라고 할 것이다. 이러한 흐름은 대숙륜(戴叔倫)과 한굉(韓翃), 이익(李益), 노륜(盧綸), 융욱(戎昱) 등 대력 시인에 대한 상당한 영향력을 주게 될 것이며 그것이 대력시를 관통하는 주된 풍격이 되는 것이니 대력시기는 단적으로 성당과 중당의 본거지로 보아서 하나의 과도기적인 성격을 보여준다고 의미부여할 수 있다. 그런 점에서 이가우의 고찰은 본래의 중당시의 연구방향에서 단초적인 단계를 넘어서는 시점에 있다고 단언할 수 있는 것이다.

노륜(盧綸)과 그 시의 리얼리즘적 사상

중당대의 대력년간(766~779) 때 활동한 시인들 중에서 대표적인 작가를 일컬어서「大歷十才子」라 하는데, 문헌마다 그 분류가 다른 점은 이미 앞에서 거론한 바이다. 이와 같이 분류상의 차이가 있지만, 노륜(748~799)은 왕사정(王士禎)이「노륜은 대력십재자 중의 으뜸이다.(盧綸大歷十才子之冠冕)」(≪分甘餘話≫卷4)라고 했듯이 십재자 중에서 작품의 양과 질에 있어서 으뜸가는 가치를 지니고 있다. 그럼에도 불구하고 노륜에 관한 연구 자료는 푸쉬엔중(傅璇琮)의 ≪당대시인총고≫(중화서국, 1980)에서의 〈盧綸考〉(pp.469~492)가 최초이나 생평의 의문점 등을 개괄하는데 그쳐있으며, 지앙인(蔣寅)의 ≪대력시인연구(大歷詩人硏究)≫상편(중화서국, 1995)에서의 〈臺閣之音與戎幕之音-盧綸〉(pp.261~281)은 비교적 집중적인 소개에 머물러 있을 뿐, 본격적인 논술 작업이 여의치 않은 상태에 있었다.

본고는 본래 필자가 누년을 두고 작업을 시도해 온 ≪당대 대력재자시 연구(唐代 大歷才子詩 硏究)≫(한국외대 출판부 2002년)의 일환으로 대력시 연구 과정 속의 하나인 것이다. 본고의 저본으로는 ≪전당시≫

(권276~280)와 리우추당(劉初棠)의 ≪노륜시집교주(盧綸詩集校注)≫를 작품 인용의 근거로 하였다. 본고는 노륜 생평에 있어서 푸쉬엔중(傅璇琮)의 상기서에서 비교적 상론한 바, 개관하는 선에서 기술하고 339수의 시작에서는 시 전체의 주제별 구분을 전제로 하여 시의 사실적 묘사에 주안점을 두어서 본고의 주된 내용으로 삼고자 한다.

Ⅰ. 생평 관계와 시집 판본

1. 생평 관계

노륜의 생평 관계는 논점이 여러 가지이지만 푸쉬엔중(傅璇琮)이 ≪당대시인총고≫에서 상술한 바, 여기서는 그의 생평을 개괄하는 선에서 살피고자 한다. 먼저 ≪당재자전(唐才子傳)≫(권4)에서의 기록을 보기로 한다.

> 노륜의 자는 윤언이며, 하중인이다. 천보 년간의 난리를 피하여 파양에서 나그네 생활을 하였다. 검교호부낭중과 감찰어사를 거쳐서 질병을 핑계로 관직을 떠났다. 처음에 외삼촌 위거모가 덕종의 총애를 얻으니, 그로 인해 그의 재능을 드러내었다. 노륜의 글은 매우 뛰어나서 시단의 왕성한 때의 풍격에 뒤지지 않아서 마치 삼하 소년인 조식에 비길 만하니 그 풍류는 절로 칭찬할 만 하였다.

> 綸字允言, 河中人。避天寶亂, 來客鄱陽。累遷檢校戶部郎中, 監察御使, 稱疾去。初, 舅韋渠牟[1]得幸德宗, 因表其才。綸所作特勝, 不減盛時, 如三河

---
1) ≪唐才子傳校箋≫, p.160云:「據權德興所作墓誌, 韋渠牟於貞元十二年(796)因講論

少年, 風流自賞。

　이상의 기록을 통하여 노륜의 생평을 개괄해보면, 노륜의 출신지와 그 당시의 사회배경과 역경, 그리고 관직생활과 그 동기, 끝으로 시작에 대한 평가 등으로 구분해 볼 수 있다. 그러니까 상기서의 내용으로는 그의 생평을 분명히 파악할 수 없는 것이다. 그러면 보충적인 자료로서 ≪전당시≫(권276)의 노륜 약력을 더 보기로 한다.

　　노륜의 자가 윤언이며 하중포인이다. 대력 초에 수차 진사에 급제하지 못하다가 원재가 그의 글을 가지고 올리니, 수향위에 보직되고 감찰어사까지 지내다가 문득 병을 핑계로 사직하였다. 왕진과 가까웠으나 오래도록 어울리지 못하다가 건중초에 소응령이 되었고 혼감이 하중을 진압하니 원수판관에 임명되고 검교호부낭중으로 전직되었다. 정원년간에 외숙인 위거모가 그 재능을 알려서 역마로 불렀으나 마침 죽었다. 문집 10권이 있는데 지금 시 5권을 편성한다.

　　盧綸, 字允言, 河中浦人。大歷初, 數舉進士不第。元載²⁾取其文以進, 補閿鄉尉, 累遷監察御使, 輒稱疾去。坐與王縉³⁾善, 久不調。建中初, 爲昭應令, 渾瑊⁴⁾鎭河中, 辟元帥判官, 累遷檢校戶部郎中。貞元中, 舅韋渠牟表其才,

---

三教得德宗信用, 歲中歷右補闕, 左諫議大夫, 間一歲, 遷太府卿, 錫以命服, 又間一歲, 遷太常卿, 則是貞元十三年(797)爲太府卿, 十四年(798)爲太常卿, 십칠년(801)卒。」

2) ≪新唐書≫卷145 列傳第70:「元載字公輔, 鳳翔岐山人。……載少孤, 旣長, 嗜學, 工屬文。天寶初, 下詔舉明莊老列文四子學者, 載第入高第, 補新平尉。……載智略開果, 久得君, 以爲文武才略莫已若。……」

3) ≪新唐書≫卷145 列傳第70:「王縉字夏卿, 本太原祁人, 後客河中。少好學, 與兄維俱以名聞。」

4) ≪新唐書≫卷155 列傳第80:「渾瑊, 本鐵勒九姓之渾部也。世爲皐蘭都督。……祿山反, 從李光弼定河北, 射賊驍將李立節, 貫其左肩, 死之。肅宗卽位, 瑊以兵趨行在, 志天德與虜軍遇, 敗之。……大歷七年, 吐蕃盜塞深入, 瑊會涇原節度使馬璘討之。次黃菩原, 瑊引衆據險, 設槍壘自營, 遏賊奔突。……瑊好書, 通春秋、漢書、

驛召之, 會卒。集十卷, 今編詩五卷。

위의 글은 ≪당재자전≫에 비해서 출신지를 단순히 '河中'이라 하지 않고 '河中浦人'이라 하였으며 관직을 받은 시기와 동기가 전자는 위거모(韋渠牟)에 의한 것으로 기록하였으나, 후자는 원재(元載)에 의해 과거급제 못한 노륜을 천거한 데에서 시작한 것이라고 하였다. 그리고 질병을 핑계로 사직한 후의 과정은 후자에서 신빙성 있게 기술되어 있으니, 건중 초년(783년 전후)의 관직과 정원(貞元) 년간(797년 전후)에 재등용 될 만한 동기가 서술되어 있다. 후자의 글은 ≪신당서≫권203(열전 제128)의 '노륜'전에 의거하여 인술한 것으로 보이니 대조해 볼 때, 앞부분은 같으며 말미에,

일찍이 서울에 벼슬한 바, 이 때에 외숙인 위거모가 덕종의 총애를 얻어서 노륜의 재능을 알리니 궁궐에 불러 본데 임금의 작에 문득 화답하였다. 훗날 거모에 묻기를 "노륜과 이익은 어디 있느냐?" 하니 답하기를 "노륜이 혼감을 따라서 하중에 있습니다."라고 하니, 역마로 급히 불렀으나 때마침 졸하였다.

嘗朝京師, 是時, 舅韋渠牟得幸德宗, 表其才, 召見禁中, 帝有所作, 輒使賡和。異日問渠牟: "盧綸, 李益何在?" 答曰: "綸從渾瑊在河中。" 驛召之, 會卒。

이상의 3가지 자료는 노륜의 생평을 개괄적이나마 확인할 수 있는 모든 것이다. 본고는 시 분석에 중점을 두기로 하고 생평은 관련 자료의 소개로 대신한다.

嘗慕司馬遷自敍, 著行紀一篇, 其辭一不矜大。天性忠謹, 功高而志益下, 歲時貢奉, 必躬閱視。」

2. 노륜시집의 판본

　노륜집에 대한 첫 기록으로는 ≪신당서≫「예문지」에 ≪노륜시집≫10 권이라고 한 것이 있다. 그 이후에 ≪숭문총목(崇文總目)≫에 ≪노륜집≫ 18권, 그리고 ≪노륜시≫10권으로 기록하였으며, 조공무(晁公武)의 ≪군재 독서지(郡齋讀書志)≫에는 ≪노륜시≫1권이라고만 기술하면서,

　　　노륜과 길중부, 한굉, 전기, 사공서, 묘발, 최동, 경위, 하후심, 이단은 모두 시명을 떨치니 대력십재자 라고 한다.

　　　盧綸與吉中孚, 韓翃, 錢起, 司空曙, 苗發, 崔峒, 耿緯, 夏侯審, 李端皆 以能詩名, 號大歷十才子。

라고 부기하였다. 그리고 진진손(陳振孫)의 ≪서록해제(書錄解題)≫에는 「作十卷」이라고만 하였으며 ≪천록임랑서목후편(天祿琳琅書目後編)≫ 권6·송판집부(宋版集部)에는,

　　　노호부 시집은 책이 10권이며 시는 303수를 담았다.

　　　盧戶部詩集, 書十卷、得詩三百三首。

라고 기록하고 있다. 여기서 ≪노호부시집(盧戶部詩集)≫은 정병선본서 실(丁丙善本書室)에 두 부가 보장되어 있으니 모두 10권본이다. 그 중 에 하나는 영송초본(影宋抄本)으로 우산(虞山) 전준왕(錢遵王)의 장서이 고, 다른 하나는 명간송본(明刊宋本)으로 전후에 서발(序跋)이 없고 목 록만 있다. 송명 이래로 전본이 매우 적었으니 ≪장원군서제기(藏園群

書題記)≫에 시집의 상태에 대한 다음 기술을 보도록 한다.

  북경도서관은 새로이 당대 노륜시집 3권을 입수하였는데, 명대 정덕 년간본으로 10행 14자이며 검은 테가 사방을 둘러싸고 있으며 하중의 유성덕의 교증과 편차라고 제목을 달았다. 앞에는 정덕 을해 하중 동봉 유성덕의 序가 있는데 우인 심천상의 집에서 노랑집을 얻은 것이 다행 이며 교증을 손수 가하고 몇 수를 보태며 이어서 당재가의 집에서 몇 수 또 구하여 근고체와 오칠언으로 순서를 매겼다고 기술하고 있다. 당 사에 말하기를 문종이 관리를 보내 가문의 상자를 다 찾아서 시 오백 수를 구하여 모두 비서성에 들여놓았다고 하였지만 지금은 또한 전해지 지 않고 단지 이것만을 구했을 따름이다.

  北平圖書館新收唐盧綸詩集三卷, 明正德刊本, 十行十四字, 黑口四周雙 闌, 題河中劉成德校增並編次。前有正德乙亥河中東峰劉成德序, 言幸於友 人沈天祥家獲盧郎集, 手加校證, 得若干首, 續合唐諸家集中又得若干首, 以近古體五七言爲次, 唐史言帝文宗遣中官悉索家笥, 得詩五百首, 皆入秘 書省。今尙未傳布, 業得此耳。

 여기서의 시집은 유성덕(劉成德)의 교증본(校增本)임을 알 수 있는데 상 기의 ≪천록림랑≫에 303수라고 기록한 바, 유씨교본에는 11수가 추가되 어 있으니, 그 제를 보면 다음과 같다.

  〈蠻家〉,〈送華陰隱者〉,〈欲別〉,〈夜泊淮陰〉,〈經李白墓〉,〈白髮歎〉, 〈寧卅春思〉,〈送永陽崔明府〉,〈送恆操上人入歸江外省觀〉(이상 五律), 〈上巳日陪齊相公花樓宴〉(五排),〈山店〉(七絶)

 여기서〈送永陽崔明府〉이하의 4수는 ≪전당시≫에 수록되어 있으며(권 276에서 권280, 중화서국간),〈白髮歎〉은 오절로 되어있고 나머지는 수록 되어있지 않다. 혹시 청대의 정리과정에서 타시인의 작으로 오입된 것인지, 유씨본의 착오인지는 고증을 요하는 부분이다. 현존하는 노륜의 이상과 같은 판본 전래과정을 통하여 문집을 서목별로 정리하면 다음과 같다.

    ㅇ 당노호부시집(唐盧戶部詩集 十卷)
       明代 蔣孝 刻本 ≪中唐十二家詩集≫에 수록
       明代 嘉靖間 陸汴 輯本 ≪廣十二家唐詩≫에 수록

    ㅇ 노륜집(盧綸集 十卷)
       明刻本 ≪唐十一家集≫에 수록

    ㅇ 노호부시집(盧戶部詩集 十卷)
       淸代 席啓寓 輯本 ≪唐詩百名家全集≫에 수록

    ㅇ 노륜집(盧綸集 六卷)
       明銅活字印本 ≪唐人詩集≫에 수록
       淸初抄本 ≪唐詩二十家≫에 수록
       上海古籍出版社에서 ≪唐五十家詩集≫ 影印明銅活字本에 수록
       (1981年 8月)

    ㅇ 당노륜시집(唐盧綸詩集 三卷)
       明代 正德 十年(1515) 劉成德 刻本

    ㅇ 당노호부시집(唐盧戶部詩集 一卷)
       明代 朱之藩 輯本 ≪中唐十二家詩集≫에 수록

Ⅱ. 시의 사실적 표현 양상

노륜시는 대력십재자 중에서 비교적 많은 작품을 남기고 있으니, 316

제에 339수가 된다. 노륜시의 풍격에 대해서는 후세에 간간이 품평을 가해온 바, 그 평어가 다양한데 그 내용면에서 ≪삼당시품(三唐詩品)≫에서는,

  그 연원은 왕균과 유신에서 나왔다. 참고는 뛰어나서 밝고 웅장함이 서로 드러났다.…… 절구는 맑고 꽃다움이 홀로 빼어나고 공교함이 성정을 다 묘사했다.

  其源出於王筠, 庾信。七古爲優, 明茂相宣。……絶句淸英獨秀, 工寫神情。

라고 하여 그 시의 연원과 체재별 특성을 밝혔는데, 시의 표일(飄逸)성을 강조하고 있다. 그리고 ≪재주원시화우편(載酒園詩話又編)≫에서도,

  그의 시는 역시 진지하며 묘오에 들어 있다.

  其詩亦以眞而入妙。

라고 하여 묘오의 경지를 터득한 요점을 지적하였으며, 한편으로는 ≪회편당시십집(滙編唐詩十集)≫에서,

  노륜의 시는 순박을 드러내어 따로 한 풍미가 되는데, 편마다 하자가 있고 전력한 면이 부족한 듯하여 아쉽다.

  盧詩相朴, 別是一種風味, 恨篇各有瑕, 似乏全力。

라고 하여 그 시의 순박한 면을 지적하였고, 또 반덕형(潘德衡)은 ≪당시평선≫에서,

노륜의 오언절구는 때로는 강건한 어구를 썼으며, 칠언율시는 성정이 깊고 고와서 일창삼탄의 소리를 지니고 있다.

綸詩五絶時作勁健語, 七律則情致深婉, 有一唱三嘆之音。

라고 하여서 시의 건전성과 서정성을 동시에 높이 사고 있다. 이와 같이 노륜시의 양면성(Ambiguity)을 인정하면서 본고에서는 중당시의 특성인 사실주의적인 면만을 국한시켜서 노륜시의 위상과 가치를 살펴보고자 한다.

1. 시의 형식과 주제별 분류

본론에 앞서 먼저 노륜시 전체의 형식 및 주제별 분류를 하면 다음과 같다.(본 분류는 ≪전당시≫권276에서 280에 의거하여 316제 339수의 시제·시체(詩體)·내용 주제별로 구분하였음.)

시제	형식	주제
1. 送惟良上人歸江南	오율	귀승의 송별
2. 送韓都護還邊	오율	원정 전송
3. 送吉中孚校書歸楚州舊山	오고	길중부의 초주행 송별
4. 送姨弟裴均尉諸暨	오율	이별의 친정
5. 送鄧州崔長史	칠율	등주행 친구 전송
6. 送鹽鐵裴判官入蜀	오율	배판관 입촉 송별
7. 送魏廣下第歸揚州	오율	친구의 양주행 송별
8. 送潘述應宏詞下第歸江南	오율	친구의 강남 귀향 송별
9. 送從舅成都縣丞廣歸蜀	오율	귀촉 송별

10.	送宋校書赴宣州幕	오율	선주막부임 송별
11.	送李縱別駕加員外郞卻赴常州幕	오율	상주막부임 송별
12.	送元贊府重任龍門縣	오율	용문현중임 송별
13.	送黎燧尉陽翟	오율	양적 송별
14.	送丹陽趙少府	오율	조소부 송별
15.	送菊潭王明府	오율	왕명부 송별
16.	送陳明府赴萍縣	오율	평현 부임 송별
17.	送申屠正字往湖南迎親兼謁趙和州因呈上侍郞使君幷戲簡前歷陽李明府	오율	신정자 송별
18.	送李尙書郞君昆季侍從歸覲滑州	칠율	이상서 송별
19.	送張調參軍侍從歸覲荊南因寄長林司空十四曙	오율	장참조 송별
20.	送馬尙書郞君侍從歸覲太原	오율	마상서 송별
21.	送張成季往江上賦得垂楊	오율	장성계 송별
22.	送陝府王司法	오율	왕사법 송별
23.	送太常李主簿歸覲省	오율	이주부 송별
24.	送從叔程歸西川幕	오율	종숙 전송
25.	送萬巨	오율	만거 전송
26.	途中遇雨馬上口號留別張劉二端公	칠율	두 친구 이별
27.	送夔州班使君	오율	반사군 송별
28.	送從舅成都丞廣歸蜀	오율	귀촉 전송
29.	無題	칠율(제7구결)	회고
30.	題念濟寺	칠절	은거
31.	河口逢江州朱道士因聽琴	칠절	영회
32.	送夏侯校書歸華陰別墅	오율	송별
33.	送絳州郭參君	오율	송별
34.	中書舍人李座上送潁陽徐少附	칠절	송별
35.	與從弟瑾同下第後出關言別(4首)	칠절	이별
36.	赴虢州留別故人	칠절	이별
37.	冬夜贈別友人	오율	증별
38.	送顧秘書獻書後歸岳州	오율	전송

39. 送衛司法河中觀省	오율	송별
40. 送從叔牧永州	칠고	송별
41. 送趙眞長歸夏縣舊山依陽徵君讀書	오율	송별
42. 留別耿湋侯釗馮著	오율	이별
43. 送渾鍊歸覲卻赴闕庭	오배	송별
44. 送崔邠拾遺	칠율	송별
45. 送渾別駕赴舒州	오율	송별
46. 送從叔士準赴任潤州司士	오율	송별
47. 送尹樞令狐楚及第後歸覲	오율	송별
48. 東潭宴餞河南趙少府	오배	전송
49. 賦得館娃宮送王山人游江東	오율	송별
50. 送暢當還舊山	칠절	송별
51. 斅顔魯公送挺贇歸翠微寺	칠율	송별
52. 送契玄法師赴內道場	오율	송별
53. 送暢當赴山南幕	오율	송별
54. 顔侍御廳叢篁詠送薛存誠	오고	송별
55. 秋晩河西縣樓送渾中允赴朝闕	오율	송별
56. 達奚中丞東齋壁畫山水各賦一物得樹杪懸泉送長安趙元陽少府	오율	송별
57. 送信州姚使君	칠율	송별
58. 送暢當	오절	송별
59. 送史兵曹判官赴樓煩	칠율	송별
60. 送曇延法師講罷赴上都	칠절	송별
61. 送道士郄彝素歸內道場	오율	송별
62. 賦得彭祖樓送楊德宗歸徐州幕	오율	송별
63. 送餞從叔辭豊州幕歸嵩陽舊居	오고	송별
64. 送靜居法師	칠율	송별
65. 送劉判官赴豊州	오율	송별
66. 將赴京留獻令公	칠절	송별
67. 落第後歸山下舊居留別劉起居昆季	오고	송별
68. 將赴閺鄉灞上留別錢起員外	오율	송별

69. 虢州逢侯釗同尋南觀因贈別	오고	송별
70. 赴池州拜覲舅氏留上考功郎中舅	오율	송별
71. 送從姪滁州觀省	오율	송별
72. 奉和聖製麟德殿宴百僚	오고	봉화
73. 和考功王員外秒秋憶終南舊居	오고	회고
74. 酬暢當尋嵩岳麻道士見寄	칠율	증수
75. 酬李端長安寓居偶詠見寄	오배	증수
76. 和常舍人晚秋集賢院卽事十二韻 寄贈江南徐薛二侍郎	오배	기증
77. 酬苗員外仲夏歸郊居遇雨見寄	오율	증수
78. 和太常王卿立秋日卽事	오배(이상 권276)	기증
79. 和李使君三郎早秋城北亭樓宴崔司士 因寄關中弟張評事時遇	오고	기증
80. 和趙端公九日登石亭上和州家兄	오율	증수
81. 酬趙少尹戲示諸姪元陽等因以見贈	칠율	증수
82. 奉和戶曹叔夏夜寓直寄呈同曹諸公 幷見示	오고	봉화
83. 和金吾裴將軍使往河北宣慰因訪張氏昆季 舊居兼寄趙侍郎趙卿拜陵未迴	오율	증수
84. 和太常李主簿秋中山下別墅卽事	오율	증수
85. 酬韋渚秋夜有懷見寄	오율	증수
86. 同吉中孚夢桃源(2首)	오절	우정
87. 同柳侍郎題侯釗侍郎新昌里	오율	우정
88. 酬孫侍御春日見寄	오율	증수
89. 和王員外冬夜寓直	칠율	우정
90. 酬金部王郎中省中春日見寄	칠율	증수
91. 奉和陝州十四翁中丞寄雷州二十翁司戶	오율	봉화
92. 化李中丞酬萬年房署少府過汾州景雲觀 因以寄上房與李早年同居此觀	오고	증수
93. 酬陳翃郎中冬至攜柳郎竇郎歸 河中舊居見寄	오율	증수

94. 酬李益端公夜宴見贈　　　　　　오절　　　증수
95. 和陳翃郎中拜本府少尹兼侍御史獻上
　　侍中因呈同院諸公　　　　　　　칠율　　　봉화
96. 和王倉少尹暇日言懷　　　　　　오율　　　우정
97. 和崔侍郎遊萬固寺　　　　　　　칠율　　　우정
98. 和裴延齡尙書寄題果州謝舍人仙居　칠율　　　우정
99. 酬崔侍御早秋臥病書情見寄時君
　　亦抱疾在假中　　　　　　　　　칠율　　　증수
100. 酬靈澈上人　　　　　　　　　　칠절　　　증수
101. 敬酬大府二十四舅覽詩卷因以見示　칠율　　　증수
102. 雨中酬友人　　　　　　　　　　칠절　　　증수
103. 酬人失題　　　　　　　　　　　오절　　　증수
104. 哭司農苗主簿　　　　　　　　　칠절　　　애도
105. 得耿湋司法書因敍長安故友(이하생략) 칠율　　　애도
106. 同兵部李紓侍郎刑部包佶侍郎
　　哭皇甫侍御曾　　　　　　　　　오율　　　애도
107. 綸與吉侍郎中孚司空郎中曙(이하생략) 오고　　　증수
108. 酬李叔度秋夜喜相遇因傷關東僚友
　　喪逝見贈　　　　　　　　　　　오고　　　증수
109. 同李益傷秋　　　　　　　　　　오절　　　애수
110. 白髮歎　　　　　　　　　　　　오절　　　영회
111. 逢病軍人　　　　　　　　　　　칠절　　　영회
112. 村南逢病叟　　　　　　　　　　칠절　　　영회
113. 七夕詩　　　　　　　　　　　　오율　　　회고
114. 七夕詩　　　　　　　　　　　　오율　　　영회
115. 長門怨　　　　　　　　　　　　오절　　　영회
116. 妾薄命　　　　　　　　　　　　오절　　　영회
117. 倫開府席上賦得詠美人名解愁　　　오율　　　애수
118. 王評事駙馬花燭詩(4首)　　　　　칠절　　　봉화
119. 和趙給事白蠅拂歌　　　　　　　잡언고　　우정
120. 蕭常侍瘦柏亭歌　　　　　　　　칠고　　　우정

121.	慈恩寺石磬歌	칠고	회고
122.	送張郎中還蜀歌	칠고	송별
123.	宴席賦得姚美人拍箏歌	칠고	영회
124.	陳翃郎中北亭送侯釗侍御賦得帶氷流歌	칠고	송별
125.	樓巖寺隋文帝馬腦盞歌	칠고	회고
126.	難綰刀子歌	칠고	회고
127.	臘日觀咸寧王部曲娑勒擒豹歌	칠고	영회
128.	賦得白鷗歌送李伯康歸使	칠고	송별
129.	皇帝感詞(4首)	오율(이상 권277)	봉화
130.	天長久詞(5首)	오절	봉화
131.	和張僕射塞下曲(6首)	오절	종군
132.	古豔詩(2首)	칠절	영회
133.	孤松吟酬渾贊善	오고	증수
134.	從軍行	오고	종군
135.	和馬郎中畫鶴贊	사언고	영물
136.	送朝長史赴荊南舊幕	오율(말2구결)	송별
137.	送渭南崔少府歸徐郎中幕	오율(7구결)	송별
138.	寄鄭七綱	칠율	기증
139.	逢南中使因寄嶺外故人	오고	기증
140.	代員將軍罷戰後歸舊里贈朔北故人	오고	증수
141.	江北憶崔汶	오고	우정
142.	早春歸盩厔舊居卻寄耿拾遺湋李校書端	칠율	기증
143.	春日山中憶崔峒吉中孚	오율	우정
144.	客舍喜崔補闕司空拾遺訪宿	오율	우정
145.	苦雨聞包諫議欲見訪戲贈	칠절	증수
146.	客舍苦雨卽事寄錢起郎士元二員外	오고	기증
147.	郊居對雨寄趙涓給事包佶郎中	오고	기증
148.	藍溪期蕭道士採藥不至	오율	은거
149.	雪謗後書事上皇甫大夫	오고	우정

150. 春日憶司空文明　　　　　　　　칠절　　　　우정
151. 臥病寓居龍興觀枉馮十七著作(이하생략)　오배　　우정
152. 秋夜寄馮著作　　　　　　　　　오율　　　　증수
153. 洛陽早春憶吉中孚校書司空曙主簿
　　　因寄清江上人　　　　　　　　칠율　　　　기증
154. 偶逢姚校書憑附書達河南鄭推官
　　　因以戱贈　　　　　　　　　　칠절　　　　기증
155. 夜中得循州趙司馬侍郎書因寄回使　오율　　기증
156. 晚次新豊北野老家書事呈贈韓質明府　칠율　　기증
157. 書情上大尹十兄　　　　　　　　오고　　　　우정
158. 春思貽李方陵　　　　　　　　　오율　　　　우정
159. 驛中望山戱贈渭南陸贄主簿　　　칠절　　　　기증
160. 太白西峯偶宿車祝二尊師(이하생략)　오고　　은거
161. 贈韓山人　　　　　　　　　　　칠절　　　　기증
162. 贈李果毅　　　　　　　　　　　오절　　　　기증
163. 春日書情贈別司空曙　　　　　　오율　　　　기증
164. 冬曉呈鄰里　　　　　　　　　　오율　　　　산수
165. 首冬寄河東昭德里書事貽鄭損倉曹　오율　　기증
166. 渾贊善東齋戱贈陳歸　　　　　　칠절　　　　증수
167. 春日臥病示趙季黃　　　　　　　칠율　　　　우정
168. 秋幕中夜獨坐遲明
　　　因陪陳翊郎中(이하생략)　　　오고　　　　우정
169. 寄贈庫部王郎中　　　　　　　　오고　　　　기증
170. 寄贈暢當山居　　　　　　　　　오율　　　　기증
171. 偶宿山中憶暢當　　　　　　　　오율　　　　영회
172. 秋中野望寄舍弟綬兼令呈上
　　　西川尙書舅　　　　　　　　　오고　　　　기증
173. 行藥前軒呈董山人　　　　　　　오율　　　　기증
174. 翫春因寄馮衛二補闕戱呈李益　　칠절　　　　기증
175. 新移北廳因貽同院諸公兼呈暢博士　오율　　우정
176. 與張擢對酌　　　　　　　　　　오고　　　　우정

177. 喜從弟激初至	오율	우정
178. 尋賈尊師	오율	산수
179. 秋中過獨孤郊居	칠율	은거
180. 同耿拾遺春中題第四郎新修書院	오율	영회
181. 春日題杜叟山下別業	칠율	산수
182. 過終南柳處士	오율	은거
183. 宿澄上人院	오율	산수
184. 題李沆林園	오율(이상 권278)	산수
185. 過司空曙村居	오율	영회
186. 題念濟寺暈上人院	오고	산수
187. 題楊虢縣竹亭	오율	산수
188. 過樓觀李尊師	오고	산수
189. 雪謗後逢李叔度	오율	우정
190. 春日過李侍御	오율	우정
191. 出山逢耿湋	칠절	우정
192. 題賈山人園林	칠율	산수
193. 秋夜同暢當宿藏公院	오율	영회
194. 重同暢當獎公院聞琴	칠절	영회
195. 同耿湋宿陸澧旅舍	오율	영회
196. 題苗員外竹間亭	오율	영물
197. 奉陪侍中登白樓	오율	산수
198. 九日奉陪侍郎登白樓	칠율	산수
199. 春日喜雨奉和馬侍中宴白樓	칠율	봉화
200. 奉陪侍中遊石筍溪十二韻	오배	봉화
201. 九日奉陪侍中宴白樓	오율	봉화
202. 九日奉陪侍中宴後亭	오율	봉화
203. 九日奉陪令公登白樓同詠菊	오율	봉화
204. 奉陪渾侍中上巳日泛渭河	오율	봉화
205. 奉陪侍中春日過武安君廟	오율	봉화
206. 過玉眞公主影殿	칠절	영물
207. 題嘉祥殿南溪印禪師壁畵影堂	칠절	영물

208. 題伯夷廟　　　　　　　　　　　칠절　　　　회고
209. 早春遊樊川野居卻寄李端校書(이하생략)　오고　기증
210. 同錢郎中晩春過慈恩寺　　　　오절　　　　산수
211. 曲江春望(3首)　　　　　　　　칠절　　　　산수
212. 春日陪李庶子遵善寺東院曉望　오율　　　　산수
213. 華淸宮　　　　　　　　　　　칠절　　　　영회
214. 題興善寺後池　　　　　　　　오율　　　　산수
215. 陪中書李紓舍人夜泛東池　　　오율　　　　은거
216. 宴趙氏昆季書院因與會文幷率爾投贈　오고　증수
217. 題天華觀　　　　　　　　　　칠율　　　　산사
218. 宿石甕寺　　　　　　　　　　칠율　　　　산사
219. 題悟眞寺　　　　　　　　　　칠절　　　　산사
220. 題雲際寺上方　　　　　　　　오율　　　　산사
221. 九日同司直九叔崔侍御登寶雞南樓　오율　영회
222. 同王員外雨後登開元寺南樓
　　因寄西巖警上人　　　　　　　칠율　　　　기증
223. 同趙進馬元陽春日登長春宮(이하생략)　칠율　영회
224. 同崔峒補闕慈恩寺避署　　　　오율　　　　산수
225. 春日登樓有懷　　　　　　　　칠절　　　　영회
226. 長安春望　　　　　　　　　　칠율　　　　영회
227. 冬日登城樓有懷因贈程騰　　　잡언고　　　증수
228. 過仙遊寺　　　　　　　　　　칠절　　　　은거
229. 同路郎中韓侍御春日題野寺　　칠절　　　　산사
230. 奉和李益遊棲巖寺　　　　　　오고　　　　봉화
231. 秋夜同暢當宿潭上西亭　　　　오율　　　　영회
232. 山中一絶　　　　　　　　　　칠절　　　　산수
233. 與暢當夜泛秋潭　　　　　　　오절　　　　산수
234. 秋夜宴集陳翃郎中圖亭美校書郎
　　張正元歸鄕　　　　　　　　　오율　　　　우정
235. 春遊東潭　　　　　　　　　　오절　　　　산수
236. 同薛存誠登棲巖寺　　　　　　오율　　　　산사

237. 河中府崇福寺看花	칠절	영물
238. 冬日宴郭監林亭	오율	영물
239. 奉和李舍人昆季詠玫瑰花寄贈徐侍郎	오고	영물
240. 同耿湋司空曙二拾遺題韋員外東齋花樹	오율	영물
241. 觀袁修侍郎漲新池	오율	산수
242. 和徐法曹贈崔洛陽斑竹杖以詩見答	오율	증수
243. 早秋望華淸宮中樹因以成詠	오고	영물
244. 小魚詠寄涇州楊侍郎	칠절	기증
245. 賊中與嚴越卿曲江看花	칠절	영물
246. 同暢當詠蒲團	오고	영물
247. 焦籬店醉題	칠절	영물
248. 陳翊中丞東齋賦白玉簪	칠율	영물
249. 新茶詠寄上西川相公二十三舅大夫二十舅	칠절	기증
250. 泊揚子江岸	오율	산수
251. 晚次鄂州	칠율	영회
252. 夜投豊德寺謁海上人	칠율	은거
253. 江行次武昌縣	오율	영회
254. 夜泊金陵	오율	영회
255. 渡浙江	칠절(이상 권279)	영회
256. 李端公	오율	송별
257. 秋晚山中別業	오율	산수
258. 關口逢徐邁	오율	우정
259. 山中詠古木	오율	영물
260. 酬李端公野寺病居見寄	칠율	증수
261. 送少微上人遊蜀	오율	송별
262. 送寧國夏侯丞	오율	송별
263. 送袁偁	오율	송별
264. 贈別李紛	칠절	송별
265. 罪所送苗員外上都	오율	송별

266. 送李校書赴東川幕	오율	송별
267. 至德中贈內兄劉贊	오율	기증
268. 春日灞亭同苗員外寄皇甫侍御	오율	기증
269. 送顏推官遊銀夏謁韓大夫	오율	송별
270. 咸陽送房濟侍御歸太原幕	오율	송별
271. 寶泉寺送李益端公歸邠寧幕	오고	송별
272. 送何召下第後歸蜀	오율	송별
273. 宿定陵寺	칠율	산사
274. 送彭開府往雲中覲使君兄	오고	송별
275. 送李緗	오율	송별
276. 送內弟韋宗仁歸信州覲省	칠율	송별
277. 長安疾後首秋夜卽事	칠율	영회
278. 送崔琦赴宣州幕	칠율	송별
279. 送楊皞東歸	칠율	송별
280. 至德中途中書事卻寄李僩	칠율	기증
281. 奉和太常王卿酬中書李舍人中書寓直春夜對月見寄	칠율	봉화
282. 酬包佶郎中覽拙卷後見寄	칠율	증수
283. 送史宋滑州謁賈僕射	칠절	송별
284. 送鮑中丞赴太原	오율	송별
285. 送耿拾遺湋充括圖書使往江淮	오율	송별
286. 送郭判官赴振武	오율	송별
287. 春江夕望	오율	산수
288. 送元昱尉義興	오율	송별
289. 送黎兵曹往陝府結親	오율	송별
290. 送樂平苗明府	오율	송별
291. 晚到盩厔耆老家	오고	영회
292. 臥病書懷	오율	영회
293. 落第後歸終南別業	오율	은거
294. 送朝邑張明府	오율	송별
295. 送李方東歸	오율	송별

296. 秋晚霽後野望憶夏侯審	오율	우정
297. 送王尊師	오율	송별
298. 送撫州周使君	오율	송별
299. 贈別司空曙	오절	송별
300. 送王錄事赴任蘇州	오율	송별
301. 太梵山寺院奉呈趣上人趙中丞	오율	우정
302. 送恆操上人歸江外觀省	오율	송별
303. 上巳日陪齊相公花樓宴	오고	우정
304. 寒食	칠율	계절
305. 舟中寒食	오율	계절
306. 元日早朝呈故省諸公	오율	증수
307. 元日朝迴中夜書情寄南宮二故人	오율	기증
308. 裴給事宅白牡丹	칠절	영물
309. 送韋判官得雨中山	칠절	송별
310. 送宛丘任少府	칠율	송별
311. 送永陽崔明府	오율	송별
312. 割飛二刀子歌	칠고	영회
313. 送郎士元使君赴郢州	오율	송별
314. 春詞	오절	영회
315. 淸如玉壺冰	오고	영회
316. 山居	칠절(이상 권280)	은거

이상의 정리에서 노륜의 시중 송별류가 가장 많으며 수증류·봉화류, 그리고 영회와 산수(산사 포함)가 주류를 이루고 있음을 알 수 있으며 기타의 영물이나 종군류는 의외로 많지 않음을 보게 된다. 상기의 편호별 주제 분류한 것을 근거로 하여 편수를 도표화하면 다음과 같다.

주제	송별	기증	영물	회고	영회	산사	산수	종군	봉화	애도
편수	108	75	16	13	40	15	27	14	24	7

2. 대인관계의 체험

노륜시에는 산수풍경이 적은 반면, 인사 묘사가 매우 많으니 이것은 노륜의 원만한 성격과 사회성이 풍부함을 확인케 한다. 송별, 기증, 영회, 봉화 등에 관한 시가 전체 2/3가 넘는 250여 수인 것만 보아도 그 비중이 큰 것이다. 특히 송별과 증수는 주된 인간관계를 묘사한 작품 등이니 시의 사실성을 강조하는 데 중요한 요건이 된다. 따라서 본고에서는 그의 시에서 송별과 기증에 관한 부분으로부터 그 특성을 찾아보고자 한다.

1) 송별의 풍자

노륜의 송별시는 108수에 달하는데 그 내용을 예시를 통해 살펴보고자 한다. 송별시에서 먼저 지적할 것은 우정과 함께 사회혼란에 대한 비상심리의 묘사를 들 수 있으니, 〈이단공(李端公)〉(《전당시》권280)을 보면,

> 옛 함곡관은 낡아서 풀만 무성한데,
> 이별이라니 정말 슬픔 어이 견디랴.
> 길에 나서니 찬 구름 저 밖에 떠가고,
> 사람 돌아가니 저녁 눈이 내릴 때로다.
> 어려서 외로이 나그네 되어서,
> 많은 고난 겪으며 그대를 늦게 알았도다.
> 눈물 닦으며 멍하니 서로 대하니,

어지러운 세상에 어디에서 만날 건가.

    故關衰草遍, 離別自堪悲。
    路出寒雲外, 人歸暮雪時。
    少孤爲客早, 多難識君遲。
    掩淚空相向, 風塵何處期。

여기서 노륜은 이단(李端)에 대한 심후한 우의를 표현하면서 동시에 난리의 사회현실을 그려내었다. 시인의 심의는 이별의 비애가 감돌고 있으니, 지아오원빈(焦文彬)은 이 시의 주에서[5],

    '길에 나서니 찬 구름 저 밖에 떠가고, 사람 돌아가니 저녁 눈이 내릴 때로다.'구는 짙은 겨울의 구름으로 이별의 정경을 묘사하였으니 괴로움이 열 배나 더한다. 떠나는 사람 멀리 가니 '길에 나서니 찬 구름 저 밖에 떠가고'라 하였고, 보내는 자 오래 서 있으니, '사람이 돌아가니 저녁 눈이 내릴 때로다'라 하니 그리운 정을 묘사함에 그 여운이 그지없다.

    '路出寒雲外, 人歸暮雪時', 以濃冬密雲, 狀離別景, 苦增十培。離人遠去, '路出寒雲外', 送者久立才 '人歸暮雪', 寫依戀之情, 餘味無窮。

라고 하여 경중유정(景中有情)의 극치를 보여준다. 이 시가 주는 묘미는 ≪후촌시화(後村詩話)≫에서 '노륜, 이익은 오언절구를 잘 지었고 의취는 언외에 있다.(盧綸, 李益善爲五言絶句, 意在言外。)'라고 한 의취의 여운과 어울려 있다고 하겠다. 한편, 〈변방 가는 한도호를 보내며(送韓都護還邊)〉(상동 권276)는 용맹한 병사가 변경에 원정 가서 늙도록 투지가 쇠하지 않는 영웅의 형상을 묘사하고 있다. 송별시를 통한 승전의 면려를 강

---

5) 焦文彬 等, ≪大歷十才子詩選≫, p.330, 陝西人民出版社

렬하게 제시한다.

> 훌륭한 용기로 일찍 명성이 알려져,
> 장군간에 자웅을 다투었다네.
> 전쟁이 많아 봄에 변새에 들어서,
> 사냥하면서 밤에 산에 오르네.
> 군대 진영이 합하니 용뱀이 움직이는 듯 하고,
> 군대가 이동하니 초목이 한산한 듯 하네.
> 지금 부하는 다 흩어지고,
> 백발로 소관을 지나는구나.

> 好勇知名早, 爭雄上將間。
> 戰多春入塞, 獵慣夜登山。
> 陳合龍蛇動, 軍移草木間。
> 今來部曲盡, 白首過蕭關。

한도호는 미상이지만, 그의 노년의 기상과 용맹성에 감탄하고 있다. 소관(蕭關)은 지금의 영하회조자치구(寧夏回族自治區)로서 ≪평량부지(平涼府志)≫에 '소관은 서량에 있고 신령한 무사가 울부짖는 북쪽의 매우 험한 지역이다.(蕭關襟帶西涼, 咽喉靈武。北面之險也。)'라 할만큼 궁벽한 변방인데도 제3연의 군대지휘법까지 시에 구체화시키면서 구체적인 전의를 묘사해 놓았다. 그러면서 인생의 허무함과 작자 자신의 동참 불능한 처지를 의식하였으니 말 2구의 고독감 표출은 ≪영규율수회평(瀛奎律髓滙評)≫에서,

> 뜻이 말2구에 있어 앞의 6구는 홍탁법을 써서 획 한 번에 쓸어내니, 쓸쓸함이 더할 뿐이다.

意注末二句, 前六句反面烘托, 便回身一掉, 倍爲凄婉耳.

라고 한 촌평과 상통한다. 아울러 〈풍주 가는 유판관을 보내며(送劉判官赴豊州)〉(상동 권276)는 친구가 부임하는 것을 전송하면서 제6구와 같은 투철한 애국사상을 표현해 준다.

술잔 머금고 피리를 급히 부니,
눈 가득히 모래 바람이 일도다.
대막산에 눈이 깊이 쌓이고,
장성의 풀은 꽃이 피네.
군사 전략에 모름지기 용맹히 전투하리니,
포로가 막언가에 있도다.
나는 또한 공훈을 기원하는 자이니,
어찌 한대의 이좌거와 다르겠는가.

銜杯吹急管, 滿眼起風砂.
大漠山沈雪, 長成草發花.
策行須恥戰, 虜在莫言家.
余亦祈勳者, 如何別左車.

제1구는 음악 속에 축주와 상별을 담았고, 제3구의 대막은 지금의 흥안령(興安嶺)에 있는 천산(天山)으로 이어지는 장성 밖 지구이니 임지인 풍주(지금의 內蒙古 河套西部) 도독부로 가는 중도인 것이어서 그 험난함이 대단하지만 강인한 우국애족의 마음에서 능히 극복할 수 있다는 것이다. 그래서 지아오원빈(焦文彬)은 주본에서[6],

'대막산에 눈이 깊이 쌓이고 장성의 풀은 꽃이 피네.' 구는 변방의 경

---

6) 焦文彬 等, 上同書, p.329

치와 의경이 웅장하고 광활함을 묘사한 것이니 이미 벗이 여기 처소를 떠남을 밝혀주면서 벗을 보내는 기분을 담아서 정조가 대단히 화합하고 있다.

'大漠山沈雪, 長成草發花', 寫塞外風光, 意境雄闊, 旣點明友人此去處所, 又以此点染送友參軍的氣氛, 情調十分協和。

라고 분석한 것은 매우 적절하고 분명하다고 본다. 말구의 좌거는 한초의 이좌거로서 한신(韓信)이 사사한 장군이니, 유판관(劉判官)의 공적이 좌거와 같기를 기원한 것이다. 그리고 〈용문현에 다시 부임하는 원찬부를 보내며(送元贊府重任龍門縣)〉(상동서 권276)를 보면.

두 번이나 부임하여 도잠에 버금가니,
돌아가는 여정 꿈과 같도다.
버들가지 드리운 평평한 연못에 비 내리고,
물고기 뛰노는 강에는 바람이 부네.
혼잡한 자취 속에 빼어난 위업 오래 남고,
고고하고 청빈한 의지 절로 우뚝하네.
응당 웃으며 외로이 모퉁이길 가는 자가,
공허히 먼지 낀 속세 길에서 부치노라.

二職亞陶公, 歸程與夢同。
柳垂平澤雨, 魚躍大河風。
混跡威長在, 孤清志自雄。
應嗤向隅者, 空寄路塵輝。

이 시는 우인 원찬부(찬부는 縣丞의 존칭)이 용문현(龍門縣)(지금 山西 河津縣)에 중임해 가는 것을 전송하였다. 시속에서 우인이 혼잡한 사회풍토 속에서도 고청한 품덕을 지킬 것을 면려하면서 시인 자신의 득지하지 못하는 애상을 기탁하고 있다. 제2연은 시경이 광대하면서 웅건하여서 우인의 호방한 기상을 높였으며, 제3연은 우인의 고고함과 청빈함을 숭상하고 있다. 말연은 우인에 비교해 볼 때 시인 자신의 고독하고 절망 어린 신세를 조소하지 않을 수 없음을 고백하였다.

송별시에서 이와 같이 비유나 기탁, 그리고 풍자를 담은 경우들을 거론하였는데, 노륜에게서 순수한 우정의 성정을 백묘한 예를 배제할 수 없을 것이다.〈영국 하후승을 보내며(送寧國夏侯丞)〉(권280)를 보면,

> 초 땅에 푸른 잡초 무성한데,
> 가을 구름이 흰 물결 같구나.
> 오호의 긴 길은 적고,
> 구파 일대는 가파른 산 많다.
> 사조 같은 벗과 시회를 베풀고,
> 도잠 같은 벗과 맘껏 취한다.
> 쓸쓸히 이별하여 헤어지니,
> 귀밑 털 흰 이 몸 안타깝다.

> 楚國靑蕪上, 秋雲似白波。
> 五湖長路少, 九派亂山多。
> 謝守通詩宴, 陶公許醉過。
> 憮然餞離阻, 年鬢兩蹉跎。

하후는 하후심(夏侯審)7)으로서 영국(寧國)은 지금의 안휘성(安徽省) 선성현(宣城縣) 동남 지방이다. 이 시는 단순한 송시가 아니라, 하후심의 문

---

7) 周勛初編, 《唐詩大辭典》, p.371:「夏侯審, 生卒年不詳。德宗建中元年(780)中軍謀越衆科, 授校書郎。累任參軍, 寧國縣丞, 侍御史, 祠部郎中等職。事迹見 《新唐書・盧綸傳》, 《唐會要》卷67, 《唐才子傳》卷4, 《郎官石柱題名考》卷21。李嘉祐稱其袖中多麗句(〈送夏侯審參軍游江東〉), 其詩多佚, 《全唐詩》存詩1首。」

학세계를 높이 추숭한 「논시시」의 성격을 지닌다고 하겠다. 우인이 임지에서 산수와 함께 평안하겠지만, 단지 그에 그치지 않고 시문의 경지도 사조(謝朓)와 도잠(陶潛)에 이르기를 격려하는 심후한 우정을 담았다. 하우심은 단지 〈이불의 수를 노래함(詠被中繡䋲䋲)〉(권295) 1 수만이 전해지는 바, 그 칠절을 보겠다.

> 구름 속에 달무리 봉황 둥지에 지는데,
> 옥랑이 깊이 취하고도 어루만진다.
> 진사왕이 그 때에 놀던 곳인데,
> 단지 물결 사이로 비단 버선만 보이네.

> 雲裏蟾鉤落鳳窩, 玉郞沈醉也摩挱。
> 陳王當日風流域, 只向波間見襪羅。

하후심의 시에 대해서 ≪당재자전≫권4에 보면,

> 지금 점차 사라지고 가끔 한둘 보이는데, 모두 아름다운 작품이다.

> 今稍零落, 時見一二, 皆錦製也。

라고 하였는데, 지금은 상기의 시 이외에 더 이상 발견되지 않고 있다. 명대 양신(楊愼)이 "하우심은……시집이 전하지 않고 오직 절구 한 수와 〈직금도〉 가락 하나만이 있다.(夏侯審……, 詩集不傳, 惟此一絶(卽〈詠被中繡䋲〉)及〈織錦圖〉 君承皇詔安邊戍一歌而已。)"라고 하였지만 〈직금도〉는 그 어디에도 찾아볼 수 없다.[8]

---

8) ≪唐才子傳校箋≫卷4 (p.177) 陳尙君云:「……織錦圖, 除楊愼此處所引, 別無可考, 全唐詩亦未收。」

2) 증수(贈酬)의 이중성

기증류의 시는 75수로 헤아려지는데 그 내용에 따라서 과거에 낙제하여 출사하지 못하고 실의한 심정을 묘사한 것과 빈곤생활 중에도 지조를 지키는 청백, 그리고 우정의 표시 속에 상란의 수심을 토로하는 것 등으로 나누어 볼 수 있다. 먼저 낙제의 실의심정을 토로한 경우로 고시〈겨울 성루에 올라 감회에 잠겨서(冬日登城樓有懷因贈程騰)〉(권279)를 들겠다.

생애는 무슨 일로 얽매는 것 많은가,
여기에 올라 마음을 밝히리라.
성 남북에 무수한 산이 있고,
온갖 우물은 구비 져 흐르는 물 사이에 있다.
거문고 타며 술을 대하니 해지는 것 모르고,
언덕에 기댄 이 몸 시를 지으며 한가롭다.
바람소리 쉭쉭 기러기도 끊기고,
구름 빛 아득하여 눈이 내릴 듯 하다.
멀리 나그네 신세 생각하니 돌아갈 속은 하늘 저 끝,
앉아서 원정 가는 사람 그리워하니 헤어져 있음이라.
세상의 인정이 전쟁으로 막혀 있으니,
흐느끼며 까닭 없이 치국의 계획 그린다.
창가의 백발 선비를 뉘 알리요,
붉은 대문 권세가에 가까이 못한 나그네로다.
천하다고 한탄할 것이 아니고,
귀하다고 뻐길 것이 아니라네.
사마상여는 이기주의자인 양주의 읍소를 배우지 않았으니,
채택같이 올곧고 원헌 같이 청빈을 따르리라.
지금 만승의 왕이 무기를 쓰는데,
하늘의 위용이 비호같은 용맹을 빌린다.

빈궁과 부귀는 모두 이 몸과 무관한 명칭인데,
공후가 칼 머리를 들어 가지려 한다.
그대는 모르는가, 한나라의 변방 장수가,
변정에서 흰 깃발 삼천을 날리며 정경관을 나선 것을.

生涯何事多羈束, 賴此登臨暢心目。
郭南郭北無數山, 萬井逶迤流水間。
彈琴對酒不知暮, 岸幘題詩身自閒。
風聲肅肅雁飛絶, 雲色茫茫欲成雪。
遙思海客天外歸, 坐想征人兩頭別。
世情多以風塵隔, 泣盡無因畫籌策。
誰知白首窓下人, 不接朱門坐中客。
賤亦不足歎, 貴亦不足陳。
長卿未遇楊朱泣, 蔡澤無媒原憲貧。
如今萬乘方用武, 國命天威借豼虎。
君不見漢家邊將在邊庭, 白羽三千出井陘。
當風看獵擁珠翠, 豈在終年窮一經。

 이 시는 시인이 대력초에 진사 낙제 시에 쓴 것이다. 시에서 제5연은 사회의 난리 정황을 반영하면서 치국의 대열에 참여 못하는 비상을 토로하였으며 제10연의「萬乘方用武」구는 출정해야할 현실에 자신의 문을 버리고 무로 나감(棄文就武)의 의취를 제시하면서 현실세파에 대한 지대한 관심도를 보여준다. 그래서 제9연에서 사마상여(司馬相如)에 비유하여 양주(楊朱)처럼 이기주의적인 심정을 배격하려 하였고, 魯나라의 공자 제자인 원헌(原憲)처럼 청빈한 중에 낙도를 추구하는 정치풍토를 희구하고 연나라의 채택(蔡澤)처럼 배경이나 추천에 의해 정당치 못한 출사를 모멸하는 정당한 인사정책을 제시하고자 하였다. 비록 낙방한 야인이지만 정치부패상을 직시하면서 강렬한 사회정화를 외친 것이다. 따라서 관리 중에

탁월한 치적이 있는 자에겐 아낌없는 찬사와 안거의 심사를 전달하는데 주저하지 않았으니, 〈신풍 위사 집에 머물러 한질에게(晚次新豊北野老家韋事贈韓質明府)〉(권 278)를 보면,

베틀 소리 절구질 소리에 해는 빛나는데,
닭과 개소리 한나라 옛 마을에 어울리네.
몇 가닥의 맑은 샘물은 황국화를 감싸 돌고,
온 숲의 찬이슬은 배일에 쌓였도다.
노쇠한 노인이 자리를 바로 하고 새 사당에 경배하고,
아이들은 옷깃 여미고 고서를 읽는다.
일년동안 단지 별탈 없기를 서로 인사하는데,
무엇이 임금의 은혜인지를 알지 못하네.

機鳴舂響日暾暾, 雞犬相和漢古村。
數冽淸泉黃菊盛, 一村寒露紫梨繁。
衰翁正席矜新社, 稚子齊襟讀古論。
共說年來但無事, 不知何者是君恩。

이 시는 한질 현령의 치정을 찬양한 기증시이다. 제2연의 '菊盛'과 '梨繁'은 농촌의 평화로운 정경을 의미하는 것이다. 과장적인 면이 있지만 농촌의 고박한 생활을 묘사하여 향토의 기미가 흘러 넘친다.

3. 상심의 직설과 평화의 희구

노륜이 생존하던 시기는 안사란, 토번의 침입(763), 주차의 난[9] 등이 연발하면서 민심이 이산되고 사회가 극히 혼란한 혼란기였기 때문에 이 시

---

9) 朱泚의 亂은 ≪新唐書≫卷225 列傳第150「朱泚」부분 참조.

기의 문인들은 연속되는 질고를 민생과 같이 하게 되었고, 비전의식과 현실도피 등의 모생을 위한 소극적인 처세가 팽배하면서 전기, 유장경 같은 낭만추구자가 출현하기도 하였지만, 노륜, 경위 같은 현실 상황을 직시하는 시인이 나타나기도 하였다. 특히 노륜은 이 점을 직설하고 아울러 우국애민의 심정을 평화와 안정이라는 소망 의식으로 승화시키려 하였다. 본고에서는 그의 시에서 전쟁으로 인한 상심과 재난 그리고 민생의 질고와 피난, 나아가서 전쟁혐오의 평화 희구의 순서로 살펴보고자 한다.

1) 군사 소재와 그 질고

비록 많지 않지만 노륜 시의 사실묘사에 있어서 제외될 수 없는 중요한 요소이다. 〈변방 가는 한도호를 보내며(送韓都護還邊)〉(권276)의 제3연을 보면,

진영이 합하니 용과 뱀이(군기) 움직이고,
군대가 옮기니 초목이 한산하다

陣合龍蛇動, 軍移草木閑。

여기서 앞 구는 군대 진법의 기(奇)와 뒷 구는 군기의 엄(嚴)을 암시하는 병법으로서 시인이 군전략에 상당한 지식을 지니고 있음을 알 수 있다. 그리고 그 자신이 10년간 군막 생활을 통해 체험했기 때문에 군생활의 실상을 인식하고 있었으니 〈한대부 보러 은하에 가는 안추관을 보내며(送顔推官游銀夏謁韓大夫)〉(권280)에서 군생활의 잔혹함을 확인할 수 있다.

대밭에서 찬 피리 소리 울리는데,
눈 가득히 변새의 산이 푸르다.
재능 있는 자는 존전에서 그림 그리고,
장군은 돌 위에 글을 새기네.
수렵하는 소리 구름 저 밖에 울리고
전쟁의 피는 빗속에 비린내난다.
삶의 고락이란 예부터 있는 일이거늘
그대로 인해 또 한번 눈물 흘리네.

叢篁叫寒笛, 滿眼塞山靑。
才子尊前畵, 將軍石上銘。
獵聲雲外響, 戰血雨中腥。
苦樂從來事, 因君一涕零。

이 시는 정원년간에 안추관이 한담(韓潭)(정원 3연)의 하수은절도사막(夏綏銀節度使幕)으로 부임해 가는 것을 전송한 작품인데, 그 제6구는 처참한 전쟁의 잔혹상을 묘사하고 있다. 직관에 의한 자극적인 어조로 공적의 배후에 맺힌 피의 색채와 기미를 사실대로 고발해 놓았다. 이어서〈병든 군인을 만나서(逢病軍人)〉를 보면,

가는 길에 병이 많고 곡식도 없는데
만리 타향에서 돌아가려도 고향에 못 가네.
성근 귀밑 털 그 몸이 옛 성 아래에서 슬피 읊조리니
가을 기운이 병든 상처에 여미어옴을 어이 견디리.

行多有病住無糧, 萬里還鄕未到鄕。
蓬鬢哀吟古城下, 不堪秋氣入金瘡。

전쟁을 친히 겪고 군려 생활을 체험하지 않고서도 제4구와 같은 고통

을 사실대로 묘사할 수 있겠는가? 퇴역 군인의 회향하는 참상을 백묘하였으니, 송대 범희문(范稀文)은 이미 다음과 같이 이 시의 정황을 기술하고 있다.10)

> 노륜의 〈병든 군인을 만남〉시에서 이르기를, 「가는 길에 병이 많고 곡식이 없도다.」구는 말 달리는 데 앞을 따라 가지 못해도 슬프고 괴로운 마음이 아마도 이 보다 더하진 못하리라.
>
> 盧綸〈逢病軍人〉詩云; 行多有病住無糧.驅駕雖未及前, 而凄若之意, 殆無以過.

그리고 ≪당인절구정화(唐人絶句精華)≫에서도,

> 무릇 전장에서 부상당한 병사들을 도리상 응당히 어루만지고 불쌍히 여겨야 할 것이다. 이 시에서 부상한 병사의 고통을 묘사한 바가 이와 같으니 그 당시의 군대행정의 부패상이 은연중에 표현되어 있다.
>
> 凡戰陣傷殘兵士, 理應有撫恤.此詩所寫傷兵之苦如此, 則其時軍政之窳敗自在言外.

라고 하여 노륜 만이 가능한 작품성향을 보여 준다. 노륜의 시기에는 성당 같은 개랑하고 호매한 흉금이라든가, 강개보국의 원망도 없이 현실에서의 실상을 묘사할 수 있었다는 점이 대력시인 등의 중당시인의 장점이기도 한 것이다. 이어서 〈종군행(從軍行)〉(권278)을 또 보면,

> 20 세에 변방에 지내며
> 군대에서 용맹한 명성을 얻었다네.

---
10) 范稀文, ≪對床夜語≫卷5.

깃발을 거두고 지친 말을 모두고,
자갈돌 더듬으며 패잔병을 어루네.
엎어진 진지에는 검은 솔개가 날아오르고,
불탄 산에는 초목들이 드러나네.
요새가 한가하니 사냥을 생각하고,
병사가 쇠하니 군영이 싫어지네.
눈 덮힌 산에는 인적이 없고,
얼어붙은 강에는 기러기 소리 요란하네.
이릉이 여기서 죽었거늘,
한나라의 공경을 마음 아파하노라.

二十在邊城, 軍中得勇名。
卷旗收敗馬, 占磧擁殘兵。
覆陣烏鳶起, 燒山草木明。
塞閒思遠獵, 師老厭分營。
雪嶺無人跡, 冰河足雁聲。
李陵甘此沒, 惆悵漢公卿。

냉정한 위치에서 그 당시의 군사 생활의 비극적인 인소를 통찰하여 시속의 주인공에 대한 상찬과 동정을 토로하였다. 제2연은 전사의 참상을 그렸고, 제4연은 곤비한 병사의 사기가 떨어진 정신 상태를 부각시켰으며, 제5연은 생존 상황의 한고함을 기술하였다.[11] 당여순(唐汝詢)은 ≪당시해(唐詩解)≫에서,

> 당대 시인들이 종군시를 지으면서 고향집을 그리워함을 기술하지 않고 반드시 나에 헌신함을 밝히고 있다.

> 唐人賦從軍, 不述思家, 必稱許國。此獨爲叛將之辭, 語譏藩鎭, 非泛然作

---
11) 蔣寅, ≪大歷詩人硏究≫, pp.274~275

也.」

라고 한 것은 대개의 종군시가 지닌 사향지심이, 노륜에게는 변방의 실상만이 시의 주제가 되었다는 뜻이며, 그 가치와 위상이 독특하다는 것이다. 더구나 ≪당시선맥회통평림(唐詩選脈會通評林)≫에서 주정(周珽)의 말을 인용하기를,

　　덕종 시대에는 궁내에 간사한 소인배가 많고 변방의 신하들은 해이하여서 변진의 침입재난이 날로 심하였다. 이 시는 그 당시 패군의 장수가 패잔병을 모아서 변방에서 반란하니 따라서 노륜이 그 뜻을 시로써 묘사한 것이다.

　　德宗之世, 內多奸小, 邊臣解體, 藩鎭之禍日盛。此篇疑時有覆軍之將, 收其殘兵嘯取邊地, 故允言, 述其意以爲詞.

라고 한 것은 노륜이 변장의 비극적 운명이나 조정의 시기가 국가의 안녕을 위협함을 풍자했다고 할 것이다.[12]

2) 전란의 피해와 평화 갈구

장기간의 전쟁으로 인해 재난 피해는 피치 못하는 상황이다. 연이은 내란과 외침으로 국기가 어지러워지니, 민생의 이산과 재산상의 파괴가 많아서 노륜의 시에서는 그 점을 절실하게 토로하였다. 먼저 〈화청궁(華淸宮)〉(2수)(권279)을 보겠다.

　　· 한나라의 천자가 나라를 잘 다스려서,

---

12) 蔣寅, 上同書, p.274 :「如果周氏此解不誤的話, 盧綸是抓住了當時邊將(如卜固懷恩, 李懷光之類)的一種悲劇運命。」

밝은 해의 푸른 산에 궁전도 많았지만,
지금은 보이는 건 풀만 무성한 곳,
끊어진 샘터와 황폐한 돌만이 어울려 있다.

漢家天子好經過, 百日靑山宮殿多。
見說只今生草處, 禁泉荒石已相和。(其一)

· 물안개 아롱져서 무늬만 기둥에 가득했고,
궁전을 한번 열면 산의 향기가 가득했다네.
궁녀는 그 얼마나 가무를 즐겼겠는가마는,
백발로 선 이 몸 오히려 옛 건장전을 기억나게 하는구나.

水氣朦朧滿畵梁, 一廻開殿滿山香。
宮娃幾許經歌舞, 白首翻令憶建章。(其二)

이 시는 태종 정관(貞觀) 18년(644)에 건축한 온천 궁전의 자태가 안사란으로 훼손된 모습을 그려놓았다. 앞의 시에서는 아무도 출입하지 못하는 훼손된 화청궁에 잡초가 나고 거친 흔적만이 남아있는 경상을 묘사하였으며, 뒤의 시는 온천물의 온화한 기운이 넘치고 산향(山香)이 넘치는 여산(驪山)을 배경으로 삼은 궁이 지금은 하나의 회고적인 장소로 변하였음을 표현하여 전상의 흔적을 처연하게 노래하고 있다.[13]

전쟁의 여파는 농촌 사회의 빈곤과 직결되니 부세인「사전(社錢)」에 공포증이 걸린 민심을 읽을 수 있다. 그 예로 〈마을 남쪽에서 병든 노인을 만나서(村南逢病叟)〉(권277)를 들기로 한다.

　　두 무릎은 뺨에 있고 이마는 어깨에 붙었는데,

---

13) 焦文彬 等, 上同書, p.342;「天寶末, 因安史之亂毁於兵火。詩寫只今華淸宮的破敗景象, 也是對安史戰亂的一個側面反映。」

이웃에선 성품은 아는데 나이는 못 알아보네.
누워서 가는 새들(병들고 고생하는 백성들)이
벼와 수수를 아까워하며,
또한 바칠 부역세 없음을 두려워하네.

雙膝過頤頂在肩, 四鄰知姓不知年。
臥驅鳥雀惜禾黍, 猶恐諸孫無社錢。

이 시는 병든 노인이 겪는 고달픈 생활상을 농촌의 빈곤에 맞추어서 묘사하였으니 ≪당시선맥회통평림≫에서 "대력의 시풍격이 장려하면서 비감이 서려 있다.(大歷詩格, 壯麗悲感。)"라는 평과 상통한다. 첫 구가 병든 노인의 초상이라면, 말구는 병든 노인의 실심이라고 하겠다.

한편, 전쟁의 와중에서 평화를 추구하는 소망을 담은 시도 노륜에게서 찾아볼 수 있다. 먼저 〈저녁에 악주에 머물며(晚次鄂州)〉(권279)를 보면,

구름 개이니 멀리 한양성이 보이나니,
외로운 돛배 하루의 여정을 여기서 쉬리라.
지친 나그네 낮에 잠들고 물결 잔잔하니,
배에 탄 나그네 밀물인 줄 아노라.
상수의 늙은 이 몸 가을빛을 대하니,
만리 타향에서 가고픈 마음 밝은 달을 맞고 있네.
옛 일 벌써 원정 따라 가버리고,
강가의 북소리만 들려오누나.

雲開遠見漢陽城。猶是孤帆一日程。
估客晝眠知浪靜, 舟人夜語覺潮生。
三湘衰鬢逢秋色, 萬里歸心對明月。
舊業已隨征戰盡, 更堪江上鼓鼙聲。

이 시는 객지에서 피난 생활을 하면서 세태가 안정되는 데로 고향으로 돌아가고픈 심정(歸心)을 애절하게 토로하였다. 전란에 대한 혐오와 평화 정착이 간설적으로 표현되어 있다. 후세의 많은 평 중에서, 그 몇 가지 구를 열거하여 내용을 집약하고자 한다.

> ① 「고객(估客)」편은 강가의 경물을 간절히 그려 놓았으니, 진실하게 사물을 묘사한 것이다.
> ≪艇齋詩話≫:「估客一聯, 曲盡江行之景, 眞善寫物也。」
>
> ② 맑고 매우 상쾌하니 이것이 근체시의 걸작품이다.
> ≪批選唐詩≫:「淸通熟爽, 是近體佳篇。」
>
> ③ 시에는 높고 고요한 기품이 있으니 따라서 사실대로 묘사하여서, 천리 멀리 떠나온 심정을 드러내었다. ≪五朝詩善鳴集≫:「詩有高靜之氣, 故白描而絶遠千里。」
>
> ④ 제3·4구를 읽으면 몸이 강가의 배에 있는 듯 하니, 시에서 경물의 형상을 중하게 여기지 않은 것이겠는가?
> ≪唐詩別裁≫:「讀三四語, 如身在江舟間矣, 詩不貴景象耶。」
>
> ⑤ 정경이 있고, 성조가 있으며, 기세 또한 충족하니 대력 년 간의 명작이다.
> ≪大歷詩略≫:「有情景, 有聲調, 氣勢亦足, 大歷名篇。」

위의 5항 평구에서 ①은 시의 묘사가 진실하게 사실을 표현한 점을, ②는 시의 내용의 순수성과 형식의 숙달, ③은 시의 의취가 높음과 백묘수법의 활용, ④는 「시에는 그 사람이 있다(詩有人)」의 경중유정을 조화시킨 정경교융의 묘미, ⑤는 시가 갖춰야 할 3요소를 구비함 등을 지적하고 있다. 이것은 시인의 심신이 허심의 상태에서 속세의 전쟁과 부패를 초탈하려는 초원적 의식으로 승화됨을 의미하는 동시에 현실적으로는 화평과 안정을 추구하는 비전의식의 발로이기도 하다.

그리고 〈장안에서 봄을 기다리며(長安春望)〉(권279)은 노륜의 대표작으로서 두보의 〈봄을 기다리며(春望)〉와 비교되는 것으로서, 고난 중에 봄을 그리듯 태평시대를 희구함을 토로하였다.

동풍에 비바람이 푸른 산을 스쳐가니,
풀빛 사이로 천문이 보인다.
집이 꿈속에서 보이니 언제나 돌아가리?
봄이 와도 강가에 몇이나 돌아갈 건가?
저 뜬구름 밖에 산천이 감돌아들고,
지는 해 사이로 궁궐이 우뻿 쭈뻿 서 있네.
누가 선비 되어 어려운 세상 만날 줄 생각했으랴?
홀로 늙은 이 몸 진관에 나그네 되었구나.

東風吹雨過靑山, 卻望千門草色閒。
家在夢中何日到, 春來江上幾人還。
川原繚繞浮雲外, 宮闕參差落照間。
誰念爲儒逢世亂, 獨將衰鬢客秦關。

첫 두 구에서 동풍과 청산은 춘망이며 천문과 초색은 장안을 의미한다. 소망 중의 청산은 고향 생각의 의취이다. 제2연은 무료한 듯 하지만 몽매 간에 그리운 집 생각뿐 실현되지 못하고, 제3연에서 진정한 춘망(평화의 도래)의 활기를 부각시킨다. 그러면서 현실을 직시하는 자신의 모습을 묘사하고 있다.[14] 이 시도 후인의 평가가 수다한 바, 그 중요한 평어를 다음에 열거하여 정리하고자 한다.

---

14) 《唐詩選評釋》卷5에서 森大來는 評하기를 「此七字中有無數之鄕愁, 在下句是近望之所見。此七字中僅有夕陽一人之影。」

① 전란의 상심을 담은 뜻이 표현된 어구 이상으로 흘러 넘친다.
≪唐詩訓解≫:「傷亂之意, 溢於言外。」

② 주정이 말하기를, 기교를 부릴 뜻이 없이 절로 고아함을 다 드러낼 수 있었음은 성당 시인들도 이에 미치지 못한다라고 하였다.
≪唐詩選脈會通評林≫:「周珽曰: 無意求工, 自能追雅, 盛唐人不過此。」

③ 첫 구절은 온화하고 완만하며, 다음 연은 짜임새 있고 밝으며, 5·6구는 비장하고, 결구는 성정이 밝히 드러나서 처원한 성조를 머금고 있다.
≪唐詩摘鈔≫:「起調和緩, 接聯警亮, 五六悲壯, 結處點明情事, 終今凄怨之聲。」

④ 싯구가 비록 숙달되어 있지만, 담긴 성정이 진지하며 가다듬어져 있다.
≪唐詩成法≫:「句雖熟滑, 情眞摯可耐。」

⑤ 섬세하고 공교함이 부족하지만, 전란의 상심을 담는 뜻이 표현된 어구 이상으로 흘러 넘친다.
≪歷代詩發≫:「不以纖巧取勝, 傷亂之意溢於言外。」

⑥ 기윤; 시가 대력십재자에 이르러 온후한 기품이 점차 쇠하였는데, 그 풍격은 후인을 능가한다. 이 시의 격조가 높지 않으나 정감 있는 운율이 특히 곱다.
≪瀛奎律髓滙評≫:「紀昀; 詩之大歷十才, 渾厚之氣漸盡, 惟風調勝後人耳。此詩格雖不高, 而情韻特佳。」

⑦ 말구에 정말 봄을 기다리는 감회의 뜻이 돋보인다.
≪唐詩選勝直解≫:「末句情見春望感懷之意。」

⑧ 대력 간의 10여 재자에 이르러서 대우에 활구를 이용하게 되고 변화

착종의 묘미를 다 드러내었으니, 예를 들면 노륜의「집이 꿈속에 보이니 언제나 돌아 가리오?」같은 것이다.
≪北江詩話≫:「至大歷十數子, 對偶始參以活句, 盡變化錯綜之妙, 如盧綸家在夢中何日到。」

위의 8개 항목의 인용문을 종합해보면, ①은「시의가 어사 밖에 있음(意在言外)」또는「어사는 다 드러났으나 시의는 그지없음(言有盡而意無盡)」의 승화된 명시의 묘오를 평가하는 최상의 수준에 도달했음을 강조하였고, ②는 기교를 의식하지 않고 고아미를 발휘하여 성당시의 경지에 뒤지지 않음을, ③은 매연의 장처가 시의와 부합함을, ④는 시정의 진지성(즉 사실성)을, ⑤는 형식상의 화미보다는 내용상의 언외지미, ⑥은 시의 격조보다는 시의 성정에 대한 우의, ⑦은 전쟁의 혐오와 평화추구의 기대감을 두보의「춘망」에 비유함, ⑧은 시의 묘사상의 기법이 특출함 등으로 집약 설명할 수 있다. 이 모든 것이 시인의 시취가 번민 중에서 정화되어 토로된 "평화갈구"라는 지상목표와 조화되어 있다는 점으로 귀결시킬 수 있다.

노륜의 시는 중당시의 성격을 대표하는 작풍을 지니고 있다. 따라서 그의 사실주의적인 성향에 초점을 맞추어서 부분적인 면만 다루었다고 해도 가할 것이다. 그의 시가 사회현실에 중점을 둔 풍격이 중당대의 시단에 여하한 영향을 주었는가에 대해서 지양인(蔣寅)은 "원진의 경박과 백거이의 세속의 선성이다.(元輕白俗的先聲)"라고 전대미문의 주장까지 하였다.[15] 이것은 노륜시에 대해 명대 허학이(許學夷)가 "노륜시가 당시품

---

15) 蔣寅, 上同書, p.281;「四庫提要謂是編『蓋不甚避俚俗者, 故此集所錄如盧綸送道士詩, 駙馬花燭詩(中略)皆頗涉俗格。』由此可見, 盧綸作爲前輩名家, 其詩中淺俗的一面恰與時人的趣味(起碼是宮廷)相符, 是以爲世人所接受, 而御覽詩的欽定性質反過來又使這淺俗之風更加熾盛。在這交相作用中, 我們可以看到夙來爲人忽視的盧綸與『元輕白俗』的關係, 看到盧綸與顧況類似的承前啓後的橋樑作用。」

휘에 실린 것은 매우 가소롭다.(盧詩品滙入錄, 大是可笑。)"(≪詩源辨體≫ 권3)라고 평한 것과, 왕어양이 노륜의 〈送道士〉시를 "자못 세속적인 격조를 지니고 있다.(頗涉俗格)"(≪唐人萬首絶句選≫凡例)라고 혹평한 것을 지이앙인이 오히려 역설적인 해석과 평가를 가해서 결론지은 것이 아닌가 하지만, 노륜 시를 객관적으로 평가하기에는 다양한 논시 관점 등이 상존하기 때문이다. 왜냐하면 ≪당시선맥회통평림≫에서 여러 평들이 정제하지 않고 편차가 심한데, 예컨대「기이하고 냉엄한 가운데에 절로 우아한 운치가 넘친다.(奇悍之中, 自饒雅致.)」(陳繼儒),「너그러우면서 느슨하다.(寬徐)」(顧璘),「기이하면서 빼어나다.(奇俊)」(何新之) 등이 그 예인 것이다. 이와 같은 노륜시에 대한 다양한 평가는 호평이기도 하며 혹평일 수도 있다.

 그러나 대각풍(臺閣風)이 팽배한 풍토에서「어람시(御覽詩)」도 불가피하지만, 나름의「옅고 희면서 밝고 고움(淺白淸綺)」류를 시에서 추구할 수 있었음이 본고를 시도하는데 필요 조건으로 작용하였음을 밝혀두는 바이다.

대숙륜(戴叔倫)과 그 시의 현실 및 탈속의 양면적 성격

당대의 대력시대는 초·성당을 거치면서 유불도의 삼교가 성행하여 문학에 있어서도 다양한 사조가 유행하였다. 소위 대력시대란 지덕(至德) 원년(756)에서 정원(貞元) 8년(792)의 36년간을 지칭하는데 그간에 시단의 성향은 창작방법에 있어 박실한 현실주의를 지향하여 사실적인 백묘수법(白描手法)을 주중하게 되었으며, 주제 취향에 있어서는 윤상정감(倫常情感)과 신변잡사(身邊雜事)에 경도되어 있으며 감정영회(感情詠懷)보다는 수증송별(酬贈送別)의 작품이 격증되고 있음을 보게 된다.[1] 그리고 대력시대의 시인을 크게 두 부류로 구분하는데 하나는 장안(長安)과 낙양(洛陽)을 중심으로 활동한 작가군으로 전기(錢起)·노륜(盧綸)·한굉(韓翃) 등의 대력십재자 시인들이 있었고 또 하나는 강동오월(江東吳越)을 중심으로 한 유장경(劉長卿)·이가우(李嘉祐) 등이 있어 산수풍월을 묘사하는 경향을 보였다.[2] 대숙륜(戴叔倫 732~789)의 활동무대는 앞의 후자에 속하였으니, 지방관 시인의 대표로 지칭되고 있다.[3] 따라서 당대의 이조(李

---

1) 蔣寅 《大歷詩人研究》導論 참고.
2) 傅璇琮 《唐代詩人叢考》 李嘉祐 p.232 참고.

肇)는「지위가 낮으나 이름을 드러낸 사람은 이북해. 두보. 위소주. 대숙륜이다.(位卑而著名者, 李北海・杜甫・韋蘇州・戴叔倫.)」(≪國史補≫권하)라고 분류하였고 대숙륜 자신은 지방관리로서 치적과 의기가 남달라서[4] 덕종(德宗)이 정원(貞元) 5년(789)「중화절시(中和節詩)」를 하사하여 치하할 만큼[5] 문달의식(聞達意識)을 떨치고, 관리이며 시인으로서 자족했음을 보인다. 현존하는 대숙륜 시는 ≪전당시≫(권273~274)에 283제・299수가 실려 있고 지앙인(蔣寅)은 ≪대숙륜시집교주(戴叔倫詩集校注)≫에 279제 296수를 담았는데 지앙인은 상세한 근거를 제시하며 그 중에서 고증을 요하는 58수와 후인의 위작으로 단정되는 55수를 제외시키면 180여 수밖에 안 된다는 것이다.[6] 이 중에서 오언율시는 위작여부를 분류하지 않은 ≪전당시≫에서 109수이며 지앙인주본(蔣寅注本)에서는 위작부분을 제외하면 82수가 된다.

본문에서는 상당수가 위작으로 분별된다고 보아 (蔣寅과 傅璇琮의 자료에 근거) 잠정적으로 66수를 대상자료로 삼으려 하며 간단한 생평고변과 시작변위를 먼저 서술하고 난 후에 오율의 특성을 간단히 살펴보는데 주안점을 두고자 한다. 그리고 본문에서 인용되는 대숙륜의 시는 ≪전당시≫권273과 권274에 의거한다.

---

3) 蔣寅 ≪大歷詩人研究≫ p.51 ;「戴叔倫是地方官詩人中一位直接繼承杜甫精神幷最典型地體現了群體特徵的詩人.」
4) ≪重修戴氏宗譜≫卷三 ;「卿當國家之多亂, 任社稷之至憂, 實能忠勤, 以濟勳績. 方均逸豫, 適此外虞, 煩我元公. 良非得已. 亦惟體國, 義不辭勞.」
5) 李肇 ≪國史補≫卷下「貞元五年, 初置中和節, 御製詩, 朝臣奉和, 詔寫本賜戴叔倫於容州, 天下榮之.」
6) 蔣寅의 校注本 前言(p.2)와 同人의 ≪大歷詩人研究≫ p.51을 참고. 傅璇琮은 일찍이 ≪唐代詩人叢考≫「戴叔倫的事蹟繫年及作品的眞僞考辨」에 僞作 18首를 제시했고, 岑仲勉(≪讀全唐詩札記≫)와 富壽蓀(≪讀唐詩隨筆≫)도 거론했음.

Ⅰ. 생애에 대한 양인의 고변(考辨) 비교

「양인(兩人)」이란 생평에 대한 고증을 객관성 있게 추구한 푸쉬엔중(傅璇琮) (≪唐代詩人叢考≫의 대숙륜 부분)과 지앙인(蔣寅) (≪戴叔倫詩集校注≫)을 지칭하는데 여기서는 이 양인의 고변에서 재론할 여지가 있는 사항에 대해서 제삼자적 입장에서 재고변하려는 것이다.

먼저 푸씨의 자료(1980年)에서 선세가 불명하고 고향의 위치와 자의 상이에 대해서 이견을 제시하였으며, 지앙씨의 자료가 15년 후의 것인데도 푸씨는 생평에서 대종(代宗) 광덕(廣德) 원년(763)과 대종(代宗) 대력(大歷) 4년 그리고 특히 덕종(德宗) 건중(建中) 2년(781)의 기록에 대해서 지앙씨의 설을 능가하거나 지앙씨가 오히려 전혀 거론하고 있지 않음은 학자의 도리상 지앙씨가 재고할 필요가 있다고 본다.(덕종 건중 2년 부분) 이에 양인의 고변에서 연보정리에 의미 있는 사항들을 거론하여 대숙륜의 생평을 파악하는데 일조로 삼고자 한다. 아울러 생평 전체에 대한 기술은 양인의 「사적계년(事蹟繫年)」과 「연보간편(年譜簡編)」에서 상술하였기에 재론을 생략하기로 한다.

참고로 생평에 근거가 되는 자료를 들자면 ① ≪신당서(新唐書)≫권143 본전, ② ≪당재자전(唐才子傳)≫대숙륜 권5, ③ ≪전당문(全唐文)≫권502,「당고조산대부사지절도독용주제군사수용주자사겸시어사충본관경략초토처치등사초현개국남사자금어대대공묘지명병서 (唐故朝散大夫使持節都督容州諸軍事守容州刺史兼侍御史充本管經略招討處置等使譙縣開國男賜紫金魚袋戴公墓誌銘幷序)」, ④ ≪도광동양현지(道光東陽縣志)≫ 권6,「당동양령대공거사송(唐東陽令戴公去思頌)」, ⑤ ≪중수대씨종보(重修戴氏宗譜)≫ 권3,「당고조산대부도독용주제주사용주자사본관경략초토처치사겸

어사승봉초현자금어대대공신도비(唐故朝散大夫都督容州諸州事容州刺史本管經略招討處置使兼御史中丞封譙縣開國男賜紫金魚袋戴公神道碑)」 등을 들 수 있는데 그 특징으로는 ①은 사사(師事) 관계와 역관(歷官)과 치적, ②는 성격과 의기 그리고 교우관계, ③은 가세·재예·성품, ④는 결자가 많으나7) 성격과 치적에 대한 구체적인 내용, ⑤는 의기와 사승관계 그리고 가세와 명(名)을 융(融), 자(字)를 숙륜(叔倫)이라고 별칭함 등이 되겠다.

(1) 숙종(肅宗) 지덕(至德) 원년(756·25세): 지앙씨는 스승인 소영사(蕭穎士)8)가 금릉(金陵)으로 가면서 대숙륜이 환향을 하고 연말에 영왕린(永王璘)의 난을 피하여 친족과 함께 경구(京口)에서 상선을 타고 파양(鄱陽)으로 피난 가는 것으로 추정. 근거로는 ≪자치통감(資治通鑑)≫지덕 원년 12월 갑신(甲辰)의 영왕린의 병란기사와 대숙륜의 시「외조카 송해가 요주로 돌아감을 송별하며(撫州對事後送外生宋垓歸饒州覲侍呈上姊夫)」에서「회수와 변수에서 처음 난리가 나니, 장산에서 봉화가 일도다. 그대와 친족을 따라서 서둘러 고향을 떠났네. 경구에서 상객이 되니 해문에는 때마침 광풍이 나네.(淮汴初喪亂, 蔣山烽火起. 與君隨親族, 奔迸辭故里. 京口附商客, 海門正狂風.」라고 한 것을 지앙씨는 인증하였다. 이의 보조자료로는 ≪당재자전≫과 ≪동치요주부지(同治饒州府志)≫(권24)를 예거할 수 있다.

(2) 광덕 원년(763·32세); 지앙씨는 푸씨와 같이「사이보가 여요현으로 부임을 전송하며(送謝夷甫宰餘姚縣)」(≪전당시≫권273)을 통해 비서성정자(秘書省正字)에 이어 부중의 종사가 된 것으로 보았는데, 푸씨의 경우에는 원조(袁晁)의 기의(起義)를 시속의「해자경병사(廨宇經兵史)」와 결부시켜서 대숙륜이 금단(金壇)에 있고 관직이 없는 것으로 추정했다.

---

7) 蔣寅의 注本 附錄에 의하면 缺字가 무려 125字나 됨. (pp.321~324)
8) 蕭穎士에 대해서는 拙文「蕭穎士詩考」(≪外大論文集≫ 27집 p.137 참고.)

(3) 대력 4년 (769・38세): 이 시기에 대해서 지앙씨가 묘지명을 통해서 촉장(蜀將) 양자림(楊子琳)이 반란을 일으키자 의기로 양자림을 설득시켜 당조에 귀순케 하였다고 기술한 것은 푸씨와 동일하지만 푸씨의 고찰에는 미치지 못한다. 푸씨는 권덕여(權德興)의 묘지명과 대숙륜시「부주로 가며 먼저 왕원외에게 부치며(漸至涪州先寄王員外使君縱)」(≪전당시≫권273)에 의거하여 기주(夔州)로의 순행을 확인하면서 ≪당재자전≫의 기록이 불합리한 점을 지적하였는데 이 점은 매우 적절한 고증이라고 본다. 여기서 푸씨의 다음 서술을 보기로 한다.

≪당재자전≫ 권5에서 대숙륜을 두고 "정원 16년에 진권이 진사에 급제하다"라고 하였고 청대 서송의 ≪등과기고≫권14에서는 이것에 의거하여 정원 16년 진사과 장원에 진권이 되고 그 아래로 대숙륜과 백거이 등이 같이 급제하였다. 단지 권덕여가 쓴 묘지에 의하면 대숙륜이 일찍이 정원 원년에 이미 세상을 떠나니 나이 58세이며 또 위의 고찰에 의하면 대력 3・4년간에 운전부에 임명되었으니 ≪당재자전≫의 기재가 틀린 것으로 서송을 당사 연구자로 칭하는데 또한 관련 역사책을 검토하지 않고 글에 집어넣은 것이 된다.

≪唐才子傳≫卷五 謂戴叔倫乃 "貞元十六年陳權榜進士." 清徐松 ≪登科記考≫卷十四卽據此列貞元十六年進士科壯元爲陳權, 其下有戴叔倫, 與白居易等同科及第. 但據權德興所作墓誌, 戴叔倫早于貞元五年卽已去世, 年五十八歲, 又據上所考, 大歷三・四年間卽已在轉運府任職. ≪唐才子傳≫所載本已甚謬, 而徐松又號爲治唐史者, 乃也不經查核有關史籍, 而遂採入書中.(≪唐代詩人叢考≫ p.364)

(4) 덕종 건중 2년(781・50세): 이 시기에 대해서 지앙인은 단지「동양현령에 임명되다(在東陽縣令任上)」라고 만 고증하였을 뿐 푸씨의 고증부분을 거론하지 않았는데 이에 대해 필자의 의견을 개진하려 한다. 부씨는 대숙륜이 동양령에 임명된 시기를 봄으로 보았는데, 지앙씨는 계

절을 밝히지 않아서 여기에서 푸씨의 설을 따랐어야 옳은 것이다. 묘지명의「其皐人成化也, 則東陽一同之人沐旬歲之治」에서 동양령이 된지 1년인데 치적이 상당하다는 것과 대숙륜의 시「장섭 평사와 진계 거사가 군을 방문하고(張評事涉秦居士系見訪郡齊卽同賦中字)」(《전당시》권274)에서,

    작은 수레가 문득 바퀴 멈추니,
    군부에 절로 바람이 일도다.
    아전을 보내매 산새는 남아 있고,
    술항아리 여니 들녘의 객이 같이 하네.
    옛 담장에서 겨울 대순을 따고,
    높은 나무엔 봄 기러기 날도다.
    … …

    軺車息枉轍, 郡府自生風.
    遣吏山禽在, 開罇野客同.
    古墻描臘筍, 喬木颺春鴻.
    … …

라고 하니 봄에 대숙륜이 동양(東陽)으로 가면서 거리상 회계(會稽)에 은거하던 진계를 방문한 것으로 보여진다. 그러니까 푸씨는 동양령으로 가던 시기는 건중 원년(780)봄 (지앙씨는 5월로 기재) 이며 재직기간은 일년 남짓으로 추정하였는데 이고(李皐)의 막하로 옮긴 시기를 이고가 부임한 시기(건중 원년·780)와[9] 결부시켜서 추정한 것으로 본다. 이것은 《신당서》본전의「嗣曹王皐領湖南·江西, 表在幕府.」라든가 묘지명의「曳裾于賢王也, 則爲湖南·江西上介……」에서 대숙륜이 이고의 부임과 동시에 동양을 떠난 것으로 본 것이다. 그리고 그 떠난 계절을

---

9) 《舊唐書》卷131「李皐傳」;「建中元年, 遷湖南觀察使.」

그의 시 「호남에서 동양과 헤어지며(將赴湖南留別東陽舊僚兼示吏人)」
(≪전당시≫권274)를 보면,

> 새벽길에 거마를 채비하고
> 정자를 떠나면서 의관을 챙기네.
> 어름 단단한데 작은 냇물이 울고,
> 들불이 다 타니 높 낮은 산봉우리가 차도다.
>
> 曉路整車馬, 離亭會衣冠.
> 冰堅細流咽, 燒盡亂峰寒.

여기에서 어름이 아직 녹지 않은 건중 2년 초봄으로 단정하였다. 지앙씨는 동양을 떠난 시기를 건중 4년(783)초로 본 점에서 차이가 2년이 났는데 이는 아직 비고의 대상이 된다.

Ⅱ. 시의 진위 여부 문제

대숙륜의 시가 299수(≪전당시≫)인데 객관성이 부족하지만 그 중에 지앙인에 의하면 비고부분을 58수, 위작 부분을 55수로 분류하고 있어서 당시인중에 가장 큰 비율의 위작시가 내포된 것으로 본다. 양인의 분류 가운데 중복된 것을 조절하여 다음에 72수로 분류하여 도시하면서 대숙륜시에 대한 재고증이 절실함을 제시하려 한다. ((1)에서 (38)까지를 보면 ≪전당시≫권273, (39)에서 (72)까지는 동권 274에 수록)

(1) 「曾遊」; 송대 후인, 장공(長公) 동파(東坡) 등장하니 시대에 불합.
(2) 「邊城曲」; 작자불명, 지리 불합.(푸씨만 분류)

(3) 「屯田詞」; 작자불명, 지리 불합.(푸씨만 분류)
(4) 「送別錢起」; 후인의 작, 당시에는 양관삼첩(陽關三疊)의 명칭이 없음.
(5) 「暉上人獨坐亭」; 작자불명, 휘상인(暉上人)은 진자앙(陳子昻)에 출현.
(6) 「送崔融」; 작자불명, 시대에 불합 (푸씨도 분류)
(7) 「遊少林寺」; 작자불명, 심전기(沈佺期)에 동제시 있음.(비고를 요함)
(8) 「崇德道中」; 장이녕(張以寧) 작. ≪취병집(翠屛集)≫권2에 있음.
(9) 「雨」; 장이녕 작. ≪취병집≫권2에 있음.
(10) 「同日有懷賀長吉」; 작자불명, 시대에 불합.(푸씨도 분류)
(11) 「送郎士元」; 작자불명, 낭사원(郎士元)은 금능(金陵)과 무관.
(12) 「重遊長眞寺」; 유숭(劉崧) 작, ≪유사옹선생직방시집(劉槎翁先生職方詩集)≫ 권5에 있음.
(13) 「晩望」; 유숭작, 상동서에 있음.
(14) 「寄贈翠巖奉上人」; 유숭 작, 상동서에 있음. 찬공(贊公)은 두보 시기의 찬상인(贊上人)으로 갈홍(葛洪)을 고사로 활용하고 당대의 고사를 피함.(비고를 요함)
(15) 「過龍灣五王閣訪友人不遇」; 유숭 작. 상동서에 있음.(비고를 요함)
(16) 「與友人過山寺」; 작가불명. 영철(靈澈)은 대숙륜과 동시대인으로 도공(陶公)과 용전상 대조가 불가.(비고를 요함)
(17) 「寄禪寺華上人次韻三首」; 명대인 작. 제공(濟公)은 송말 승려, 명대 전여성(田汝成)의 ≪서호유람현지여(西湖遊覽志餘)≫권1에 보임.
(20) 「獨坐」; 장이녕 작, ≪취병집(翠屛集)≫권2에 있음.
(21) 「舟中見雨」; 장이녕 작, ≪취병집≫권2에 있음.
(22) 「送僧南歸」; 장이녕 작, ≪취병집≫권2에 있음.
(23) 「江干」; 장이녕 작, ≪취병집≫권2에 있음.
(24) 「宿天竺寺曉發羅源」; 송대 이후인 작. 「나원(羅源)」지명이 ≪송사지리지(宋史地理志)≫에 처음 나옴.
(25) 「留宿羅源西峰寺示輝上人」; 작자불명. 근거는 상동.
(26) 「江上別劉駕」; 작자불명. 유가(劉駕)는 만당인.(푸씨도 분류)
(27) 「送車參江陵」; 청강(淸江) 작. 환경(幻境)·선심(禪心) 등, 불가어는 대숙륜에 불합. (비고를 요함)
(28) 「登樓望月寄鳳翔李少尹」; 청강 작. 원래 ≪문원영화(文苑英華)≫권152에

대숙륜시로 수록되나 ≪전당시≫권812 청강시에 있음.(비고를 요함)
(29) 「贈司空拾遺」; 태역(太易) 작. ≪전당시≫권810 태역시에 있음.(비고를 요함)
(30) 「寄萬德躬故居」; 유숭 작. 유씨집(권6)에 보임. 여선동(呂仙洞)은 오대(五代) 이후의 고사.
(31) 「寄司空曙」; 유숭 작, 유씨집(권6)에 있음.(비고를 요함)
(32) 「弔暢當」; 작자불명. 생평 불합. 창당(暢當)은 하동인(河東人).(≪신당서≫권200, 유학전) (푸씨도 분류)
(33) 「寄劉禹錫」; 유숭 작. 유씨집(권6)에 「寄曠伯逵」로 실림. 백규(伯逵)는 유숭의 우인.(비고를 요함) 푸씨는 우석(禹錫)과 시대 불합이라 함.
(34) 「寄孟郊」; 유숭 작. 푸씨는 불명. 유씨집(권5)에 있음. 푸씨는 시대 부합되지만 행사 불합이라 함.
(35) 「贈徐山人」; 유숭 작. 유씨집에(권7) 있음.(비고를 요함)
(36) 「二靈寺守歲」; 명대 정학년(丁鶴年) 작. ≪은현통지(鄞縣通志)≫(政敎志)에 송초 소국사(韶國師)가 세움.
(37) 「暮春感懷」; 정학년 작. ≪정학년집≫권2에 있음.
(38) 「聽霜鐘」; 작자미상. ≪문원영화≫권184 「省試」에 실림.(비고를 요함)
(39) 「赴撫州對酬崔法曹夜雨滴空階五首」; 작자미상. 대숙륜의 사적에 없음. 푸씨만이 지적.
(44) 「又酬曉燈室五首」; 작자미상. 대숙륜의 사적과 무관. 푸씨만이 지적.
(45) 「送王司直」; 황보염(皇甫冉) 작. ≪전당시≫권249 황보염 시에 있음. 홍매(洪邁) ≪만수당인절구(萬首唐人絶句)≫오언권, 왕안석(王安石) ≪당백가시선(唐百家詩選)≫권9에 모두 황보염의 시로 기재.
(50) 「宿無可上人房」; 작자미상. 무가(無可)는 만당인으로 시대불합.
(51) 「口號」; 후세인 작. 본조(本朝)의 용사(用事)를 아님.(비고를 요함)
(52) 「贈張揮使」; 송대 이후인 작. 휘사(揮使)는 당대 직관에 없음.
(53) 「畫蟬」; 정학년 작, 정씨집(권2)과 고사립(顧嗣立)의 ≪원시선(元詩選)≫에 있음.
(54) 「題天柱山圖」; 정학년 작, 정씨집(권2)과 ≪원시선≫에 있음.
(55) 「草堂一上人」; 왕안석 작. ≪왕문공문집(王文公文集)≫권63에 「草堂一上主」로 실림.(비고를 요함)

(56) 「題黃司直園」; 왕안석 작. 왕씨집(권67)에 있음.(「題黃司理園」)
(57) 「北山游亭」; 왕안석 작. 왕씨집(권67)에 「洊亭」으로 있음. 유정(游亭)은 천정(洊亭)의 오류.
(58) 「歲除日追赴撫州辨對留別崔法曹」; 작자미상. 사적이 불일치. 푸씨만 지적.
(59) 「旅次寄湖南張郎中」; 주단신(周端臣) 작. ≪강호후집(江湖後集)≫주단신 ≪규창집(葵窓集)≫에 「朱門」있음.(비고를 요함)
(60) 「題友人山居」; 유숭 작, 유씨집(권11)에 「漫題」로 있음.
(61) 「別鄭谷」; 유숭 작, 유씨집(권7)에 있음. 「再別同夫三首」로 실림. 푸씨는 ≪당시기사(唐詩紀事)≫(권70)에 정곡(鄭谷)이 도관낭중(都官郎中)을 지낸 시기가 건녕(乾寧)(894-898)이므로 시대불합으로 지적.
(62) 「贈鶴林上人」; 유숭 작. 유씨집(보유권4)에 있음.(비고를 요함)
(63) 「題稚川山水」; 유숭 작. 유씨집(보유권4)에 있음. 치천(稚川)은 명대 화가 나치천(羅稚川).
(64) 「過柳浮道院」; 유숭 작. 유씨집(권11)에 있음.(비고를 요함)
(65) 「荔枝」; 백거이(白居易) 작. ≪전당시≫권441에 「種荔枝」로 있음. ≪백씨장경집(白氏長慶集)≫(권18)에 수록. 이 문집은 백씨 자신이 75권으로 수정한 것임.
(66) 「憶原上人」; 명대 유적(劉績) 작. ≪명시기사(明詩紀事)≫을첨(乙籤) 권14에 있음. 사적이 ≪명시종(明詩綜)≫·≪열조시집(列朝詩集)≫에 나옴.(비고를 요함)
(67) 「蘭溪棹歌」; 명대 왕광양(汪廣洋) 작. ≪왕충근공봉지음고(汪忠勤公鳳池吟稿)≫권10에 있음. 전겸익(錢謙益)의 ≪열조시집≫에 수록.(비고를 요함)
(68) 「蘇溪亭」; 왕광양 작. 앞의 왕씨집(권10)에 있음. ≪명백가시(明百家詩)≫·≪명시종(明詩綜)≫에 수록.
(69~71) 「撫州被推昭雪答陸太祝三首」; 작자미상. 사적에 기록이 없음. 푸씨의 지적.
(72) 「撫州對事後送外生宋垓歸饒州覲侍呈上姉夫」;작가미상. 푸씨가 사적과 무관함을 지적.(비고를 요함)

이상의 진위변별 자료를 볼 때 지양인은 명대 유숭의 작으로 14수, 장이녕의 작으로는 6수, 정학년의 작으로는 4수, 그리고 왕안석의 작으로 3

수를 분류하였고, 당대인의 작으로는 청강 3수, 백거이 1수, 황보염 1수, 태역 1수 등으로 분류하고 있다. 문집이나 사료에 의거한 비교적 명확한 근거 제시를 하고 있으며 푸씨는 변증이 치밀하지만 작자 규명을 하지 못하고 있어서 지양인의 공이 다대함을 간과할 수 없다.

Ⅲ. 오언율시의 주제별 분류

대숙륜의 오언율시를 주제별로 분류해 보면 모두 82수 중에서 각각 송별은 36수, 영회(詠懷)는 6수, 증수(贈酬)는 13수, 산수는 9수, 교유는 10수, 유력은 8수가 되는데 여기서 각 주제에 따라 소속 작품의 시제와 내용을 정리하려 한다.

1. 송별시(36수)

(1) 「送張南史」; 망빈(忘貧)의 우인에게 보내는 초연함.
(2) 「九日送洛陽李丞之任」; 포의지교(布衣之交)인 이승(李丞)의 승진을 경하.
(3) 「送郭太祝中孚歸江東」; 동향인 곽중부의 태축직에 임명.
(4) 「江上別張勸」; 호남관찰사 막서기(幕書記) 장권에 응지를 권면.
(5) 「送友人東歸」; 경사(京師)의 남전관(藍田關)에서 송별.
(6) 「送謝夷甫宰鄭」; 원조(袁晁) 농민의거에 친구의 임무.
(7) 「灞岸別友」; 봄에 호남으로 떠남.
(8) 「潘處士宅會別」; 호남을 떠나 경구(京口)에서 친구 상봉.
(9) 「南賓送蔡侍御遊蜀」; 남빈(南賓)에서 친구 만나며 비애 묘사.
(10) 「長沙送梁副端歸京」; 장사에서 장안 가는 친구를 보내는 낭만적인 심경.

(11) 「京口送皇甫司馬副端曾舒州辭滿歸去東都」; 노년의 거관과 귀향.
(12) 「送崔拾遺峒江淮訪圖書」; 경구에서 황보증(皇甫曾)을 10년 좌천생활에 낙양으로 보내는 우정.
(13) 「送少微山人入蜀」; 탈속과 귀자연.
(14) 「留別道州李使君圻」; 산천경물의 회화적인 묘사.
(15) 「送李審之桂州謁中丞叔」; 지음과 은거의식.
(16) 「送柳道時余北還」; 호반의 정경과 이별의 우수.
(17) 「送李長史縱之常州」; 사령운이 있던 곳에서 같은 심정.
(18) 「奉同汴州李相公勉送郭布殿中出巡」; 입춘 전날 벗의 공을 기림.
(19) 「送東陽顧明府罷歸」; 가을에 송별의 수심.
(20) 「永康孫明府週秩滿將歸枉路訪別」; 산수애호와 도연명 사모.
(21) 「將游東都留別包諫議」; 포길(包佶)과 이별하며 몽매에 그리는 마음.
(22) 「婺州路別錄事」; 신년부터 고우를 보내는 이별의 한.
(23) 「酬別劉九郎評事傳經同泉字」; 연못과 백로, 그리고 사립문에도 이별의 애수.
(24) 「臨川從事還別崔法曹」; 노병으로 은둔하는 심회.
(25) 「送王翁信及第後歸江東舊隱」; 탈속과 의분.
(26) 「送嵩律師頭陀寺」; 율사의 행적과 참선.
(27) 「送道虔上人遊方」; 초탈과 선심.
(28) 「淸明日送鄧芮二子還鄕」; 노년에 고향을 사모.
(29) 「送李明府之任」; 합자연과 계절의식.
(30) 「送萬戶曹之任揚州便歸舊隱」; 사관과 애자연.
(31) 「海上別薛舟」; 해안의 정경을 시심에 비유.
(32) 「廣陵送趙主簿自蜀歸絳州寧觀」; 가을 저녁의 정경과 애수.
(33) 「留別宋處士」; 향리의 정분.
(34) 「送汝水王明府」; 전쟁과 가족이산.
(35) 「賦得古井送王明府」; 선원(仙源)과 청심(淸心).
(36) 「送耿十三湋復往遼海」; 전장의 종군.

2. 영회시(6수)

(1) 「過申州」; 변방의 전상.
(2) 「湘中懷古」; 참소의 폐해와 원한.
(3) 「長門怨」; 궁궐의 애환.
(4) 「京口懷古」; 삼국시대의 역사회고.
(5) 「客中有懷」; 노후의 귀전.
(6) 「過賈誼宅」; 가의에 대한 추념.

3. 증수시(12제 13수)

(1) 「早行寄朱山人放」; 인생의 무상.
(2) 「長安早春贈萬評事」; 한대의 귀족에대한 회상과 고결한 심경.
(3) 「客舍秋懷呈駱正字士則」; 부명을 떨침.
(4) 「潭州使院書情寄江夏賀蘭副端」; 여행 속의 무욕.
(5) 「暮春遊長沙東湖贈辛克州巢父二首」; 경물과 삶의 번뇌.
(6) 「寄中書李舍人紓」; 계절에의 무감각.
(7) 「李大夫見贈因之有呈」; 질병과 허심.
(8) 「郊園卽事寄蕭侍郎」; 사향과 청심.
(9) 「贈韋評事儹」; 초탈의식과 무욕.
(10) 「暮春沐髮晦日書懷寄韋功曹泅李錄事從訓王少府純」; 합자연과 사우.
(11) 「贈行脚僧」; 수도의 심성.
(12) 「贈月溪羽士」; 허심의 선.

4. 산수시(9수)

(1) 「泊雁」; 강가의 저녁풍경.
(2) 「題橫山寺」; 절간의 정경과 차.
(3) 「宿靈巖寺」; 비 온 후의 가을 절간.

(4) 「南軒」; 은둔자의 하루 생활.
(5) 「春江獨釣」; 창랑객 같은 은거.
(6) 「臥病」; 질병 속의 시심.
(7) 「山行」; 승려의 자연현상 관찰.
(8) 「山居卽事」; 산거의 악과 허심.
(9) 「賦得長亭柳」; 동물에 대한 세심한 묘사와 애착.

5. 교유시(10수)

(1) 「吳明府自遠而來留宿」; 세속에 대한 염증과 교우의 희구.
(2) 「和尉遲侍御夏秒聞蟬」; 늦여름의 풍경묘사.
(3) 「逢友生言懷」; 친구에 대한 도덕성.
(4) 「和李相公勉晦日蓬池游宴」; 봄의 생기와 섬세한 관찰.
(5) 「彭婆館逢韋判官使還」; 늦봄에 벗을 맞는 기쁨.
(6) 「奉陪李大夫九日宴龍沙」; 관직 욕망의 수치.
(7) 「春日早朝應制」; 선의식과 초목 묘사.
(8) 「過友人隱居」; 산수의 생동감.
(9) 「春日訪山人」; 노년의 애자연.
(10) 「宿城南盛本道懷皇甫冉」; 애절한 사우심정.

6. 유력시(8수)

(1) 「次下牢鎭」; 만리타향의 수심.
(2) 「經巴東嶺」; 고산의 웅장과 관찰.
(3) 「將巡郴永途中作」; 사향과 심허.
(4) 「巡諸州漸次空靈戌」; 상수(湘水)의 정경.
(5) 「過郴州」; 지형과 심경의 조화.
(6) 「建中癸亥歲奉天除夜宿武功山北茅坪村」; 여행중의 관찰과 상심.
(7) 「除夜宿石頭驛」; 타향의 비애와 세월무상.

(8) 「泛舟」; 가을 달밤의 고독.
(이상 출처는 ≪전당시≫권273~274에 의거함.)

Ⅳ. 오언율시의 사실적 묘사

중당시는 낭만과 사실이 혼재하여 성행하면서 성당시의 풍격에서 벗어나는 과정을 지니고 있었기에 대숙륜 시의 사회 현실에 대한 묘사는 당연히 거론되어야 하는 부분이다. 그는 표류적인 낭인생활에서 출사와 은거를 반복하면서 자신의 불우와 민생질고·사회 모순성 등을 체험했으니 다음 삼면으로 그 백묘 내용을 살펴볼 수가 있다.
먼저 자기 자신의 행역고를 노래한 예시로써「강상에서 장권을 보내며(江上別張勸)」를 보면,

   해마다 오호에 오르는데,
   오호의 봄은 보기 싫구나.
   오래 취함이 술 때문은 아니고,
   근심 많은 것이 가난 때문은 아니네.
   산천은 갈 길을 잃게 하고,
   이수와 낙수에선 세상 풍파에 고생이라.
   오늘 쪽배로 이별하니,
   모두 넓은 바다에 뜬 사람 되었네.

   年年五湖上, 厭見五湖春.
   長醉非關酒, 多愁不爲貧.
   山川迷道路, 伊洛因風塵.
   今日扁舟別, 俱爲滄海人.

이 시는 시인 조년의 벼슬하기 전에 쓴 것으로 소영사(蕭穎士)에게서

하남(河南)에서 수학하던 시기의 작품인 듯하다.10) 웅지에 대한 불투명과 처경에 대한 염증을 가지고 있어서 「편주(扁舟)」라 하여 정처 없는 표류의식으로 미래의 방향을 정하지 못한 신세를 비유하였으며, 「창해인(滄海人)」11)이라 하여 대지를 품고서도 영달치 못한 사람임을 비유하였다. 편주에 몸을 실은 미약한 존재이지만 창해를 포용하는 대의를 추구하겠다는 의지가 표출되어 있음을 알 수 있다. 그리고 「진주를 지나며(過陳州)」를 보면,

어지러이 행역이 피곤한데,
진주·채주 사이에 있구나.
어찌하여 백년 두고,
한가한 사람 하나도 안 보이는가?
술을 대하니 경물이 사랑스럽고,
갈 길을 물으니 수많은 높낮은 산이 답답하구나.
추풍에 갈 만리 길에,
또 목릉관을 나섰구나.

擾擾倦行役, 相逢陳蔡間.
如何百年內, 不見一人閒.
對酒惜餘景, 問程愁亂山.
秋風萬里道, 又出穆陵關.

시인이 진주(지금 하남 淮陽縣)를 지나면서 지은 것인데 그 표현 속에 담긴 심기가 매우 비홍적이라 하겠다. 제1연은 고생스러운 자신의 신세를, 제2연은 한 평생에 한가한 사람을 하나도 만나지 못하겠다는 백화적인 묘법을 구사하였는데 이에 대해서 ≪문원시격(文苑詩格)≫ 「옛 마음을

---

10) 蔣寅 ≪戴叔倫詩集校註≫ p.6 註1 참고.
11) ≪抱朴子≫ 「窮達」; 「小年不知大年, 井蛙之不曉滄海, 自有來矣.」

펴며(敍舊意)」에서는,

> 백거이가 말하기를 「매양 시 지은 것을 보면 본사 속에 해 묵은 뜻을 토로하는 것이 많다. 모름지기 해묵은 뜻을 참신한 뜻으로 바꾸어 표현해야 한다. ……고시의 '어찌 백년 두고 한가한 사람 하나도 안 보이나'구는 해묵은 뜻을 신선한 경물로 표현한 것이니 아름답다.」

> 白居易曰:「每見爲詩者多於本事中更說舊意. 須舊意更說新意.……古詩『如何百年內, 不見一人間.』此舊意說新景, 爲佳矣.」

라고 하여 고아한 시구는 아니지만, 참신한 시의가 드러나 있다고 하였으며 모춘영(冒春榮)은 객관성 있게 서술하기를,

> 구법은 직솔함을 가장 꺼릴 것이니 직솔은 옅으면서 깊고 고운 운치가 부족하기 때문으로서 대숙륜의 「어찌하여 백년 두고, 한가한 사람 하나도 안 보이는가?」구가 그러하다.

> 句法最忌直率, 直率卽淺薄而少深婉之致, 戴叔倫「如何百年內, 不見二人間..」(≪甚園詩說≫卷一)

라고 평가하여 진솔한 속어로 묘사되어 신선하고 평이한 표현은 좋으나 깊은 맛이 부족하다고 하였다. 제3연에서 갈 길을 물으니 멀고 험하여 첩첩한 산을 보니 수심에 찬다는 이 표현은 인생고락의 진상을 은유한 것이다. 그래서 양구도(梁九圖)는 ≪십이석산재시화(十二石山齋詩話)≫(권2)에서,

> 인생에 있어 부귀빈천을 막론하고 모두 괴롭게 육신에 매여 사는 것이다.… 곧 당인의 「어찌하여 백년 두고, 한가한 사람 하나도 안 보이는

가?」구가 그 표현인 것이다.

  人生無論富貴貧賤。皆苦爲形役……卽唐人「如何百年內, 不見一人間.」
之意.

라고 알맞은 평을 가하고 있다. 다음으로 전란으로 성지(城池)가 황폐되고 농촌이 쇠락한 광경을 묘사하고 있는데 전화에 대한 것으로「신주를 지나며(過申州)」를 보면,

  수많은 사람 벌써 전사하였고,
  몇 곳에 쉬는 군사가 보이네.
  정읍이 이제야 평안한데,
  아이들이 아직 어리도다.
  서늘한 바람이 고목을 스치고,
  들불은 부서진 진영에 비추누나.
  천여 리 길 쓸쓸히 가는데,
  산은 텅 비고 물이 또한 맑구나.

  萬人曾戰死, 幾處見休兵.
  井邑初安堵, 兒童未長成.
  凉風吹古木, 野火入殘營.
  牢落千餘里, 山空水復淸.

 이 시는 시인이 신주(지금 河南 信陽市)를 지나면서 전쟁의 참상을 그려 놓은 보응(寶應)(760년 이후) 년간의 작품으로 본다. 제1연의 내용으로 보아 보응 원년(762)에 왕중승(王仲昇)이 신주에서 참패한 사실을 기록한 것이며12) 시기적으로 평화가 아직 오지 않았음을 제3연에서 보게 된다.

---

12) ≪資治通鑑≫ 代宗寶應元年二月戊辰;「淮西節度使王仲昇與史朝義將謝欽讓於
  申州城下, 爲賊所虜, 淮西震駭.」

그리고 농촌의 피폐현상을 묘사한 것을 다음 「사이보가 무현 부임을 전송하며(送謝夷甫宰鄮縣)」에서 보게 된다.

    그대 떠나 현령이 되건만,
    전쟁은 아직 끝나지 않구나.
    마을에는 노인과 아이들만 남아 있고,
    난리가 지난 후에 관리가 적도다.
    관청은 전쟁을 겪었고,
    공전은 바닷물에 잠겼도다.
    때가 되면 응당 풍속을 바꾸어서
    새로운 명예가 여요군에 가득하리라.

    君去方爲宰, 兵戈尙未銷.
    邑中殘老小, 亂後少官僚.
    廨宇經兵火, 公田沒海潮.
    到時應變俗, 新譽滿餘姚.

사이보는 생평이 미상이지만 ≪자치통감(資治通鑑)≫ 숙종(肅宗) 건원(乾元) 2년(759) 4월조에 「천흥위 사이보가 포살하다.(天興尉謝夷甫捕殺之.)」라 한데서 무장으로 보며 무현은 지금 절강 영파(寧波) 일대로서 천보(天寶) 원년에 여요군(餘姚郡)으로 개명되었다. (≪구당서≫지리지) 제2구의 내용으로 보아 이 시는 대종(代宗) 보응(寶應) 2년(763) 원조농민기의(袁晁農民起義)의 난을 지칭하는 것으로 본다.[13] 고중무(高仲武)는 제3연의 구를 인용하면서 다음과 같이 평하고 있다.

    이 시의 형식이 격식에 맞지 않지만 「관청은 전쟁을 겪었고, 공전은

---

13) ≪舊唐書≫代宗紀;「寶應元年八月, 袁晁陷台州, 二年三月, 袁參破袁晁之衆於浙東, 四月, 李光弼奏生擒袁晁, 浙東州縣盡平.」

바닷물에 잠겼도다.」구는 또한 사실을 통한 묘사 구사에 기교를 다하고 있다.

  其詩體格雖不越中格, 然「廨宇經山火, 公田沒海潮」, 亦指事造形之工者.
(≪中興間氣集≫卷上)

  제3연의 묘사는 사실에 의거하여 묘사기교를 다하였다고 높이 평가하고 있다. 전쟁으로 공전이 황폐화되었거늘 사이보가 군현을 다스리는 이때에 후한대의 순리(循吏)처럼[14] 풍속을 개변하여 새로운 칭송이 군에 넘치기를 기대한다는 희원이 제4연에 담겨 있다. 한편 참언을 개탄하면서 굴원의 신세를 비유하며 현실에서의 같은 풍토를 고발해주는「상수에서 회고하며(湘中懷古)」를 보기로 한다.

  옛 사람이 일찍 강에 몸을 던져 떠났으니,
  한 나그네가 가을 바람에 위로 드리네.
  천년을 격하고서 무슨 생각인지,
  이 마음을 말하자면 그때와 같은 것을.
  초 땅의 정자는 어지러운데,
  한대의 율례가 뛰어나도다.
  문득 뽕밭으로 변하듯 세상이 바뀌어
  참소가 헛되게 되리라.

  昔人從逝水, 有客弔秋風.
  何意千年隔, 論心一日同.
  楚亭方作亂, 漢律正酬功.
  倏忽桑田變, 讒言亦已空.

---

14) ≪後漢書≫ 循吏傳;「衛颯·任延·王渙等人每任地方官則修庠序, 變風俗, 開水利, 興農耕, 抑豪右, 捕盜賊, 減刑省役, 境內豊給. 百姓稱頌, 令名顯聞.」

제2연은 천년 후의 자신의 굴원의 신세에 대한 심회가 가의(賈誼)와 같으니 그 원인이 참소 때문이라는 것이다. 그 참소에 의해 초국이 진에게 참패당하고 회왕이 객사하게 되었는데 가의 또한 좌천된 가운데 의율(義律)을 제정하여 주소(奏疏)하여 한율(漢律)이 확정된 것을 묘사하였다. 제4연에서 시인 자신도 정원 4년 용주자사로 지방관 생활을 떠나서 상수를 지나는 길에 있지만 가의처럼 간언함으로써 정치사회가 개화되고 참소가 틈타지 않는 시기가 곧 올 것을 갈망하고 있다. 대숙륜시에서 현실고발은 직설이 아니라 간설로서 차라리 비흥법을 구사하고 있다고 하겠다. 따라서 백거이나 원진처럼 전고가 없이 평이하지만 낭만·은일적인 기풍을 떨치지 못하고 있다. 그의 스승 소영사의 직술과 원백(元白)의 직설의 중간 단계에 있는 백묘수법을 활용한 면을 보여 준다고 필자의 임의적인 평을 해도 가할 것이다.

V. 오언율시의 서사적인 피세감(避世感)

대숙륜시에서 초탈성은 중당대의 시의 사조와는 이질감을 주지만 어느 시인이든 이 같은 요소는 내재되어 있다고 볼 때 대숙륜에 있어서 생평상 불우한 시기에 나타나는 하나의 의식으로 보는 것이 가할 것이다. 따라서 이런 류는 흔히 송별시나 기증시·유여시 그리고 도선시(道禪詩) 등에서 표출되어, 다양한 소재에 의해 각기 특성 있는 의취를 제시하여 준다. 대숙륜시의 피세의식을 서사적이라고 설정한 이유는 표현 시구가 평이하며 현실적인데, 그 담긴 의상이 탈속적이라는 특징을 지니고 있기 때문이다. 이와 같은 묘법이 용이한 것이 아니라는 데에 대숙륜의 장점으로 삼을 수가 있다. 옹방강(翁方綱)이 《석주시화(石州詩話)》(권2)에서 대숙

륜시를 평하기를,

> 대숙륜은 일찍이 '푸른 밭은 날로 따뜻하고, 좋은 옥엔 안개가 이네.'
> 라는 말을 부쳐서 시를 논하는데 그의 자작시는 평이하고 옅으니 실로
> 이해할 수 없도다.

> 戴容州嘗拈「藍田日暖, 良玉生烟」之語以論詩, 而其所自作殊平易淺
> 薄, 實不可解.

라고 한 것은 매우 예리한 품평이다. 표현이 평범하지만 그 담긴 뜻이 심오하고 비범하다고 풀이하는 것이 온당한지는 분명치는 않지만 양면성을 지닌 것으로 해석해야 할 것이다. 따라서 송대 범희문(范希文)은 ≪대상야어(對牀夜語)≫(권5)에서 대숙륜에 대해서,

> 뜻이 조금 드러나 있지만 그 담긴 기상은 더욱 밝히 드러나니, 이전
> 에 비해 전혀 손색이 없다.

> 意稍露而氣益暢, 無愧於前也.

라고 하여「토로하다(露)」의 평용성(平庸性)을「조금(稍)」이라는 겸허한 어휘로 대신하고「더욱(益)」이라는 적극적인 단어로 조화시켜「의취(意)」와「기세(氣)」의 내외적인 양상, 즉 '意'는 내함(內涵)된 시인의 의취이며 '氣'는 외표(外表)된 기품이라는 양면성을 동시에 부각시켜서 평가하고 있다. 대력재자의 시가 갖는 다재다능한 일면을 확인 할 수 있는 것이다. 먼저 종교적인 색감을 통한 초탈성의 예로써「도민상인을 보내며(送道虔上人遊方)」[15]을 들어보면,

계율 의례는 다른 학문에 통하지만,
시의 의상은 선문에 드는도다.
자연의 경치를 마음에 따라 가보니,
풍모는 불도와 함께 한가롭네.
게송을 읊으며 정실에 머물고,
법술을 외우며 공산을 넘나드네.
뉘 뜬구름의 뜻을 알리오?
유유히 천지간에 떠 갈 뿐이라.

律儀通外學, 詩思入禪關16).
煙景隨緣到,17) 風姿與道閒.
貫花留靜室,18) 呪水度空山.
誰識浮雲意, 悠悠天地間.

　　여기서 도건상인의 학문이 불학과 그 외의 것 모두 관통하고 작시는 창랑(滄浪)의 「선으로 시에들다(以禪入詩)」(≪滄浪詩話≫詩辨)의 경지에 있음을 말하며 제2연은 자연과 상인의 조화를, 제3연은 문학과 신심, 그리고 산사의 삼위일체를, 제4연은 자연과 동화된 심태를 각각 묘사하고 있다. 여기서 선어로 "율의(律儀)·외학(外學)·선관(禪關)·수연(隨緣)·관화(貫花)·주수(呪水)" 등이 쓰이지만 그 용어가 고사나 불어의 심의(深意)를 담고 있는 것이 아니라, 평용한 어휘의 한계를 지키려고 했다는 점에서 작자의 의도적인 백화시적인 표현법이 나타나고 있다. 그리고 은거하며 전원생활을 묘사한 「교외에서 소시랑께 드리며(郊園卽事寄蕭侍郞)」을

---

15) 李嘉祐「道虔上人竹房詩」;「詩思禪心共竹閒, 任地留水向人閒. 手持如意高窓裏, 斜日沿江千萬山.」(≪全唐詩≫卷 206)
16) 禪關; ≪釋門正統≫卷三;「然啓禪關者, 雖分宗不同, 把流尋源, 亦不越經論之禪定一度與今家之定聖一行也.」
17) 錢起「送少微師西行」;「隨緣忽西去, 何日返東林.」(≪全唐詩≫卷237)
18) ≪知度論≫卷十七 ;「若無禪定靜室, 雖有智慧, 其用不全, 得禪定則實智慧生.」

보면,

희끗한 귀밑 털의 이 몸이 임기가 차서 떠나니,
가을 바람이 옛 뜰에 스며드네.
띠 풀을 엮어 따뜻한 방 꾸미고,
우물을 고쳐서 맑은 샘물을 퍼내네.
이웃마을의 뽕나무 배나무 가까이 있고,
아이들은 웃으면서 떠드네.
종일토록 힘든 일 없으니,
애오라지 멀리 있는 이에게 말을 부치노라.

衰鬢辭餘秩, 秋風入故園.
結茅成暖室, 修井波淸源.
鄰里桑麻接, 兒童笑語喧.
終朝非役役, 聊寄遠人言.

이 시는 정원(貞元) 3년 가을 금단(金壇)에서 대숙륜이 죽기 2년 전인 만년에 쓴 것이다. 이때 소복(蕭復)은 시랑이 아니었지만 구정에 따라서 피차간의 입장(소시랑이 이 때는 요주(饒州)에 좌천되어 있었음)을 위로하는 전원적인 낭만기풍으로 백묘하고 있다. 초가집(茅屋)과 맑은 샘(淸源), 뽕과 베(桑麻)와 아동이 있는 교원(郊園)은 세속의 고난(役役)이 없는 낙원인 것이다. 장자가 "평생 고생하면서 그 성공을 보지 못한다.(終身役役, 而不見其成功.)"(「齊物論」)라고 하였고 또 "허수아비는 고생하고 성인은 우둔하다.(象人役役, 聖人遇鈍)"(상동)이라 한 것에서 완전히 해방된 심계를 토로하였다. 이와 같은 심태를 세상의 갖은 굴레에서 초탈한 경지에로 승화시킨 다음 '늦봄 장사 동호에 노닐며 신소보에 드림(暮春遊長沙東湖贈辛兗州巢父)'(제1수)는[19] 세상의 명예와 달관의 무의미함을 절실히 깨우친 상태를 그려주고 있다. 이 시의 신소보는 연주자사(兗州刺史)에서 장사로 좌천된 상황이었기 때문에 작자는 기증의 도리를 시속에 더욱 깊이 있게 담고자 했을 것이다.

> 상수가 구비 진 물가에서,
> 옛 성을 감돌아 동쪽으로 흐르네.
> 언덕에는 많은 집이 어울려 있고,
> 숲에는 거울 같은 하늘이 열리네.
> 인생에 일 적을 리 없으니,
> 마음의 느낌이 얼마나 같은가?
> 또 다시 세상의 속박을 잊고서,
> 지는 햇빛 속에 유유히 노닐도다.

> 湘流分曲浦, 繚繞古城東.
> 岸轉千家合, 林開一鏡空.
> 人生無事少, 心賞幾回同.
> 且復忘羈束, 悠悠落照中.

제3연에서 인생은 잡사가 많은데, 제4연에서 모든 구속을 잊어버리고 낙조에 몸을 기대고 합일하는 노경의 처지를 묘사하고 있다. 다음으로 송별시에서 보이는 피세관은 다분히 현학적인 의취와 연계되어 표현되는데,'이심이 중승을 뵈러 계주로 감을 전송하며(送李審之桂州謁中丞叔)'를 보면,

> 친한 벗 만날 수 없으니,
> 그 재자를 하늘 저 끝 멀리 보내네.

---

19) 東湖; ≪讀史方輿紀要≫卷八;「東湖在湘陰縣南十里, 其上流爲撥水江, …… 縣東六十餘里有白鶴・玉池・密巖諸山, 其水皆會流於同含口, 經縣城東南, 謂之秀水.」辛巢父; 岑仲勉校本 ≪元和姓纂≫卷三;「左領軍辛嗣本姪巢父, 官果州刺史.」

먼데 물 산 아래로 급히 내리는데,
외로운 쪽배 길 떠남이 더디도다.
흩어진 구름이 저녁 비를 거두고,
막 자란 나무는 성근 꽃을 시들게 하네.
때가 되면 응당 글 모임을 가지리니
그 풍류는 완적의 가문을 능가하리라.

知音不可遇, 才子向天涯.
遠水下山急, 孤舟上路賖.
亂雲收暮雨, 雜樹落疏花.
到日應文會, 風流勝阮家.

    이 시는 대력 11년 (776)에 장사(長沙)에서 계주자사(桂州刺史)이며 어사중승(御史中丞)인 이창기(李昌夔)를 만나러 가는 종질(從姪)인 이심(李審)을 전송하며 쓴 것이다. 대숙륜은 이심을 완함(阮咸)의 조카인 완적(阮籍)에 비유하여 시인 자신의 강렬한 은거의식을 토로하고 있다. 이것은 시천이(時天彝)가 "시의 사조가 준일하여 기려한 외에 사념이 담겨 있다.(詩思逸發, 於綺麗外仍有思致.)"(≪唐百家詩選評≫ 吳禮部詩話引)라는 평어와 상통한다고 볼 것이다. 고중무(高仲武)가 ≪중흥간기집(中興間氣集)≫(권상)에서 "그 시의 체제와 품격이 중간 수준을 넘지 않는다(其詩體格雖不越中格)"·"그 풍골이 조금 연약하다.(其骨稍軟)"이라 하여 중품에 놓은20) 이후에 대숙륜 시에 대한 품평이 객관적으로 호평의 대상이 되지 못한 점을 인정한다. 그러나 그 풍골이 연약한 점이 역설적으로 볼 때 호응린(胡應麟)이 말한 바 "엄우는 융욱이 만당의 남상이 되었다고 하였는데 정확치 않으며 대숙륜은 더욱 그렇다.(滄浪謂戎昱濫觴晚唐, 亦未確, 戴叔倫

---

20) 戴詩에 대한 폄하된 품평을 더 例擧하면 紀昀 ≪瀛奎律髓刊誤≫ 卷24; 「容州七律大抵風華流美而雄渾不足, 五律尙不甚覺.」 喬億 ≪大歷詩略≫ 卷六; 「戎昱戴叔倫詩, 品旣不高, 體又不健.」

尤甚.)"(≪詩藪≫內編卷四) 라고 한 것과 같이 오히려 만당의 기려풍을 조장한 요소를 지니고 있다고 볼 수 있을 것이다.21)

한편 대숙륜시 오율의 형식상 특성에서 짚고 넘어갈 것이 있다면 「대장(對仗)」운용의 다양성이 될 것이다. 그것은 대장이 제2·3연에 한정되지 않고 「유수대(流水對)」형식을 활용하고 있다. 첫연에 대장되는 예를 보면,

> 분수로 가려는데 멀리 금성에서 온다.
> 將歸汾水上, 遠自錦城來.(「廣陵送趙主簿自蜀歸絳州觀」)

> 상소하여 궐로 돌아가는데 전송하고 상수 동쪽을 나선다.
> 奏書歸闕下, 祖帳出湘東.(「長沙送梁副端歸京」)

> 헤어져 먼 길 가니 관부에서 그대 보기 어려워라.
> 受辭分路遠, 會府見君稀.(「彭婆館逢書判官吏還」)

> 옛 사람 물을 따라 가시니 객은 추풍에 조문하노라.
> 昔人從逝水, 有客弔秋風.(「湘中懷古」)

등을 들 수 있는데 연수(聯數)에 구애 없이 오율의 음운미를 표출시키는데 사성(詞性)·음운(音韻)·구식(句式)에 상대성을 부여하며 상하구의 뜻이 물 흐르듯이 이어지게 하는 대장법이 유수대(十字格)인데22) 대숙륜시의 구법구사에서 공교한 묘법을 쓰고 있는 것도 작시의 부허화(浮虛化)(유미화)에 일조가 되었다고 할 것이다. 대숙륜시 오율의 천솔직로(淺率直露)한 단점이 중당과 만당의 신면목을 조성시켜준 간접요인이 되었다고 평가된다면 대숙륜을 홀시해선 안 될 대상으로 자리매김 시켜도 가할 것이다.

---

21) 蔣寅 ≪大歷詩人硏究≫ p.77 참고.
22) 葛立方 ≪韻語陽秋≫卷一;「五言律詩可對聯中十字作一意……詩家謂之十字格.」

한굉(韓翃) 시상의 다양성과 시를 통한 교유관계

중당시의 비중을 놓고 볼 때 몇 명의 작가(예: 韓愈・柳宗元・白居易・元稹・高適・岑參 등)들에 대한 중평을 제외하고는 시기적 평가대상으로는 호평을 덜 하는 경향이 있다. 특히 이 시기에서 대력십재자에 대한 가치를 높이 보지 않았다고 할 수 있다.[1] 따라서 이에 대한 연구가 더 필요하다고 보아 필자는 그간에 대력시를 정리하는 과정에서 한굉(韓翃 736~790 전후)에 대한 관심을 갖게 된 것이다.[2] 한굉에 대해 단편적인 글을 발표한 바도 있었고[3] 그 간에 다음과 같은 자료를 참고하였다. 즉 ≪한굉시집교주(韓翃詩集校注)≫(陳王和, 高雄師範學院, 1974), ≪신당서

---

1) 이러한 評價意識을 嚴羽에게 보면, ≪滄浪詩話≫「詩辨」에서「論詩如論禪, 漢魏晋與盛唐之詩, 則第一義也. 大曆以還之詩, 則小乘禪也, 已落第二義矣. ……學大曆以還之詩者, 曹洞下也.」
2) 필자는 근년에 대력십재자 중에서「戴叔倫과 그 五言律詩 考」(金學主 교수정년퇴임기념논집 1999.2),「中唐 盧綸詩 考」(외대논문집 32집 2000.6),「中唐 李嘉祐詩 考」(외대논문집 33집 2001.6),「錢起詩 考」(외대논문집 34집 2002..6) 등을 발표한 바가 있고 졸저≪唐代 大歷才子詩 硏究≫(한국외대 출판부 2002. 2)를 출간한 바 있다.
3) 졸문은「韓君平詩의 諷刺와 非戰意識」(≪中國文學≫ 19집 1991.12)

≪新唐書)≫(권203)와 시화류서, 그리고 푸쉬엔중(傅璇琮)의「關于柳氏傳與 本事詩所載韓翃事迹考實」(≪唐代詩人叢考≫, 中華書局, 1978) 등이다. 아울러 한굉을 이해하는 참고자료로 전기소설인 당대 허요좌(許堯佐)의「장대유전(章臺柳傳)」(≪龍威秘書≫ 四集)과 남궁박(南宮搏)의 ≪중국민간고사화전(中國民間古事畵傳)≫의「한굉장대유(韓翃章臺柳)」를 들겠으며 작가문집으로는 ≪전당시≫(권243~245, 中華書局), ≪한군평시집(韓君平詩集)≫3권(明 九行活字本), ≪당백가시(唐百家詩)≫(明 朱警重編, 明嘉靖間刊本), ≪당시이십육가(唐詩二十六家)≫(明 黃貫曾編, 明 嘉靖甲寅本), ≪중만당명가시집(中晩唐名家詩集)≫(明 姜道生編, 明天啓甲子刊本) 등을 작품의 저본들을 들 수 있다. 그런데 근년에 ≪대력시인연구(大歷詩人研究)≫(蔣寅 中華書局 1995)이 출간되어서 필자는 그 중에 한굉 부분(pp.239~260)에서 참고하면서 보다 확실한 논고가 필요하다고 사료되어 그 교유관계를 부가하여 다시 정리하기로 한 것이다. 본고는 한굉의 시 성격을 살펴보고 시를 통한 교유관계를 거론하고자한다. 한굉의 생평관계는 이미 고찰한 자료4)가 있으므로 생략하고 여기에는 단지 ≪신당서≫의 관련문을 다음에 제시하고자 한다.

> 한굉의 자는 군평으로 남양인이다. 후희일이 표를 올려 치청막부에 두었으나, 그만두고 십 년을 벼슬에 나가지 않았다. 이면이 선무에 있는 데도 그를 피하다가 잠시 가부낭중지제고를 지냈다. 그 때 한굉이 둘 있었는데, 그 하나는 자사였다. 재상이 뉘와 함께 하시겠냐고 임금에 청하니 덕종이 시인 한굉과 함께 하겠다고 하였다. 중서사인으로 마쳤다.
>
> 翃字君平, 南陽人. 侯希逸表佐淄靑幕府, 府罷, 十年不出. 李勉在宣武, 復避之. 俄以駕部郎中知制誥. 時有兩韓翃, 其一爲刺史, 宰相請孰與, 德宗

---

4) 졸문「韓君平詩의 諷刺와 非戰意識」(중국문학 19집 1991.12)참고.

曰; 與詩人韓翃. 終中書舍人.(卷二〇三文藝傳下)

Ⅰ. 한굉의 시 세계

한굉은 大曆 年間(766~779A.D.)에 성당말기에서 중당초엽에 걸쳐서 시 작활동을 주도해 온 시풍의 과도기적인 시인이다. 한굉의 시는 모두 165 수인데, 시체별로 분류하면 5언고시가 9수, 7언고시가 17수, 5·7언잡체가 12수, 5언율시가 67수, 7언율시가 24수, 5언배율이 4수, 5언절구는 3수, 7언절구는 18수, 6언시는 3수 등으로 구성되어 있다. 그 외에 손왕(孫望)의 ≪전당시보일(全唐詩補逸)≫권6(1992년)에 「가을 집(秋齋)」가 추가되었다. 시의 묘사법은 부비법(賦比法)을 다용하며 전고(典故)의 사용도 빈번하다. 따라서 그의 시는 비현실성·풍자성·회화성 그리고 변새풍(邊塞風) 등으로 특징지을 수 있다.5) 아울러 증수시가 많은 것은 한굉의 폭넓은 교유와 사려 깊은 정회를 대언해 주는 것으로 단조롭지만 본고가 택한 시교와도 상관된다. 이와 같은 성격은 송대 이래로 제가의 평으로도 객관화될 수 있으니 명대의 양신(楊愼)은 평하기를,

   당나라 사람은 한굉의 시를 평하기를, 비흥은 유장경 보다 깊고 시의 절주는 황보염만 못하다고 하였다.

---

5) 陳玉和는 ≪韓翃詩集校注≫ 末尾에 詩의 筆法과 性格을 논하면서 比興法과 繪畵性을 指摘하고 있다.(同書 pp.450~460) 전자의 예로는 「寄柳氏詩」와 「寒食詩」를 들고, 후자의 예로는 「送鄆州郞使君詩」, 「題張逸人園林詩」, 「題仙遊觀詩」 등을 들고 있다.(筆者는 韓君平 詩의 諷刺性에 대해 詳論하였음.1991年 12月 ≪中國文學≫ 19輯) ≪間氣集≫의 評이 君平詩에 대한 最早文인데, 여기에는 君平의 「送辰州李中丞」·「題薦福寺衡嶽禪師房」·「奉送王相公赴幽州」·「題蘇許公林亭」·「送孫革及第後歸江南」·「題僧房」·「送太常元博士歸潤州」 등 七首가 실림.

唐人評韓翃詩, 謂比興深於劉長卿, 筋節減於皇甫冉. (≪升菴詩話≫ 卷十四)

라고 하여 비흥(比興)의 구사가 탁월함을 지적하였으며 청대 심병손(沈炳巽)도 이르기를,

내가 말하노니, 군평의 시는 비흥에 있어 유장경에 못지 않다.

余謂君平之詩比興不減于長卿. (≪續唐詩話≫ 卷三十三)

라고 하여 양신에 동조하고 있다. 그리고 한굉시의 비현실성은 당시의 제가에 비해 사회고발 의식의 부족을 지적하고 있으며 한편 낭만성의 풍부로도 긍정하는데, 유극장(劉克莊)이 이미 지적한 바,

끄집어 낼 수 있는 것은 단지 고요하면서 간결한 면이 되겠다.

可摘出者殊寥寂簡短. (≪後村詩話≫ 卷十三)

라고 하였고 명대 서헌충(徐獻忠)은 이르기를,

군평의 의기는 맑고 고우며, 재능과 성정은 모두 빼어나다.

君平意氣淸華, 才情俱秀. (≪唐詩品≫)

라고 한 것은 모두 한굉시의 청려(淸麗)함을 높이 평한 것이다. 한편, 그의 풍자시는 변새시와 함께 중요한 풍격의 하나로서 청대의 방동수

(方東樹)는 평하기를,

> 한군평의 싯구가 특별히 빼어나지 않지만 족히 풍자를 드러내어 널리 전해져 사라지지 않으니, 작법이 곱고 부드러우며 화해하기 때문이다.

> 韓君平詩不過秀句, 足供諷詠, 流傳不泯, 篇法宛轉諧適而已. (≪昭昧詹言≫ 卷十八)

라고 한정지어서 강조하고 있다. 성당의 은일낭만의 서정에서부터 사실적이며 고담적인 새로운 물결이 일기 시작함에 따라 대력십재자에게서는 이미 성당의 진미가 덜한 상태에 놓여 있었기에 십재자의 시단에서의 위치는 매우 미묘한 입장에 있었다. ≪사고전서총목(四庫全書總目)≫ ≪전중문집(錢仲文集)≫ 제요에 이르기를,

> 대력 이후로 시의 격조가 비로소 변하게 되었으니, 개원과 천보 년간의 크고 넉넉하던 기품이 점차 멀어져 엷어져 가고 풍조가 높지만 좀 부허하게 되어 갔다. 격조의 오르내림에 있어서 십재자가 실제로 그 역할을 하였던 것이다.

> 大歷以還, 詩格初變. 開寶渾厚之氣, 漸遠漸漓, 風調相高, 稍趣浮響. 昇降之關, 十子實爲之職志.

라고 하여 십재자가 지니는 당시 변화에 대한 비중을 명기하고 있다. 이같이 긍정적인 평가를 통해서라면 십재자의 위치는 상당히 확고해질 수 있으나, 「한아함을 으뜸으로 함(以閑雅爲致)」(王世懋의 ≪藝圃擷餘≫)와 같은 성당기미의 아류로 돌린다면 그 위치의 애매성 때문

에 별다른 주목을 받을 수 없다. 이러한 장단점을 포괄하고 있는 십재자의 입점을 나름대로 조명하지 않으면 안 되는 이유는 이미 언급한 바, 중당에의 유입과정에 교량적 역할을 했다는 점과 성당처럼「점차 담백하고 정미해 진다(漸趣淡靜)」(≪詩藪≫)·「모두 청아함을 높인다(皆尙淸雅)」(≪藝槪≫)·「점차 다듬어진다(漸近收斂)」(≪說詩晬語≫)등의 일면을 보이면서 한편 많은 인간관계를 유지하여 현실직시의 인본성을 계시해 주는 점을 간과해서는 안 될 것이다.

본고의 주제인 한굉이야 말로 그의 시 165수에서 증답·송별·기숙 등을 제한 것이 155수인 점을 볼 때, 한굉의 시는 대인관계를 소재로 한 내용에서 시의 개성을 찾아야 한다. 이 점이 상기한 인본성의 의미와 상통하는 것이다.

1. 시의 풍자성

한굉의 시는 특성상 풍자적·비전적·낭만적·초탈적 등의 요소를 짙게 지니고 있는데, 그 모든 것이 인본주의적인 의식, 좀 더 구체적으로는 송별·증수·화맹·기탁 등의 대인관계성에서 표출되고 있기에, 성당의 은둔적·폐쇄적·이세적인 흥취와는 상이하다. 이것이 넓게는 대력십재자의 기미인 동시에 한굉이 지닌 풍격이라 할 수 있으며, 성·중당의 사다리 같은 노선의 일면이라고도 할 수 있을 것이다.

그러면 먼저, 한굉시의 풍자성을 보기로 한다. 시인으로서 시의 풍자가 없을 수 없다. 이 표현법은 동서양을 막론하고 극히 일반적이다. 시경의 비흥이나, 초사의 의인(擬人)이나 환상은 넓게 풍자의 상념을 바탕으로 하였다. 한굉에게는 소극적이며 간설적인 묘법이 짙게 드러나 있다. 이것은 직서의 묘사를 구사하기에 어려운 점으로 볼 수 있다. 그리고 중당의 사실적인 시흥을 찾아보기에는 아직 이른 감이 있다. 한굉시에서는 풍유를 위하여 전고를 통한 비의수법을 능숙하게 활용하였다고 본다. 양신(楊愼)이나 방동수(方東樹)가 위에서 거론한 바와 같은 제가의 평언들이 바로 한굉 시에 보이는 은유성을 들추어 낸 예라 할 수 있다. 그런데 한굉의 풍간대상은 다양하지 못하여서 정치와 사회현실에 대한 비유에 한정되어 있다. 그러나 그 대상이 현실 자체임에도 불구하고 표현된 작품은 비사실적이라는 데에 간과할 수 없는 요소를 보여 준다.

정치에 관한 예시로서 덕종(德宗)(780~804)의 총애를 받는 계기가 되어 관직을 받은 「한식(寒食)」(《전당시》권245) 시를 보면,

> 봄날의 성내에 곳곳마다 꽃잎 날리는데,
> 한식날 동풍에 궁내의 버들잎이 비스듬히 돋는구나!
> 날이 저무니 한대의 궁궐에 밀랍 촛불이 밝은데,
> 가벼운 안개가 한대의 다섯 제후 집에 흩어지누나.

> 春城無處不飛花, 寒食東風御柳斜.
> 日暮漢宮傳蠟燭, 輕煙散入五侯家.

이 시에서 앞 2구는 표현이 매우 미려하여 덕종의 환심을 사고 중서사인(中書舍人)을 제수 받는 계기가 되었다. 제1구를 보면, 한식날 봄꽃이 되었는데 바람에 따라 지는 꽃잎들의 모습이 가식 없이 그려져 있다. 청대 왕익운(王翼雲)은 이에 대해서[6]

> 아닌 곳이 없다라는 세 자를 써서 온 땅이 모두 봄빛으로 물들게 하였다.

---

6) 王翼雲, 《古唐詩合解》

用無處不三字, 徧地皆春光矣.

라고 말하고 있다. 그리고 제2구에서는 버들을 꽃(花) 위에 반영시키어 바람으로 버들에 입혀서 봄 경치의 맛을 한결 짙게 풍기고 있다. 그러면서 한대 궁전의 한식시절에 보이는 경물과 함께 안락한 성세의 면모를 엿보여 준다. 그러기에 당대를 말하면서도, 당대에는 쓰이지 않던 밀랍을 시어로 쓰고(제3구) 이 밀랍이 진한대에는 인어의 기름으로 만들었다는 고사를 상기한다면 정치풍토의 사치와 민생의 탈취를 상상케 해 준다.7) 일설에는 민월왕(閩越王)이 한고조(漢高帝)에게 밀촉(蜜燭)을 바쳤다는 말도 있으나(≪西京雜記≫), 이 또한 근거가 약하다고 보아서, 한굉이 시어로 만들어 쓴 조어라고도 할 수 있다. 한굉이 조어하지 않으면 안 될 만큼 세태의 심각성을 인식했으리라 본다. 이것이 제4구에 가서 그 촛불의 향기가 권세가에게 퍼져 나간다고 표현해 놓은 이유이다. 사치와 방탕의 기풍이 궁궐은 물론, 신하들에게까지 만연하고 있다. 한말의 환제(桓帝) 때에 선초(單超)·서황(徐璜)·패원(貝瑗)·좌관(左悺)·당형(唐衡) 등 5인의 권세가를 전고로 인용하여 당대의 숙종(肅宗) 이후의 환관의 득세와 폐단을 풍자하고 있다. 왕익운은 기술하기를,8)

    당나라는 숙종대 이래로 환관들의 권세가 성하여 정치가 혼란하기가 한대에 비길 만 하니, 따라서 이 시는 이를 풍자한 것이다.

---

7) ≪澹園詩話≫에「唐時宮內用蠟不用燈, 故韓翃有日暮漢宮傳蠟燭句.」라 하고 洪亮吉의 ≪北江詩話≫에는「唐韓翃詩, 日暮漢宮傳蠟燭, 然燭之用蠟究不知起於何時.… ≪史記≫:『始皇家中以人魚膏爲燭.』是古燭炬之外, 或亦以膏爲之, 亦稱爲脂膏是矣.」라고 하였다.
8) 王翼雲, ≪古唐詩合解≫「寒食詩條」.

唐自肅代以來, 宦者權盛, 政之衰亂侔於漢, 故此詩寓諷刺焉.

라고 인술한 것은 한굉의 시에 보이는 한 개성이라고 할 수 있다. 한편, 혼탁한 사회를 보고 그 현상을 자연경관에서 착상하여 도선적인 묘사를 구사하면서 함축미까지 가미시킨 풍자시「월암산을 지나며(經月巖山)」(상동 권243)을 보고자 한다.

수레를 몰아 민월 땅을 지나니,
산길이 요양 서쪽에 나 있구나.
선산의 푸른 빛 그림 같아,
대순 솟듯 암수무지개 이는구나.
뭇 봉우리는 시종 같고,
뭇 언덕은 아이들 같구나.(일단)

驅車過閩越, 路山饒陽西.
仙山翠如畵, 簇簇生虹蜺.
群峰若侍從, 衆阜如嬰提.(一段)

높은 산과 작은 언덕은 서로 머금었다 토해 내고,
산정과 산굴은 서로 따라 어울리네.
그 중에 달무리가 가득한데,
밝고 맑기가 둥근 옥 같구나.
옥황상제께서 느긋이 노닐다가,
여기에 오시면 정신이 아찔하시리라.(이단)

巖巒互吞吐, 嶺岫相追携.
中有月輪滿, 皎潔如圓珪.
玉皇恣遊覽, 到此神應迷.(二段)

상아 신은 노을치마 끌고서,

나와 함께 오르려 하네.
오르고 올라 하늘 위에 높이 뜨니,
옥 거울(달)이 휘날리는 사다리(구름)에 걸렸구나.
서왕모 계신 옥 연못이 얼마나 먼가!
봉황과 학이 안개 속에 둥지 친다.
머리 돌려 세상을 내려다보니,
이슬 아래 춥고도 쓸쓸하구나.(삼단)

嫦娥曳霞帔, 引我同攀躋.
騰騰上天半, 玉鏡懸飛梯.
瑤池何稍稍, 鸞鶴煙中棲.
回頭望塵世, 露下寒淒淒.(三段)

　이 시에 보듯이, 어느 한 곳에도 풍자적인 기미가 눈에 띄지 않는다. 너무도 함축적이다. 이 시의 서를 보아도,

　　신주 서쪽 30 리 밖에 선인성이 있고 성 위에 월암산이 있다. 그 모양이 빼어나서 산 입구가 보름달 모습과 같거늘 내가 그 아래를 지나다가 잠시 이 시를 짓는다.

　　西三十里山, 名仙人城. 城上有月巖山. 其狀秀拔, 有山門如滿月之狀, 余因過其下, 聊賦是詩.

라고 만 했을 뿐 이 시가 무엇을 빗대어 서술하려 했는지를 간파할 수 없다. 그러나 리우카이양(劉開揚)은 이 시를 이백의 「고풍(古風)」 제19 수에 비교하여 혼탁한 사회상을 비유하였음을 주장하였다.[9] 이것은 한

---

9) 劉開揚은 ≪唐詩通論≫(木鐸出版社, 1983) P.141에서 詩를 인용하고 「這首詩很像李白的古風五十九首的第十九首, 前後用對比的手法, 只是這首的結句不同於李白的指斥安史亂軍, 而是概括地表現社會的混濁, 所以寫得含蓄不露.」

굉의 시에 있어서 매우 중시해야 할 표현법이다. 외관상으로는 이 시가 도가풍의 탈속미로만 의식될 수 있지만, 필자의 소견으로도 리우씨의 입장에 동감하면서 나름대로 분석하고자 한다. 이 시는 한 편의 선시로 묘사되어 있으나 기실은 심각한 사회현실에 대한 은유가 담겨 있다. 일단은 매우 현실적 감각으로 있는 대로, 보는 대로 자기의식을 담지 않았다.

민월과 요양은 남과 북의 지역이니 나라 전체를 포용하는 표현이며, 자연에 주어진 미의 대상을 강서성의 상요현(上饒縣)에 있는「월암산」을 표적으로 하여 대신케 하였다. 한 폭의 그림이요 비 갠 후의 오색 무지개 지는 찬란한 대자연 미를 지닌 나라이건만, 시인의 눈에 보이는 산천의 자태가 높은 것은 상층지배계급이며, 낮은 것은 가련한 백성피지배층으로 부각된다. 그러므로, 하나는 시종(侍從)이요, 다른 하나는 아이들이다. 2단에 가서는 그 높고 낮은 산들이 가지런하다기보다는 서로 물고 먹히고 쫓고 잡히는 관계로 묘사된다. 사회가 무질서하고 혼란되어 그 정경은 너무도 어긋난다. 시인의 눈에 보이는 높고 낮은 산들이 당시사회의 모순처럼 자리잡혀 있다.

한굉이 중서사인의 직에 있을 당시인 덕종 초엽(784년 전후)은 측신들이 발호하여 주비(朱泚)·이회광(李懷光)이 국호를 한원천황(漢元天皇)이라 하여 덕종이 양주(梁州)로 몽진한다든가 (興元 元年·784), 토번·회흘(回紇) 등이 내침하여(貞元 元年·786)민심이 극도로 배반되고 사회의 기강이 문란하니, 시인의 마음에 월암산에 올랐지만, 우국의 시름을 떨칠 수 없었으리라. 따라서 산을 보아도 얽혀 있게만 보였으리라. 그러나 그 위에 떠 있는 둥근 보름달을 바라볼 때, 희망의 대상으로 설정한 것이 달이요, 사회의 정화와 신세계의 도래를 동시에 선계에서 구하려 했음을 알수 있다. 따라서 3단에 이르러 시인이 처한 세계를 초월하려 했기에 상아

(嫦娥)와 요지(瑤池)를 동경하고 선인이 타고 다니는 봉황과 학을 추구하면서 사회의 유토피아가 도래하기를 희구한다. 그러므로 시인이 보는 사회현상은 더욱 춥고 쓸쓸할 뿐이라는 강렬한 비판적 의식이 표현될 수 있었을 것이다.

2. 시의 비전(非戰)의식

한굉은 혼돈을 겪는 세태에서 내외분란에 대해 부정적인 자세를 취할 수밖에 없었다. 나아가서 그의 읊는 시가 애가적이다. 초당의 주전적 장가풍에서 중당에 들어 처고적이며 상난적인 풍조를 띠는 것과 상통한다. 한굉의 시에는 중당의 비전적 문풍이 깃들어 있어서 적극적이며 강개적이라기 보다는 소극적이며 애음적인 흐름이 보인다. 그러므로 의외로 비현실적인 면모를 보여 주며 전쟁묘사에 있어서 직접적이라기보다는 방관자적이다.

이것은 중당의 원·백에게서 보이는 구체적인 사실성과 또 다르다. 최소한 대력시에는 성당대의 염세적인 전쟁에 대한 혐오감이 아직까지 물들어 있기 때문이다. 그러니까, 전쟁의 서술이 비애적일 수밖에 없다. 두보나 백거이에서 볼 수 있는 객관적인 서사시가 적극적인 비전의 성향을 지니고 있다면 한굉에게는 완곡한 묘사로 표현되어 나와서 시의 함축과 풍자를 맛보게 한다. 그렇다고 전언한 바, 풍자와는 그 의미가 다르다. 이 점을 놓고 후운익(胡雲翼)은 긍정과 비판의 양면을 동시에 지적하고 있다. 즉 묘사의 완곡성은 전통적인 온유돈후의 영향이지만 소극적인 은회(隱晦)의식은 대력을 중심한 중당대의 한 결점이라는 것이다.[10] 이것은 하나

---

10) 胡雲翼은 ≪唐代的戰爭文學≫ (P.30)(商務印書館)에서 「至於描寫的婉曲的另一原因, 則由受詩經溫柔敦厚的影響, 不以直訴爲詩的主旨, 所以中唐詩人的非戰詩,

의 전쟁에 대한 저주와 평화에의 희원으로 진전된다. 단순한 감상이나 염오에서 내면적인 안정의 방법을 강구하게 된 것이다.

한굉에게서도 예외는 아니며 오히려 보다 더 부정적 서정성을 띠고 있기에 은둔적이라 할 수 있다. 그렇다고 한굉을 중심으로 하여 대력·정원 초년의 풍격을 명대 호응린(胡應麟)이 말한 「기골이 쇠퇴하다(氣骨頓衰)」(≪詩藪≫·「內編」·권3)의 평구를 인용하여 루어중치앙(羅宗强) 같은 자는 감정이 냉막(冷漠)하다느니, 「찬 눈으로 방관한다(冷眼旁觀)」이지 풍자라고 할 수 없다는 등으로 기술하고 있음은 일종의 성당에 대한 제일의적 관점에서 대력에 대한 독자적 가치를 무시하는 태도라 할 수 있을 뿐이다.11) 진정한 긍정적인 평가를 가해 줄 필요가 있기에 본문은 이 점을 지적하는 것이다. 그러면 구체적으로 한굉에 있어 변새시풍의 단면을 보고자 한다. 한굉에게도 전쟁을 승리로 이끌 것을 독려하는 의상만을 담은 작품이 없는 것은 아니어서 「유장군을 보내며(送劉將軍)」(상동 권245)를 보면,

    빛나는 고운 갑옷에 목 가리개 마저 갖추고,
    어제 성은을 입어 호아장군 되었네.
    담이 크시기는 촉한의 강유 장군에 기댈만 하고,
    공이 많기론 한대의 이채 장군에 뒤지지 않네.
    푸른 두건의 교위로 멀리 나라에 몸을 바쳤고,

    大都轉灣而又轉灣, 直至原意隱晦爲止. 這種沒有積極的反抗精神, 沒有激昻慷慨的精神, 只消極地哀吟, 實在是中唐非戰文學的一大缺點.」라고 하였다.
11) 羅宗强은 ≪隋唐五代文學思想史≫ (pp.160~164)에서 「而大歷初·貞元中, 濃烈的情思彷佛從詩境上消退了. 詩人們的感情天地彷佛比盛唐的詩人們的感情天地要窄小得多, 平靜得多, 表逑也冷漠得多了.」라고 하였다. 또 「韓翃詩前人言其有諷刺之意, 未知何據, 從詩意本身看, 幷無諷刺痕迹可尋. 前人解詩, 大抵以儒家之美刺觀點衡量得失, 由此而常常失之附會. 卽使從諷刺之說, 也屬冷眼旁觀, 與李·杜諷刺時政之尖銳强烈者大異其趣.」라고 하였다.

검은 긴 창을 찬 장군으로서 결코 뽐내지 않네.
궁궐에 오실 때 충성으로 복종하니,
오랑캐의 먼지 없애지 않고선 돌아오지 않으리라.

明光細甲照鎧鍜, 昨日承恩拜虎牙.
膽大欲期姜伯約, 功多不讓李輕車.
靑巾校尉遙相許, 黑鞘將軍莫大誇.
闕下來時親伏奏, 胡塵未盡不爲家.

여기에서 유장군의 무용을 찬양하면서 그 정신을 촉한의 강유(姜維)에 견주고12) 그의 공적을 한대의 이채(李蔡)에 비교하여13) 적절한 전고로써 중후하게 존숭하고, 말연에서 그의 충성심과 불퇴전의 용맹성을 부각시키고 있다. 이 시의 어디에도 비전적 소극성이 스며 있지 않다. 그리고 「유시어가 영공행영에 부임함을 송별하며(送劉侍御赴令公行營)」(상동 권244)에서도 강렬한 승전의식이 표출되어 있다.

동쪽 성내에선 검은 준마가 뛰고
서쪽 길가에는 고향 돌아갈 채비하네.
그대의 인품은 위대의 유정선생이요,
그대의 통솔은 한대의 곽급태수러니.
하나의 군인으로 오로지 나라에 몸을 바쳐서,
전쟁마다 북쪽 오랑캐 물리쳤으니,
소관의 길을 묻노라면,
오랑캐 먼지 조만간에 거두리라.

---

12) 詩에서 姜伯約은 蜀漢의 姜維이다. 膽大如斗하다고 했음.
13) ≪史記≫卷一百九 「李廣傳」:「廣之從弟李蔡與廣俱事孝文帝. 景帝時, 蔡積功勞至二千石. 孝武時至代相, 以元朔五年爲輕車將軍, 從大將軍擊右賢王有功, 中率封爲樂安侯.」

東城躍紫騮, 西路大刀頭.
上客劉公幹, 元戎郭細侯.
一軍偏許國, 百戰又防秋.
請問蕭關道, 胡塵早晚收.

이 시 또한 유시어(中書令·令公)의 고결한 인품은 유정(劉楨)에, 그리고 은덕은 한대의 곽급(郭伋)에[14] 각각 비유시켜서 감숙의 소관(蕭關)에 가는 길에 평정할 수 있기를 기원하고 있다. 그러나 한굉에 있어 변새와 비전, 그리고 소극적인 애수 등은 일종의 초탈성 마저 느끼게 해주는 데에 그 특성으로 삼아야 할 것이다. 먼저 「대적이 봉상막부에 부임함을 송별하며(送戴迪赴鳳翔幕府)」(상동 권244)를 보면,

젊어서 빛나는 옥 띠를 두르고, 높은 님 섬기어 서녘을 원정했다네.
길 떠나 황금 고삐 내 잡으니,
높은 님들 옥 같은 눈물 흘리누나.
노래 속에 술이 만 섬이나 되고,
사냥하는 말을 보니 발굽이 천을 헤아리네.
스스로 종군의 악을 지녔거늘,
어찌 헤어짐을 한스러워 하리오.

青春帶文綬, 去事魏征西.
上路金羈出, 中人玉筋齊.
當歌酒萬斛, 看獵馬千蹄.
自有從軍樂, 何須怨解携.

---

14) 郭細侯는 郭伋이다. 漢茂陵人, 字 細侯, 少有志行, 哀平間辟大司空府, 王莽時爲幷州牧. 伋前在幷州, 素結恩德, 及再至, 縣邑老幼相携逢迎行部到西河, 有兒童數百, 騎竹馬迎道次. ……

여기에서 제1연부터 청춘에 종군하며 세월을 보낸 것이며 제2연에서 옥근은 이별과 상통하고15) 제3연의 종군의 낙을 피력하면서 특히 「怨」자를 부각시킨 것은 비록 한스러워 하진 않지만 부정적 의취를 담고자 한 것이다. 평생을 종군에 바친 대씨의 또 다른 종군을 보면서 은근한 반전의식을 내함시키고 있어서 「怨」으로 표출시킨 것이다. 그리고 「운주 마사군에게(贈鄆州馬使君)」(상동 권244)에서는 종군의 열기는 전혀 없고 음영의 염원으로 종군에 대한 소극성을 표출하고 있다. 이것은 한굉의 비전의식의 한 예인 것이다.

> 동쪽에 수많은 기마가 가니,
> 그대를 보내려는 때라네.
> 잔설을 길가며 다 보노라면,
> 봄날의 성내에는 저녁 늦게 이르겠네.
> 길가는 이들 검은 두건을 따르는데,
> 관가의 버들에는 푸른 실가지 헤아리겠네.
> 훗날 장군의 거실에서,
> 내 또한 더불어 시를 읊으리!
>
> 東方千萬騎, 出望使君時.
> 暮雪行看盡, 春城到暮遲.
> 路人趨墨幘, 官柳度靑絲.
> 他日鈴齋內, 知君亦賦詩.

제1연의 성대한 출정광경과는 대조적으로 말연에서 한정한 심태로 대응시킨 것은 한굉의 종군혐오와 부정적 자세의 일면을 보여주는 경우이다. 한편, 단순한 전쟁혐오에서 종군 자체에 대한 짙은 비애를 담고 있는

---

15) 高適 「燕歌行」:「鐵衣遠戍辛勤久, 玉筯應啼別離後.」

면은 한굉을 중당대의 변새파에 넣으려는 의견에 동의할 수 없는 특징이 되겠다. 「이시어가 선주사의 막부로 귀임함을 송별하며(送李侍御歸宣州使幕)」(상동 권244)를 보면,

    봄 풀이 강동 밖에 돋았는데,
    그대는 홀가분히 북쪽 길로 돌아가누나.
    관직은 신릉군에 짝하나,
    몸은 남제의 사조를 따르는 그대.
    길가는 말에 산 경치 같이 가고,
    꾀꼬리 우는 소리 나그네 옷깃 스치네.
    주인은 연못가에서 술 들면서
    손잡고 아쉬워하니 저녁 꽃잎 흩날리누나.

    春草江東外, 翩翩羽北路歸.
    官齊魏公子, 身逐謝玄暉.
    山色隨行騎, 鶯聲傍客衣.
    主人池上酌, 携手暮花飛.

여기에서 안휘 보성(寶城)의 사막(使幕)으로 귀임하는 사람에게 무운을 빌기보다는 저녁에 날리는 꽃을 보면서 이별주로 객고를 위로해 주는 것은 종군 자체에 대한 무념이며 강박보다는 낭만으로 수용하는 자세로 보인다. 그래서 관직은 신릉군(信陵君)에 짝하지만 마음은 남제(南齊)의 낭만시인 사조(謝朓)를 따른다고 이시어(李侍御)의 내심을 이 시에서 파악하고 있다. 또「동성수정에서 이시어 부사의 연회에서(東城水亭宴李侍御副使)」(상동 권244)를 보면,

    동문에 나그네 거처 있으니,
    술을 마시는 데 돈이 뭐 아까우리!

가을 냇물 침상 아래 급히 흐르고,
지는 햇빛 숲 저 밖에 높이 드누나.
황금 고삐에 준마를 매고서,
옥 칼 통에 호조 칼을 담는구나.
지난 날 군영을 따라 다닌 그대!
동풍에 때까치가 보이는구려.

東門留客處, 沽酒用錢刀.
秋水床下急, 斜暉林外高.
金羈絡驄騕, 玉匣閉豪曹.
去日隨戎幕, 東風見伯勞.

여기서 말구의 「백로(伯勞)」(때까치)라는 새를 인용한 것은16) 앞구의 「융막(戎幕)」(군영)과 깊은 상관성을 지니고 있다. 이 새는 오경에 시끄럽게 울어 잠 못 들게 하는 미운 대상으로서 군영에서 잠 못 자게 우는 새를 본다함은 심적인 불안과 염오의 표현이기 때문이다. 종군지역이 주로 西域 일대라는 점을 상기해 볼 때 「東風」은 사향의 염원이며 새는 종군의 불만으로도 유추해 볼 수 있다. 더구나 제3연에서 구야자(歐冶子)가 만든 고검(古劍)인 호조(豪曹)를 인용한 것은 전의가 반감되는 의취마저 직감하게 되는 것이다. 그리고 「조육 사병이 사막으로 귀임함을 송별하며 (送趙陸司兵歸使幕)」(상동 권244)를 보면,

나그네길에 푸른 잡초 널려 있고,
관성에는 밝은 해가 저무누나.
몸은 천자가 내리신 두 깃대로 가까이 하여,
명성이 다섯 제후와 나란히 하네.

---

16) 陳王和 ≪韓翃詩集校注≫(P.260)에 "伯勞, 鳴禽. 性猛, 捕昆蟲小鳥爲食, 好以食物貫於棘枝之上而徐食之. 以其五更輒鳴, 聲極聒耳, 人多惡之."라고 하였다.

멀리 흐르는 강물은 공전 위에 흐르고,
봄 산은 관사의 서쪽에 서 있는데,
떠나야 하기에 손잡고 함께 할 수 없으니,
동쪽만 쳐다보며 도리어 서러워하네.

客路靑蕪遍, 關城白日低.
身趨雙節近, 名共五侯齊.
遠水公田上, 春山郡舍西.
無因得携手, 東望轉悽悽.

여기에서도 말구에서「東望」은 망향의 의미이며 사막에 있지만 비애를 금할 수 없으리라는 격려보다는 위로의 표현으로 전개시켜 놓고 있다. 아무리 쌍절을 지키어 충성하고 오후의 명성에 견줄 수 있다 해도 제1연에서의「客路」와「靑蕪」며, 지는 해를 가지고 기구로 삼은 것은 시인의 격려보다는 우수의 내심이 강하게 표출된 것이며, 말연에서는 이별의 통한을 직설하고 있다.

3. 시의 회화미와 초탈성

한굉시의 회화적 의미를 논하자면, 청대 옹방강(翁方綱)이 지적한 바,

한군평의 시의 풍격은 가벼이 날듯 시원하니 또한 왕유 이래로 그 격조가 멀리 뒤떨어지지 않는다.

韓君平風致翩翩, 尙覺右丞以來格韻去人不遠.(≪石洲詩話≫卷二)

라는 평구처럼 한굉시의 회화성은 왕유(王維)의 묘법에 근접하여 비교

할 수 있다는 점에서 관심이 간다. 즉 한굉의 시도 유암한 색채감각과 회화구도법과 선재(회화상의 재료선택처럼 시어상의 회화적 활용)가 또한 특이한 점을 간과할 수 없기 때문이다. 특히, 색의 조화와 회화적 구성법은 왕유의 시에 핍근하다고 할 수 있다.[17] 다음에 예구를 들어 보면,

    ⓐ 路人趨墨幘, 官柳度靑絲. (「贈鄆州馬使君」)
    ⓑ 紅鮮供客飯, 翠竹引舟行. (「送鄆州郞使君」)
    ⓒ 客舍不離靑雀舫, 人家舊在白鷗洲. (「送客歸江州」)
    ⓓ 蟬聲驛路秋水裏, 草色河橋落照中. (「送王光輔淸州兼寄儲侍郞」)
    ⓔ 臨風會于門帳, 映水連營百乘車. (「寄令狐尙書」)
    ⓕ 落日澄江烏榜外, 秋風疎柳白門前.
       橋通小使家林近, 山帶平湖野寺連. (「送冷朝陽還上元」)

여기에서 ⓐ, ⓑ, ⓒ는 각각 자연의 색채를 통해서 시의 시각성과 시의의 분명성을 동시에 도모하고 있으며 ⓓ, ⓔ는 각각 색감과 음성, 음성과 광태(光態)의 조화라는 회화적 기법으로 시흥을 피력한 것이고, ⓕ는 회화상의 구도를 가지고[18] 산수의 원근과 명암을 입체적으로 묘사한 것이니, 이는 경계의 유원(幽遠), 백묘(白描), 그리고 상외견의(象外見意)라는 시중 유화적 기법을 담고 있는 예증이라 하겠다.[19]

아울러 한굉의 시에서 탈속성도 본고와 또 다른 풍격으로 지적할 수 있어서, 특히 도잠(陶潛)과 사령운(謝靈運)을 추숭하였으며[20] 도불(道佛)의

---

17) 拙著 ≪王維詩比較硏究≫ 第5章(北京 京華出版社, 1999) 참조.
18) 金聖嘆은 이 詩句를 評하기를 「前解一解, 看他異樣妙筆, 只從自己眼中畵出一船者, 便是從船中畵出一冷朝陽, 從冷朝陽畵出無限快活也. 如言纜是靑絲纜, 船是木蘭船, 端坐於中, 順流東下, 每當落日, 便看澄江於烏榜之外, 一見秋風早報疎柳在白門之前. 看江是寫船之日近一日. 報柳是寫船之已到其地也.」라고 하였다.
19) ≪唐代文學論叢≫ 一輯의 韓小默 「漫話詩中有畵」 참조(陝西人民出版社, 1982)

경계에도 깊이 심취해 있었음을 알 수 있다. 예시컨대,「선유관(同題仙遊觀)」(상동 권244)을 보면,

장안 서산의 선대 아래에 오성 십이루가 보이고,
경치는 쓸쓸한데 지루한 빗줄기가 걷히누나.
산의 경치는 멀리 아련한데 진땅의 나무에 날이 저물고,
다듬이 소리 가까이 들리는데 한궁에 가을이 짙었도다.
성근 솔 그림자 지는데 텅 빈 제단은 고요하고,
가는 풀 향기 그윽한데 작은 굴은 깊기도 하네.
어찌 따로 속세를 떠날 필요 있단 말인가?
세상에도 또한 단구 같은 신선터가 있도다.

仙臺下見五城樓, 風物凄凄宿雨收.
山色遙連秦樹晚, 砧聲近報漢宮秋.
疎松影落空壇靜, 細草香閑小洞幽.
何用別尋方外去, 人間亦自有丹丘.

여기서 한굉이 도선에 대해 깊은 식견과 수양을 지녔다는 것을 인식할 수 있으니 청대의 왕익운(王翼雲)은 이 시의 구성을 놓고,「앞에서는 선유관의 풍정을, 뒤에서는 선유관에서의 상념을 각각 풀어놓았다.(前解於觀外生情, 後解於觀中設想.)」(≪唐詩合解≫)라고 하여 시의 착상을 지적하였으며 ≪시체명변(詩體明辨)≫에서는 심방(沈芳)의 말을 인용하여 '깊이 깨우쳐 터득한 경지가 조금도 뒤지지 않으니 곽박의 유선시를 당할 만하다.(玄悟不遜, 郭璞遊仙作.)'라고 하여 이 시의 가치를 인정하고 있다. 그

---

20) 君平詩에 陶・謝를 引述한 곳이 不少하니,「好酒近宜城, 能詩謝康樂.」(「送李司直赴江西使幕」)「家貧陶令酒, 月俸沈郞錢.」(「送金華王明府」)「才子舊稱何水部, 使君還繼謝臨川.」(「寄徐州鄭使君」)「閑心近掩陶使君, 詩興遙齊謝康樂.」(「贈兗州孟都督」) 등이 있음.

리고 「천복사의 형악선사의 방(題薦福寺衡嶽禪師房)」(상동 권244)을 보면,

    춘성에서 걸식하고 돌아와서,
    고결한 담론 속에 마음이 한가롭다.
    스님의 연세는 앞 나무 가지에 쌓여 오르고,
    좌선하는 마음은 강가의 산에 있도다.
    성근 주렴 발 거두니 멀리 잔설이 보이고,
    깊은 방문을 닫으니 봄꽃이 비추이네.
    저녁에 제자를 떠나 보내니,
    절간의 종소리가 아련한 노을 속에 들리네.

    春城乞食還, 高論此中閑.
    僧臘階前樹, 禪心江上山.
    疎簾看雪捲, 深戶映花關.
    晩送門人出, 鐘聲杳靄間.

이 시는 선경의 심태를 제2·3연의 산천과 조화를 이루어 놓고 있다. 그러므로 ≪기비영규율수(紀批瀛奎律髓)≫에서는 '3·4구는 다소 속운이 있어서 5·6구에 미치지 못한다(三四微有俗韻不及五六)'이라 하였으며 고기륜(顧起綸)은 ≪국아품(國雅品)≫에서 제2연을 평하기를 시구가 유심(幽深)하여서 후인의 표절이 있을 만큼 우수한 구절인 예를 들고 있다.21) 이런 면까지 감안한다면 본고의 시의 비사실성에 대한 보다 확실한 고아미와 낭만성을 부연할 수 있겠다.

---

21) 顧起綸, ≪國雅品≫云:「張司丞來儀體裁精密, 情喩幽深頗似錢郞……有松老知僧臘, 禪空悟佛心, 或譏其剽竊韓翃僧臘禪心語也.」

Ⅱ. 한굉의 시에 의한 교유

교우를 파악함으로써 한 인간의 개성과 활동을 간접적으로 평가할 수 있다. 한굉 자신은 중서사인에 머물렀고, 그 이전에는 지방관직에 국한된 관리였지만, 그의 내심에는 관직을 바라는 의지가 잠재되어 있었음을 다음 그의 시구들에서 엿볼 수 있다. 그의「정명부를 송별하며(送別鄭明府)」(상동 권243)에서,

    그대에 권하노니 도연명일랑은 본받지 말라.
    그래서 노새 수래를 채찍질하여 오류선생을 떠나라.

    勸君不得學淵明, 且策驢車辭五柳.

라든가,「전명부가 종남별업에 돌아감을 송별하며(送田明府歸終南別業)」(상동 권245)에서,

    권하건대 일찍 붉은 봉황의 궁문으로 옮길지니
    갈매기 떼는 연모하지 영영 말지라.

    相勸早移丹鳳闕, 不須常戀白鷗群.

라고 한 구에서 출사를 권하고 은거하지 말 것을 직설하고 있으며, 설사 자연을 그리워하지만 퇴휴의 의취는 찾아 볼 수 없다. 그의「증산에 머물며(宿甑山)」(상동 권245)을 보면,

    산 속의 오늘밤엔 누구인가

당년에는 궁궐에서 근친 신하였다네.
푸른 옥패 일찍 집어 던지고
흰 구름 속에 무엇을 보고 있단 말인가.

山中今夜何人, 闕下當年近臣.
靑瑣應須早去, 白雲何用相觀.

라든가, 「증산을 떠나며(別甑山)」(상동 권245)에서,

그 한 몸 근친신하로 늦장 부리다가
서쪽 길로 홀연히 떠나갔다네.
쓸쓸히 푸른 산에 묻혀서
언제나 다시 만날 기약할 것인가.

一身趨侍丹墀遲, 西路翩翩去時.
惆悵靑山綠山, 何年更時來期.

라 한 것은 모두 한굉의 평시의 관념을 표출해 주는 것이라 하겠다. 특히 도연명보다는 사령운과 사조(謝朓)를 흠모한 것은 한굉의 인생관을 더욱 이해하는 근거가 되는 것이다. 이제 그 예구를 열거해 본다.

好酒近宣城, 能詩謝康樂.(「送李司直赴江西使幕」)
狂歌好愛陶彭澤, 佳句唯稱謝法曹.(「和高平朱參軍思歸作詩」)
閑心近掩陶使君, 詩興遙齊謝康樂.(「曾兗州孟都督」)
詩歌行輩如君少, 極目苦心懷謝朓.(「送崔秀才赴上元兼省叔父」)
酒客逢山簡, 詩人得謝公.(「華亭夜宴庾侍御宅」)
幾日孫弘閣, 當年謝朓詩.(「送韋秀才詩」)
君到新林江口泊, 吟詩應賞謝玄暉.(「送客還江東」)
雅論承安石, 新詩與惠連.(「家兄自山南罷歸獻詩敍事」)

이와 같이 군평의 시취가 유로되면서 출사의 회원을 간설적으로 추구하고 있다. 따라서 군평의 이 같은 의향을 통하여 나타난 대인관계는 그의 시풍을 이해하는 하나의 근거가 될 수 있다. 한군평의 생존시는 당의 발전기이면서 내란이 극성하던 양면적 사회상을 지녔기 때문에 당시의 인물들도 각양하게 열거되어 있음을 알 수 있다. 한군평의 시에서 수다한[22] 교우를 볼 수 있지만 다음 거명된 시인을 중심으로 한굉과의 관계를 살펴보기로 한다.[23]

(1) 영호원令狐垣(≪전당시≫ 권253)
(2) 전기錢起(722~780) (상동 권236-239)
(3) 하후심夏侯審(상동 권295)
(4) 이가우李嘉祐(719~781) (상동 권206-207)
(5) 낭사원郎士元(727~780?) (상동 권248)
(6) 황보염皇甫冉(723~767) (상동 권249-250)
(7) 냉조양冷朝陽(상동 권305)

1. 영호원(令狐垣)

영호원에 대해서 ≪전당시≫소전에 보면(권253),

> 덕분의 오세손으로 진사 급제하여 안록산난에는 남산 표림곡에 은거하고 사도 양관이 출사하기 전에 또한 지곡에 피하여 영호원의 집에 머물렀다. 그의 박학을 칭찬하니 양관이 예부시랑이 되매 사관에 들었고, 건중초년에 예부시랑과 전공거가 되고 집정양염에 의탁하였다. 영호원

---

22) 君平詩 166首에서 贈別類가 아닌 것은 단지 13首 뿐이다.
23) 이들 10인 외에 年代不明하지만 姓名이 分明한 交友로는 王光輔, 令孤彰, 李浞, 萬巨, 劉楚, 雍丘寶, 張建, 王遜, 張渚, 張五諲, 王隨, 李翼, 張儋, 田倉, 元詵 등을 들 수 있다.

이 사사로운 글을 올리매 덕종이 그의 헝뜯음을 미월하여 형주별가로
폄직되었다. 시 두 수가 있다.

德棻五世孫, 登進士第, 祿山之亂陰居南山豹林谷, 司徒楊綰未仕時, 亦
避地谷中, 嘗止垣舍, 賞其博學, 及綰爲禮部侍郎, 引入史館, 建中初, 爲禮
部侍郎, 典貢擧. 執政楊炎有所請托, 垣得其私書奏之, 德宗惡其訐, 貶衡州
別駕, 詩二首.

라고 기록한 바, 한굉의 시「영호원외댁의 연회에서 중승에게(令狐員外
宅宴寄中丞)」에서의 원외가 시랑이 궐석시에 대행하는 직분이므로 건
중(建中) 이전에(780년 이전) 영호원이 원외에 있을 때 한굉이 머물러서
교우했음을 알 수 있다.24) 한굉의 시를 보면,

차가운 빛 비단 장막에 맺혀 있는데
그대와 맑은 밤에 기약했었지.
옥잔은 술 취한 데 남아 있는데,
은 촛불 아롱지는 때에 그대를 보내노라.
홀로 천리 밖에 앉아서
공허하게 눈을 보며 시를 읊노라.

寒色凝羅幕, 同人淸夜期.
玉杯留醉處, 銀燭送歸時.
獨坐隔千里, 空吟對雪詩.

벗에 대한 잡념이 없이 맑은 심태를 노정시킨다. 영호원의 두 수의 시

---

24) 令狐垣의 직책인 員外는 南朝時 員外敬騎侍郎이 있었고 隨代에 尙書省의 二十
四司에 각각 員外郞을 두어 籍帳을 관장케하니 侍郞이 궐위시에 代行케 하였으
며 唐代에 員外御史를 둠. 영호원의 두 首 詩는「硤州旅舍奉懷蘇州韋郎中」·「釋
奠日國學觀禮聞雅頌」 등이 있다.

에서 「협주 여사에서 소주 위낭중을 생각하며(硤州旅舍奉懷蘇州韋郎中)」는 위응물(韋應物)을 생각하며 썼지만 그 시의 주에 '공은 한 자의 글을 쌓였는데 자못 경을 떠나 보내는 사념이 쌓인 것이다.(公積有尺書, 頗積離卿之思.)'라고 하였듯이 그 시를 다음에 보기로 한다.

    백발이 되어 벗과 짝하니
    강산에 가을 기운이 깃드네.
    초목에는 늦 꽃이 시들고
    연못에는 찬이슬 맺혔도다.
    객사에 찬바람 건듯 이니
    고운 교분에 이 동오 땅 지키리.
    꿈에나마 노랫소리 듣고프니
    구름 낀 저 물이 넓기도 하네.
    이별의 근심 언제나 가라앉으랴!

    白首親友幷, 江山入秋氣.
    草木彫晚榮, 方塘寒露凝.
    旅館涼颷生, 懿交守東吳.
    夢想聞頌聲, 雲水方浩浩.
    離憂何時平.

위의 시에서 두 사람의 상통하는 심회를 엿볼 수가 있는 것이다.

2. 전기(錢起)(722~780)

전기의 생졸년에 대해서 앞의 전기 시에서 서술한 바, 여기서는 한굉과의 관계만을 다루고자 한다. 전기가 한굉을 처음 만난 것은 대력십재자에 병칭되기 전인 장안에서였다. 그 시기는 불명하지만 지덕(至德) 2년(757)

에 장안을 수복하였을 때 그곳에 있었고 한굉도 그곳에 있었다.25) 그러나 시교의 흔적은 대력 3년(768) 왕진(王縉)이 유주(幽州)로 부임할 때 두 사람은 합석하여 동제(同題)의 송별시를 바친다. 전기는 「왕상공의 범양 부임을 송별하며(送王相公赴范陽)」(≪錢考功集≫권7)를, 한굉은 「왕상공 진의 유주 순방을 봉송하며(奉送王相公縉幽州巡邊)」를 각각 지었으며, 그 외에 황보염(皇甫冉), 황보증(皇甫曾)도 동석했었다.26) 이 사람의 출가함을 당대 이조(李肇)의 ≪국사보(國史補)≫에서는,

왕상공이 유주와 명주로의 순시를 송별하는데 한굉이 천장하고 유상공이 강회를 순행하는데 전기가 천장하였다.

送王相公之鎭幽明也, 韓翃擅場. 送劉相公之巡江淮, 錢起擅場. (卷上)

라고 부기하고 있다. 그리고 또 냉조양을 전송하는 자리에 양인은 합석했으니, 전기는 「냉조양급제 후 귀향을 송별하며(送冷朝陽擢第後歸)」(상동)를, 한굉은 「냉조양이 상원에 귀환함을 송별하며(送冷朝陽還上元)」를 각각 남기고 있다.27) 그러면 양인이 직교한 예를 들어보면, 전기는 「왕육 등과 기거하며 안국사에서(同王銷起居程浩郞中韓翃舍人題安國寺用上人院)」에서 탈속의 심기를 표현하면서 한굉과의 우의 어린 깊고 깨끗한 관계를 토로하고 있다.

빛나는 눈동자의 스님 진원공,

---

25) 傅璇琮, ≪唐代詩人叢考≫ p.431
26) 皇甫冉은 「送王相公之幽州」(≪全唐詩≫ 4函7冊), 皇甫曾은 「送王相公赴幽州」(≪全唐詩≫ 3函9冊)이 있음.
27) 그 외에 郞士元이 鄭州刺史로 부임할 때 贈送한 시들이 있으니 전기는 「寄郢郞士元使君」, 군평은 「送郢州郞使君」이 전한다.

줄곧 앉으신 품 선비로구나.
불심에 맺힌 자태 가다듬어서
참선의 마음 그 어이 재능을 다칠 건가.
날 새도록 화로향기 그치지 않고
밝으면 층계에 드린 빛에 마음을 비우니,
미친 양 선방에서 바쁜 일 없건만,
오로지 흰눈과 어울려 웃는구나.

慧眼沙門眞遠公, 經行宴坐有儒風.
香緣不絶潛裾會, 禪想寧好藻思通.
曙後爐煙生不滅, 晴來階色幷歸空.
狂夫入室無餘事, 唯與天花一笑同.

양인이 선경의 정분을 같이 하고 있음을 볼 수 있다. 이것은 바로 한괴의 시심이기도 하다. 한편, 한괴은 「저주부댁에서 필서자와 전원외랑과 함께(褚主簿宅會畢庶子錢員外郎使君)」에서 전기와 회동한 정회를 쓰고 있다.

섣달에 빚은 술 무르익으니
주인장 마음도 흥건하겠지.
석양은 성근 댓가지에 걸쳐 있고
희끗하게 날리는 눈발 하늘에 어지럽다.
선성의 나으리라 더욱 기쁘니
조정에서 사조 시인의 흥취를 함께 하기를.

開甕臘酒熟, 主人心賞同.
斜陽疏竹上, 殘雪亂天中.
更喜宣城印, 朝廷與謝公.

보건대, 양인의 관계는 물질이나 출사를 통한 교왕이 아니라, 순수한 정신적·문인적 흥취에서 맺어진 우정이었음을 알 수 있다.

3. 하후심(夏侯審)

≪당재자전≫(권4)에 이르기를,

> 하후심은 건중원년에 예부시랑 영호원 밑에서 모월중과에 응시하여, 설갈교서랑과 참군을 지내고 시어사로 마쳤다. 초년에 화산 아래에 전원을 많이 사서 별장을 지으니 산수가 유심하고 눈 안개가 자욱하며 만년에 물러나 그 아래에 머물러 시 짓기를 많이 했으나 지금은 한산하여 한 두 개만 보이는 데 모두 걸작이다.
>
> 審, 建中元年禮部侍郎令狐垣下試謀越衆科筆一, 釋褐校書郎, 又爲參軍, 仕終侍御史, 初於華山下多買田園, 爲別墅, 水木幽閑, 雪煙浩渺, 晚歲退居其下, 吟諷頗多, 今稍零落, 時見一二, 皆錦製也.

라고 하여 건중 원년(780)에 등제하여 출사의 길을 통하여 당대의 문인들을 만나게 되면서 대력십재자의 하나로 남게 된다. 하후심은 유전시가 단 1수뿐이어서 그의 시풍을 따질 수는 없으나 대력의 기상이 깃들어 있음을 알 수 있다.[28]

한편, 한굉이 준 시로는 3수가 있으니, 이들 시로 볼 때 양인의 교우가 깊었으며 특히 한굉이 하후심의 생활과 의식을 깊이 이해한 것으로 본다. 먼저 「하후심을 보내며(送夏侯審)」을 보면,

---

28) 夏侯審은 「詠被中繡鞵」 一首를 남겼으니, 보건대 「雲裏蟾鉤落鳳窩, 玉郎沈醉也摩挲. 陳王當日風流減, 只向波見襪羅.」 이에 대해 ≪升菴詩話≫(卷十一)에서는 「夏侯審爲大律十才子之一, 而詩集不傳. 惟此一絶, 及織綿圖君承皇詔安邊戍一歌而已.」

사안 그 님이 이웃에 계시오니
밤낮으로 좋은 기약 자주 하시게나.
봄의 물소리에 인걸은 떠나가고
동천의 물소리에 꽃이 지는구나.
누대를 내려 한가로이 달을 기다리니
마음껏 노닐며 시흥을 돋구고져.
이제 오 땅의 길에 들지만
모두들 꿈에서도 그대를 그리워하리.

謝公隣里在, 日夕問盡期.
春水人歸後, 東水花盡時.
下樓閑待月, 行樂笑題詩.
他日吳中路, 千人入夢思.

여기서 사공이란 육조대의 사안(謝安)을 지칭함이니, 그가 회계(會稽)에 은거하여 전원을 벗하였으니 하후심이 오중(吳中 지금 江蘇 吳縣)에서 은거하려 들어가는 이별의 시를 사안의 생활에 비유하여 지었음을 알 수 있다. ≪당재자전≫에 보듯이 하후심은 본래 전원을 추구하였기에 여기에서 군평의 성격도 동일한 방향에서 유추해 볼 수 있을 것이다. 그러면서 하후심은 결백하고 강직한 성격을 지닌 것을 다음「하후 교서의 상도 귀거를 전송하며(送夏侯校書歸上都)」에서 엿볼 수 있다.

후배는 좋은 시구 많이도 남겨
높은 누대에서 멋진 그대 이름 사랑했다네.
젊은 날에 경하할 직분을 맡으니
서책을 대하며 장생의 술책 다지기를.
저녁 눈에 털옷 걸치고 취한 그대
한산을 두고 필마로 떠나누나.

이번에 떠나서 궐문을 찾으면
어느 날에 바른 글로 간언하리.

後輩傳佳句, 高樓愛美名.
青春事賀監, 萬卷問張生.
暮雪重裘醉, 寒山匹馬行.
此回將詣闕, 幾日諫書成.

이 시에서 하후심의 일생을 밝히 알고 있음을 보여 주고 있어서(제3~6구), 양인의 교분이 남달랐다고 보여진다. 그러면서도 다음「하후 시랑을 보내며(送夏侯侍郞)」에서는 하후심의 재예와 인품을 칭찬하고, 자신의 진실된 동기간의 정분마저 토로하고 있는 것을 볼 수 있다. 이 시의 자주에 보면 "애제가 청주사마로 섭행하게 되니 고로 그 사실을 기술한다.(愛弟攝青州司馬, 故備述其事.)"(≪전당시≫ 상동)라고 하여 하후심을 '愛弟'라고 기술하였으니 형제간 같은 관계였다는 것을 엿보게 된다.

장군의 무장병사 벌써 달리는 소리에
어사부에는 새로이 어사 났다네.
필묵은 이미 종요를 비길 만하고
풍류는 능히 사조를 이을 만하네.
따르는 군사 새벽에 장군의 막사를 떠나고
기마는 먼저 달려서 성곽에 가깝도다.
앞길에는 백옥대를 두고
길가는 이들 문득 황금재갈 말을 찬미하네.
어사 말에서 내림은 영주가 좋아서이니
귀인을 가려 풍물을 따라 노닐고져.
송사를 듣되 검은 포장의 뇌물은 물리며
귀빈을 맞으면 잠시 보랏빛 털옷 입노라.
관청 뜰엔 조석으로 나산의 정기 어려 있고,

공로 세우고 마음 평안하니 할 일 하나도 없다네.
조서를 쓸 때 간혹 멀리 섬사람의 뜻을 살펴보고
지팡이 세워 다스릴 땐 관리를 호령하네.
하는 일 젊어선 그답게 하였고
중년에는 칼과 수판 들고 서주를 다스렸네.
뜬구름 나는 새야 다 잊자꾸나.
뒷날 성 위의 누대에서 은근히 만나 보세.

元戎車右早飛聲, 御史府中新正名.
翰墨已齊鍾大理, 風流好繼謝宣城.
從軍曉別龍驤幕, 六騎先驅嘶近郭.
前路應留白玉臺, 行人輒美黃金絡.
使君下馬愛瀛洲, 簡貴將求物外遊.
聽訟不聞烏布帳, 迎賓暫著紫綈裘.
公庭日夕羅山翠, 功遂心閑無一事.
移書或問島邊人, 立伎時呼鈴下吏.
事業初傳小夏侯, 中年劍笏在西州.
浮雲飛鳥兩相忘, 他日依依城上樓.

여기서 제2연은 하후심의 서예가 위대의 종대리(鍾大理), 즉 종요(鍾繇)에 비견되고 시는 남제(南齊)의 사조(謝朓)에 비할 만하다고 극찬하고, 제1연과 제3~7연은 그의 관직의 행정력이 우수한 것을 알게 해 준다. 그것은 하후심의 애국심과 문달의 욕망도 귀거래적 의식 못지 않게 강렬하게 내재되어 있음을 간접적으로 말해 주는 것이다.

4. 이가우(李嘉祐)

≪당재자전≫(권3)에

이가우는 자가 후일이며, 조주인이다. 천보7년 진사 급제하여 비서정 자가 되나 죄로 남방에 폄적한다. 곧 조칙으로 파양재가 되자 강응령이 되었다. 후에 태주와 원주자사가 되었다. 시 짓기를 잘하여 기려하며 완 미하니 전기와 별도의 체제를 이루고 제량체를 보이니, 사람들이 오균 과 하손에 필적하다고 하였다.

嘉祐, 字後一, 趙州人, 天寶七年, 楊譽榜進士, 爲秘書正字, 以罪謫南荒, 未幾何有詔量移爲鄱陽宰, 又爲江陰令, 後遷台袁二州刺史, 善爲詩, 綺麗 婉靡, 與錢郞別爲一體, 往往涉於齊梁, 時風人擬爲吳均・何遜之敵.

라고 상술하고 있는데, 천보 7년(748)에 진사가 되었다면 한굉과 연배 가 비슷하다. 그리고 한굉의 「왕시어가 강서로 부임을 전송하고 이원 주에게 부침(送王侍御赴江西兼寄李袁州)」 시를 보면,

조정에서 예복을 입다가
남국에서 깃발을 날리노라.
상성 구석에서 섣달에 담근 술 들고
초강 가에선 봄옷을 걸치네.
주렴 드려서 뿔 장식한 바구니에
농어를 썰어 놓았네.
굳센 필치는 이름 더하고
텅 빈 쪽배는 짝 지울 사람 찾는구나.
탁한 물결 흐르니 어느 길이 맑은가.
새벽의 산 안개 자욱하고 봄 강의 구름이 끼어 있네.
분성시를 쓴 하손은 어홍에 비길 만하고
여수의 사람 이가우는 왕희지에 짝할 만하네.
푸른 부들과 흰 구리떼 뿌리는 멀리 서로 어울리고
외롭고 그윽한 흥취 그 뉘 알리오.
우물가의 함양궁의 동상은 행적이 없고

호숫가의 산박쥐는 날아가 버렸네.
예문 앞에선 신선 같은 낭군이
허리에 푸른 수실 드리우고 함양을 다스리네.
꽃 사이로 다섯 말이 그대를 맞이하고
비가 개이니 옥녀강에 안개 걷히네.

中朝理章服, 南國隨旌旗.
臘酒湘城隅, 春初楚江外.
垂簾白角簟, 下筋鱸魚鱠.
雄筆佐名公, 虛舟應時輩.
按俗承流幾路淸, 平明山靄春江雲.
溢城詩贈魚司馬, 汝水人逢王右軍.
綠蘋白芷遙相引, 孤興幽尋知不近.
井上銅人行見無, 湖中石燕飛應盡.
禮門前直事仙郞, 腰垂靑綬領咸陽.
花間五馬迎君日, 雨霽煙開玉女岡.

　여기서 한굉은 이가우를 깊이 이해하여 특히 이가우의 시를 높이 평가하고 있는데, '綠蘋' 구와 '孤興' 구는 이가우의 섬세하고 우아한 풍격을 비유한 것으로서 ≪당재자전≫의 '기려하고 완미함(綺麗婉靡)'과 상통하고 ≪전당시화≫(권1)에서의 「왕왕 제량의 기려하고 완미함을 지니다(往往涉于齊梁綺美婉麗)」와 ≪승암시화(升菴詩話)≫(권5)의 「청려하고 말쑥하여 읽으면 신기롭고 상쾌하다.(淸麗瀟灑, 讀之使人神爽.)」와도 일맥하고 있는 것을 알 수 있다.29) 이가우의 생평상 한굉의 상기시는 이가우가 시 속의 '溢城'에 나오는 것으로 보아 이가우가 건원(乾元) 원년(758)에 파양령(鄱陽令)으로 폄적 갈 때 쓴 것이 아닌가 추측할 수 있다.30)

---

29) 拙文 「中唐 李嘉祐詩 考」(외대논문집 33집 pp.41~62 2001.6)참고. 李嘉祐는 132수의 시를 남겼고 한굉과 함께 쓴 「送冷朝陽及第東歸江寧」이 있다.

5. 낭사원(郎士元)

≪당재자전≫(권3)에,

　　낭사원은 자가 군위이며 중산인이다.
　　천보15년에 진사 급제하고 보응초에 경기현관에 뽑히고 정사중서에 나가고 위남위와 좌습유를 거쳐서 영주자사로 나갔다. 전기와 명성을 같이하였다. …… 두 사람 체재가 대개 같으나 다소 한아하여 사령운에 가까웠다.

　　士元, 字君胄, 中山人也. 天寶十五載, 盧康榜進士, 寶應初, 選京畿縣官, 詔試政事中書, 補渭南尉, 歷左拾遺, 出爲郢州刺史, 與員外郎錢起齊名……二公體調大抵欲同, 就中郎君稍更閒雅, 逼近康樂.

라고 하여 등제 시기가 천보 15년(756)이며 본격적인 출사시기는 보응년간(762~763)이 된다. 대력십재자의 일인으로 전기와 풍격이 상사하며 한아한 성당풍을 지니고 있음을 알 수 있다. 그의 시 73수 가운데 종군에 관한 것, 불심을 토로한 것 등이 있으나 역시 송시가 33수나 차지하는 것으로 보아 비감을 주제로 한 은일적 요소를 다분히 내포하고 있다. 한굉과의 교우는 전기를 통하여 가까웠을 것이며 한굉에게서 받은 「영주낭사군을 전송하며(送郢州郎使君)」는 그의 자사로 출사할 때의 시이어서 양인의 교분이 중년이후에 더하였음을 본다. 그 시를 보면,

---

30) 傅璇琮은 「李嘉祐考」에서 이가우의 시 「登溢城浦望廬山初晴直省齋勒催赴江陰」과 「承思量移宰江邑臨鄱江悵然之作」을 들어서 폄적생활을 四年한 것을 지적한다. 後作에서 「四年謫宦滯江城, 未厭門前播水淸. 誰言宰邑化黎庶, 欲別雲山如弟兄」.

한굉(韓翃) 시상의 다양성과 시를 통한 교유관계 • 233

많은 사람 깃털 꽂고 맞거늘
알고 보니 범선성이구나.
저녁 눈에 초산은 찬데
봄 강의 한수는 맑기도 하다.
붉은 쌀로 나그네 밥해 먹고
푸른 삿대로 쪽배를 끌고 가누나.
이제 헤어지면 언제 만날 건가,
그리는 마음에 향초만 돋는구나.

千人揷羽迎, 知是范宣城.
暮雪楚山冷, 春江漢水清.
紅鮮供客飯, 翠竹引舟行.
一別何時見, 相思芳草生.

이 시에서 마치 낭사원의 한아한 시를 보듯 청담한 정감을 엿볼 수 있으며 이것은 다음 낭사원의「한사직의 정릉 길을 전송하며(送韓司直路出廷陵)」와 일맥하고 있는 것을 알 수 있다.

오 땅에 놀다가 월 땅으로 떠나거늘
왔다 갔다 풍파에 맡긴 그대!
귀한 그대 떠나 보내니,
봄 풀을 어이하리!
강가엔 눈 자국 남아 있고,
밀물 가득한데 석양이 짙구나.
이 사람아! 저 묘당을 보게나!
배를 멈추고 한번 들러감이 어떤가.

遊吳還適越, 來往任風波.
復送王孫去, 其如春草何.
岸明殘雪在, 潮萬夕陽多.

季子留遺廟, 停舟試一過.

시경의 장면이 같으며, 느끼는 시흥의 담백한 맛을 볼 때에, 양인의 사상감정이 대력재자 중에서 가장 접근했다고 할 수 있다.

6. 황보염(皇甫冉)

≪당재자전≫(권3)에서 황보염의 기록을 보면,

황보염은 자가 무정이며 안정인이다. 단양에 거하며 밭 갈고 낚시하면서 한담하게 지냈다. …… 천보15년 진사 급제하여 무석위가 되나 양선산 중에 별장을 운영하였다. …… 세상 도리가 어려우니 마음을 산천에 두어 표일한 개탄을 많이 하였다.

冉, 字茂政, 安定人, 避地來寓丹陽, 耕山釣湖, 放適閒淡, ……天寶十五年, 盧庚榜進士, 調無錫尉, 營別墅陽羨山中 ……往以世道艱虞, 遂心江外, 故多飄薄之歎.

여기에서 황보염은 범속하기보다는 탈속적이며 직설적이며, 비판적인 성격의 소유자이고 풍격은 웅장하기보다는 섬세하면서 조탁적인 표현을 구사하고 있다는 점을 알 수 있다. 천보 15년(756)에 등제하여 좌보궐(左補闕)에 이르렀지만, 그의 시를 두고「황보염의 시는 천기를 홀로 얻었고 멀리 성 밖에 있다.(冉詩天機獨得, 遠出情外.)」(「全唐詩小傳」)라고 한 것이나, '진송제양주수 등의 나라 이래로 모은 것이 무수하나 보궐만이 진주를 얻은 바 전현을 길 잃게 하고 후배는 골짜기에 서게 한다.(自晉宋齊梁周隋以來, 採掇者無數, 而補闕獨獲驪珠, 使前賢失步, 後輩却谷立.)'(≪全唐詩話≫卷二)라고 한 평에서 대력의 으뜸이며 성당풍을 유지한 것으로 볼 수 있다. 황보염이 등제후 무석위(無錫尉)를 지낸 바, 이는 절강동도(浙江東道)에 가까운 고로, 한굉이 준 「황보 대부의 절동 부임을 전송하며(送皇甫大夫赴浙東)」시는 늦게 등제한 황보염의 의기를 높여서 진대의 사안(謝安)에 비유한 것이다.

　　　배 탄 군사 강촌을 가르니
　　　한장군 진의 관리를 다스리네.
　　　휘하의 마음을 같이 하는 관리들
　　　　　(결 구)
　　　오문의 가을 이슬 젖어 있고
　　　초역의 저녁하늘 차기만 하네.
　　　귀한 그대 산동으로 떠나가니
　　　그 풍류는 사안에 못지 않누나.

　　　舟師分水國, 漢將領秦官.
　　　麾下同心吏, 軍中□□端.
　　　吳門秋露濕, 楚驛暮天寒.
　　　豪貴山東去, 風流勝謝安.

말연은 바로 황보염이 무석으로 가는데 그 풍류가 사안의 풍모을 닮은 것을 찬양하고 있다.[31]

한편, 한굉에게 준 황보염의 시가 있으니 이것은 한굉이 가부낭중지제고(駕部郞中知制誥)를 지낼 때의 기증시인 듯하다. 그 시「장이창과 조양자 그리고 한낭중에 드리며(酬張二倉曹揚子所居見寄兼呈韓郞中)」를 보면,

　　　외론 구름에 외론 학 홀로 떠나는데

---

31) 謝安, 字安石, 少有重名, 徵辟皆不就, 隱居東山以妓相從. 人爲語曰; 安石不出如蒼生何. 年四十餘始出爲相溫司馬.(≪中國人名辭典≫)

이별 후 한 해 가도록 아직 배에 기댄 신세.
어부가 정중히 인사하는 말에
그대는 시를 지어 답례하면서
향기론 봄풀 꺾어
멀리 강물 보누나.
문 닫고 쉬고자함을 탓하지 마오.
병든 몸 부추겨 용루에 오르기도 힘드네.

孤雲獨鶴自悠悠, 別後經年尙泊舟.
漁父置詞相借問, 郎官能賦許依投.
折芳遠寄三春草, 乘興閒看萬里流.
莫怪杜門頻乞假, 不堪扶病拜龍樓.

만년에 든 한굉을 보면서 귀은의 염원을 나누고자 함을 엿볼 수 있다. 학과 같이 맑은 마음을 지닌 한굉을 존경하며 노후의 평강을 기원하고 있다.

7. 냉조양(冷朝陽)

냉조양은 십재자의 하나로서 시 11수가 현존한다. ≪당재자전≫(권4)에 이르기를,

> 朝陽, 金陵人, 大曆四年, 齊映榜進士及第, 不待調官言歸省覲. 自狀元以下, 一時名士大夫, 及詩人李嘉祐・李端・韓翃・錢起等大會, 賦詩攀餞. 以一布衣才名如此, 人皆羨之. 朝陽工時, 在大曆諸才子, 法度稍弱, 字韻淸越不減也.

라고 하여 이가우・한굉・전기 등과의 교우가 깊고 격조가 덜한 면을

강조하였으며, 「전당시소전(全唐詩小傳)」에서는,

    냉조양은 금릉인으로 대력년간에 진사 급제하고 설숭에 종사하였으며 시 11수가 있다.

    冷朝陽, 金陵人, 登大曆進士第, 爲薛嵩從事, 詩十一首.

라고 하여 설숭의 막하에 종사한 것을 유일한 관직으로 밝히고 있다. ≪창랑시화(滄浪詩話)≫ 「시평」에서 '냉조양은 대력재자 중에 최하이다.(冷朝陽在大歷才子中爲最下.)'라고 평하였지만, 십재자의 수준은 유지시켰다고 하겠다. 냉조양이 대력 4년(769)에 진사에 급제하지만 곧 금릉으로 성친가면서 그 때에 장안에서 전기錢起·이가우李嘉祐·이단李端 등과 송별연을 열었는데, 한굉은 다음 「냉조양이 상원 귀환을 전송하며(送冷朝陽還上元)」를 남겼다.

    푸른 밧줄로 매어 목란배를 끌어내니
    명성을 이룬 몸 돌아가니 경축을 드리노라.
    지는 해의 맑은 강은 오방 저 밖에 흐르는데
    가을 바람에 성근 버들가지 백문 앞에 흔들대네.
    다리는 작은 저자에 닿아 마을 숲에 가까이 있고
    산은 잔잔한 호수를 끼고 들판의 절에 이어져 있네.
    이별 후에도 잊지 않고 지내다가
    한식날에 그대와 손잡고 동전에서 만나세.

    青絲結引木蘭船, 名遂身歸拜慶年.
    落日澄江烏榜外, 秋風疏柳白門前.
    橋通小使家林近, 山帶平潮野寺連.
    別後依依寒食裏, 共名携手在東田.

여기에서 제2·3연은 묘사가 공교하며 청려하여 한굉의 본령이 보이며 냉조양의 청월(淸越)함(당재자전의 평)과 비유할 수 있다. 이 시는 한굉이 이 시기에 장안에 있었던 증거가 되며[32] 냉조양의 교우폭을 유추케 한다. 김성탄(金聖嘆)은 이 시를 놓고 평하기를,

> 배 중에 한 사람은 곧 냉조양이니 이 냉조양의 마음은 오히려 한없이 쾌활한 것이 있다. 하나는 새로이 붓을 드는 것이며 둘은 틈내어 귀가하는 것이고 셋은 2인이 경사롭게 장수한 것이다. 아아, 인생살이에 누가 이런 일을 바라지 않겠는가?
>
> 船中一人, 則卽冷朝陽而此冷朝陽之心頭却有無限快活者. 一是新及筆, 二是准假歸, 三是二人具慶恰當上壽也. 嗚呼, 人生世間, 誰不願有此事乎哉? (《唐詩一千首》)

라고 하여 귀전하는 냉조양을 전송하는 한굉의 마음이 냉조양의 쾌활한 마음과 상통하는 것을 강조하였으니, 양인의 심기가 맑고 밝게 부합되고 있다. 이러한 의취는 냉조양에게 있어서 보다 강하게 보이니, 그의 시중에서 불사를 노래한 것이 대부분을 차지하는 데서도 알 수 있다.[33] 이제 그의 「백암사에 머물며(宿柏巖寺)」를 보면,

> 그윽한 절이 바위 속에 서 있어서
> 가려니 오직 이 한 오솔길로 통할 뿐.
> 나그네는 외로이 높이 뜬 달을 노래하고
> 매미가 우는 곳에 나무 가지 몇 개 살랑대네.

---

32) 傅璇琮, 《唐代詩人叢考》, p.461
33) 冷朝陽의 詩11首 中에서 6首가 佛寺와 僧侶에 관한 것이다.

가을빛이 이끼 낀 섬돌에 감돌고
샘물소린 절간에 스며드누나.
나의 스승 수도하는 곳에
세속과는 같지 않노라.

幽寺在巖中, 行唯一徑通.
客吟孤嶠月, 蟬躁數枝風.
秋色生苔砌, 泉聲入梵宮.
吾師修道處, 不與世間同.

　여기에서 냉조양의 심상이 얼마나 초탈적인 가를 확인할 수 있다.
　한굉은 대력십재자의 한 사람으로서 성당에서 중당으로 접어든 시점에 나름의 독특한 시풍을 추구하고 그 시 150여 수에서 대부분이 대인관계와 유관한 주제로 되어 있다는 것은 만당대의 피일휴(皮日休)와 육구몽(陸龜蒙)의 창화시(唱和詩)에 못지 않은 소재상의 성격을 지니고 있다고 평가할 수 있다. 그의 시가 인화적이며 온유함을 지닌 점과 비교할 때에 시의 주제의 성격과 상관시켜 볼 수 있다. 그리고 한굉의 시교를 주요 내용으로 다루지 않으면 안 되는 이유도 여기에 있다고 할 것이다. 시교에서 열거한 7인은 극히 제한된 선정이기 때문에 완전한 교유관계의 고찰이라 할 수 없다. 이 점은 추후에 심도를 더하여 보다 철저하고 온전하게 재고찰을 요한다.
　한굉에 대한 고찰은 단순한 당시연구의 차원이 아니라, 중문학연구에서 결여된 어느 한 시대의 집중적인 점조직식 분석정리를 통한 전체를 연결시킨다는 차원에서 시도되는 것이다. 국내외를 통해서 당시의 온당한 연구를 위해서 새로운 연구소재의 개발과 탐구가 절실한 시기에 처해 있다고 보아서[34], 아직 미탐의 시가의 지속적인 정리를 가해 나가야 하며 당시의 객관적이고 누락이 없는 균등한 개발만이 작게는 당시의 정확한 구명과 크게는 중문학 전반의 재정리의 바탕이 되게 해야 한다. 이것은 한국한문학의 정상적이며 정확한 연구를 위한 가교적 가치를 지닌 것이며 한문학계가 중문학에 힘을 받는 원론적인 관계를 정립시켜주는 계기가 된다고 할 것이다.

---

34) 拙著 ≪初唐詩와 盛唐詩 연구≫ 제1편 참고(국학자료원, 2001)

설능(薛能)과 시의 우국애국 의식

    당대 시인 중에[1] 지나쳐선 안될 만한 시인인 설능(薛能)(817?~882?, 자는 태졸(太拙), 분주인(汾州人)과 그의 시를 살펴보고자 하는데 그간의 연구자료가 여의치 않아서 다분히 주관에 의해서 논술해 나가야 할 것 같다. 본고에서 설능의 시를 다루는 데에는 몇 가지 상고해야 할 점이 있으니, 먼저는 그의 생평상의 시작 활동시기의 구명이며, 다음은 시작에 대한 계년을 가능한 한 작성하는 것이다. 설능에 관한 근래의 논리적 기술이라면 탄이우쉐(譚優學)의 「薛能行考」[2] 외에는 참고할만한 자료가 없으

---

1) 근년에 아직 논구가 미진한 대상 중에서 필자의 관점으로 총 230 여인의 작품을 정리분석하여야 당시의 정확한 시사 및 시학적 논술이 가능하다고 본다.
2) 설능의 시가 평평한 수준이라는 전래의 평가로 해서, 믿을만한 시사·시학은 물론, 당시서에도 거명되지 않고 있으며 이 탄씨의 글 외에는 연구자료가 전무하다. (≪唐詩人行年考續編≫, 巴蜀書社, 1987) 전래상, 설능의 경박한 인품이나 시의 평용한 품평 때문에 315수의 시를 가지고 있으며 京兆尹, 工部尙書 등의 고관을 역임하고서도 단상에 거론되지 않았지만 그의 시가 지닌 다양한 특성과 그 시대의 정통적 시맥을 잇고 있던 점에는 평가의 재고를 요한다. 전래상이란 鄭谷이 「讀故許昌薛尙書詩集」에서 「華岳題無敵, 黃河句絶倫.」이라 했다든가, 夏敬觀이 鄭谷의 「高且眞」(≪唐詩說≫)을 인용하여 상찬한 일각의 평이 있지만 그 외에는 전부 인품과 함께 그 시에 대한 혹평으로 일관해 왔다. 劉克莊의 평(≪後村詩話≫卷一) 이후 시종된 악평은 시 자체보다는 인품에 역점을 둔 듯하다. 劉開揚의 ≪唐詩通論≫에는 이례적으로 세 페이지를 할애

며 이 또한 생평년대에 대한 불확정적 가설하에 전개시킨 만큼 주된 참고로 삼을 수도 없다. 그러나 탄씨의 논고도 나름대로 미답의 부분에 예리하고 객관성있게 접근하려 하였기에 그 노고 또한 높이 평가하고자 한다. 따라서 여기서는 설능의 생평 자체를 탄씨의 고증에 맡겨 제현의 참고있기를 양해바라며, 단지 현존하는 236제 315수(≪전당시≫ 9함 2책·臺灣復興書局)에서 시제와 원주, 병서와 작중 내용 등을 통하여 시작 연대의 추측이 가능한 작품에 대한 연대와 그 근거를 제시해 보고 설능의 시에 대한 특징을 간술하고자 한다. 부언컨대, 설능의 시수에 있어서, 천상권(陳尙君)의 ≪전당시속습(全唐詩續拾)≫ 권32에 「해당화(海棠)」·「다시 운문에서 놀며 스님 방문하나 못 만남(再遊雲門訪僧不遇)」·「풍시(風詩)」 등을 새로 설능의 시로 추가하고 있다.

　시집에 대한 관한 판본 상황을 개관해 보면,[3] ≪허창집(許昌集)≫ 10권의 초간본이 북송 함평계묘각본(咸平癸卯刻本)(1003년)으로 출간되어 당시의 형부시랑(刑部侍郞)인 장영(張詠)의 서가 있고 418수가 수록되었다고 하며, 남송 소흥(紹興) 원년에(1131) 육영망(陸榮望)이 230편을 수록하여 취산서원(翠山書院)에서 출간한 것이 재간본이 된다. 수록 작품을 축약한 이유에 대해 육씨는 「발문」에서,

　　　고시와 시경의 비부흥아송의 작품은 산거의 과정을 거친 것이니 어찌 오직 한굉의 작품만은 아니 그러 하겠는가? 악을 덮고 선을 발양한 면에서 한굉엔들 어찌 덜하다 하겠는가?

하고 있다.(p.261-263)
3) 판본에 대한 기술은 萬曼의 ≪唐集敍錄≫(明文書局, 1982) ≪許昌集≫안을 참고하였음. ≪許昌集≫은 설능이 만년(878)에 許州節度使를 역임한 데서 제명된 것임.

> 古詩風賦比興雅頌之作, 猶經刪削, 何獨於太拙之作而不可? 掩惡而揚善, 於太拙之何負云.4)

라고 하여 선시(禪詩)의 이유를 밝히고 있다. 원래 천여 편이던 시수가 이렇게 산거되어서 명대의 급고각(汲古閣) 간본에서는 227수로 더욱 줄어들어 초간본은 산실되고 남송본에 의거할 수밖에 없으니 복원도 불가했던 것이다. 명대본에는 육심원(陸心源)의 발문이 수록되어 있지 않다고 하였으니, 그 판본의 신뢰도 또한 분명치 않다. 지금 본고의 저본인 ≪전당시≫9함 2책의 315수는 오히려 명간본 보다 많은 것으로 보아 그 중에 타인 작이나 위작이 없다고 단언할 수도 없을 것이다.5) 청대본인 ≪전당시≫에는 수록과정에서 이미 산일된 작품을 수집하여 보충한 것으로 추측할 수 있을 뿐이다.

Ⅰ. 생애와 시작 계년

작품연대 추정에 앞서 설능의 생평을 개조식으로 개설하려 한다.

헌종(憲宗) 원화(元和) 12년(817) : 출생. 불명한데 위이두어(聞一多)의 설에 의함. (≪唐詩大系≫)
무종(武宗) 회창(會昌) 5년(845) : 국자감거시(國子監擧試)에 응함.
무종 회창 6년(846) : 진사에 급제.
선종(宣宗) 대중(大中) 8년(854) : 서판(書判)에 들어 주질위(盩厔尉)에 보함.
선종 대중 11년(857) : 태원하동절도사막하(太原河東節度使幕下)에 듦.

---

4) 陸氏 跋文은 ≪唐集敍錄≫에서 재인용.
5) ≪전당시≫에는 실지로 타인작이 겸록되어 있는 것이 보이는데,「華淸宮和杜舍人」(張祜作 또는 趙嘏作),「老圃堂」(曹鄴作),「春色滿皇州」(滕邁作),「省試夜」(韋承貽作)등을 들 수 있다.

선종 대중 13년(859) : 활주의성절도사(滑州義成節度使)의 관찰판관(觀察判官)
　　　　　　　　　　 이 됨.
의종(懿宗) 咸通 원년(860) : 입조하여 시어사를 제수받음.
의종 함통(咸通) 3년(862) : 허주(許州)에 근무.
의종 함통 5년(864) : 검남서천절도부사(劍南西川節度副使)로 입촉(入蜀).
　　　　　　　　　　(866년까지 재임).
의종 함통 7년(866) : 촉에서 서주절도부사(西州節度副使)로 재임.
의종 함통 8년(867) : 가주자사(嘉州刺史) 직을 대리.
의종 함통 9년(868) : 상서성낭관(尙書省郎官)을 역임.
의종 함통 10년(869) : 급사중(給事中)이 되다.
의종 함통 11년(870) : 경조윤(京兆尹)이 되다.
의종 함통 14년(873) : 경조윤에서 서주자사감화군절도사(徐州刺史感化軍節
　　　　　　　　　　 度使)로 나가다.
희종(僖宗) 건부(乾符) 3년(876) : 공부상서(工部尙書)로 들어감.
희종 건부 5년(878) : 다시 서주감화군절도사(徐州感化軍節度使)를 거쳐 허주
　　　　　　　　　　충무군절도사(許州忠武軍節度使)로 옮김.
희종 광명(廣明) 원년(880) : 허주에서 주급(周岌) 등 부하의 난으로 전가와
　　　　　　　　　　함께 피해. 이 때 살해되었다는 설도 있음.
희종 중화(中和) 2년(882) : 이 때까지 생존하여 졸년이 불명함. (이상 譚優學
　　　　　　　　　　의 「薛能行年考」, p.225~253참조)

　　설능의 현존시가 236제 315수(≪전당시≫ 9함 2책)인 것은 기설한 바인
데, 생평에서 생졸년대를 위시한 생애의 고증에 대한 불명확성과 이에 상
응하는 시작 등을 통한 인거자료의 미흡으로 작시연대를 파악할 수 있는
비율이 낮아질 수밖에 없다. 그러나 다행히도 탄씨의 행년고는 부분적이
나마 연표작성의 시도를 가능케 하고, 필자 자신의 조사를 첨부하여 보완
하게 된 것이다. 탄씨의 행년고에는 설능의 초년 20여 년에 대한 기록이
없는 만큼, 그의 초년 작에 대한 기술이 불가능한 상태이며 만년 작에 대
한 배열 또한 미소한 약점을 안고 연표작성에 임하는 것을 자인하지 않

을 수 없다. 작성요령은 작시의 시년・시제, 그리고 그 근거의 순으로 기술하고자 한다.

・21세(文宗 開成 2년 丁巳, 837)
「丁巳上元日放三雉」: 시제의 丁巳上元日(837년 1월 15일)과 「嬰網雖皆困, 褰籠喪共歸.」

・24세 (文宗 開成 5년 庚申, 840)
「幷州」:「少年流落衣幷州, 裘脫文君取次游.」의 裘脫文君은 漢代의 卓文君이 司馬相如와 살기 위해 「以衣貰酒」했다는 고사에서 차용한 것으로 연령상 성년이 되고 이 시기에 幷州(山西太原)에 留居. (西京雜記・相如死渴)「幷州寓懷」:「常恐此心無樂處, 枉稱年少在幷州」에서 하구.

・28세(武宗 會昌 4년 甲子, 844)
「送人歸上黨」: 自注에 「時潞寇初平」이라 하니 潞州는 고명을 上黨이라하니 지금의 山西 長治市.「會昌三年四月令劉稹護從諫之喪歸洛陽, 稹拒朝旨.」(≪舊唐書≫・「武宗紀」)에서 반란을 일으킨 유진을 會昌 4년에 평정했다.

・29세(武宗 會昌 5년 乙丑, 845)
「國學試風化下」: 試帖詩로서 회창 5년에 「每一季一度據名籍分番于國子監試帖.」(「登科記考」)라 하고 「三月, 中書門下奏, 貢擧人幷不許于兩府取解, 仰于兩都國子監就試」(≪冊府元龜≫)라 함.「春早選寓長安二首」: 3차의 國子監考試에 뽑히면 장안에서 예시한다. 시에서 「疏拙自沈昏, 長安豈是村…道僻惟憂禍, 詩深不敢論.」(其一)「舊論已浮海, 此心猶滯秦.」라 하여 응시 전의 불안한 심리를 토로하였다.「下第後春日長安寓居三首」와 「下第後夷門乘舟至永城驛題」는 「下第」라는 시제의 표기로 보아 동시기 작으로 본다. 탄씨는 하제시기가 불명하다 하였으나, 전시의 「全家期聖澤, 半路敢農桑, 獨立應無侶, 浮生欲自傷.」에서 득의하기 어려운 심정을 읽을 수 있다.

「恭禧皇后挽歌詞三首」: 兩唐書后妃傳에 穆宗皇后로서 姓王氏, 敬宗을 낳았는데 회창 5년에 붕하다.

· 36세(宣宗 大中 6년 壬申, 852)
「投杜舍人」 杜牧이 죽기 전에 (이 해의 11월졸) 中舍人으로서 있을 때 투숙한 일이다. 詩云: 「牀上新詩詔草和, 欄邊淸酒落花多. 閒消白日舍人宿, 夢覺紫薇山鳥過.」라 하여 설능이 두목과 투숙한 사실을 기록.

· 40세(宣宗 大中 10년 丙子, 854)
「鼇座官舍新竹」: 설능이 대중 8년(854)에 주질위가 되어 부임하여 40세 때인 이 해에 해임된다. 「宿仙遊寺望月生峰」: 仙遊寺는 이 현의 부근에 있다. (陳鴻·「長恨歌傳」)

· 41세(宣宗 大中 11년 丁丑, 857)
「太原使院晚出」: 설능이 이 때에 太原을 거쳐 陝虢·河陽등에 종사한다.(≪唐詩紀事≫권60). 詩云: 「靑門無路入淸朝, 濫作將軍最下僚」 「乞假歸題候館」: 題下注에 「一本題首有河東幕三字」

· 44세(懿宗 咸通 원년 庚辰, 860)
「秋日將離滑臺酬所知」(2수): 이 때에 설능은 滑州를 떠나 侍御史로서 장안에 든다.

· 46세(懿宗 咸通 3년 壬午, 862)
「重遊通波亭」: 通波는 許州의 亭名.

· 48세(咸通 5년 甲申, 864)
「褒斜道中」: 2月 劍南西川節度副使가 되어 蜀의 成都에 부임하는데 장안에서 蜀에 갈 때는 포사협곡을 거친다. 이 시기의 작품은 입촉하는 노정에서 쓴 작품들이 대부분이다. 「褒城驛有故元相公舊題詩因仰嘆而作」: 입촉에 포성역을 지난다. 이 역은 포사곡 남녘에 있다. 「題褒城驛池」: 상동. 「西縣途中二十韻」: 포성 서쪽에 서현이 있다. 「籌筆驛」: 題下原注

에 「余爲蜀從事, 病武侯非王佐才, 因有是題.」「嘉陵驛見賈島舊題」 : 설능이 賈島가 長江縣主簿로 유배하던 곳을 지나며 지은 시. 嘉陵驛, 지금 四川 廣元縣. (추가로 「嘉陵驛」 시 2수 있음)「西縣作」 : 「三年西蜀去如沈, 西縣西來出萬吟.」「海棠」 : 幷序에 「蜀海棠有聞而詩無聞……余謹不敢讓風雅盡在蜀矣.」「望蜀亭」 : 「樹簇烟迷蜀國深, 嶺頭分界戀登臨. 前軒一望無他處, 從此西川只在心.」「過象耳山二首」 : 「山門欲別心潛願, 更到蜀中還到來.」에서 蜀으로 돌아오다. 「蜀路」 : 「劍閣綠雲拂斗魁, 疾風生樹過龍媒.」「西縣道中有短亭巖穴飛泉隔江灑至因成二首」 : 詩題와 詩云 : 「風凉津濕共微微, 隔岸泉衝石竅飛」

· 49세(懿宗 咸通 6년 乙酉, 865)

「聞官軍破吉浪戎小而固慮史氏遺忽因記爲二章」 : 詩云 : 「一戰便抽兵, 蠻孤吉浪平.」 여기서 吉浪은 蜀의 浪稽部의 倒置字인 稽浪의 同音異字이다. 《資治通鑑》에 「初, 南詔圍巂州, 東蠻浪稽部竭力助之.」(권250 唐紀66)라 하였는데, 吉浪을 지칭. 薛能은 成都에 있었음. 「相國隴西公南征能以留務獨宿府城作」 : 詩云 : 「吾君賢相事南征, 獨宿軍廚負請纓」에서 南征은 《通鑑》의 咸通 6년조에 보면 「南詔復寇巂州, 兩林蠻開門納之, 南詔盡殺戍卒, 士珍降之.」(권250)라 하여 南詔의 발호를 정벌간 사건이다. 相國隴西公은 同平章事이며 隴西人인 李福을 지칭. 李福이 成都에 정벌갔고 설능이 그 막하에서 成都에서의 유무를 한 것이다. 《資治通鑑》 咸通 7년 3월에 보면, 「南詔遣清平官董成等詣成都, 節度使李福盛儀衛以見之.」에서 李福의 南征後의 일을 알 수 있다.

· 50세(懿宗 咸通 7년 丙戌, 866)

이 해에 사월에 李福이 蘄王傅로 좌천되면서 설능이 그의 副使를 면하고 嘉州刺史의 職을 섭정하며 일년간 다작하다. 「邊城作」 : 詩云 : 「行止象分符, 監州是戱儒. 管排蠻戶遠, 出箐鳥巢孤(原注 : 蜀人謂稅爲排戶, 謂林爲叢箐.)」 嘉州는 蜀의 樂山으로 邊方城이다. 따라서 分符와 監州라 한 것은 설능이 잠시 이 지역을 관리한 것으로 본다. 「邊城寓題」 : 詩題. 「監郡犍爲舟中寓題寄同舍」 : 犍은 嘉州의 옛 칭호. 《通鑑》 胡三省 注 : 「嘉州, 漢犍郡南安縣. 隋改曰眉州, 唐復曰嘉州.」(권251) 詩云 : 「一

寢閑身萬事空, 任天敎作假文翁.」에서 假文翁은 가주를 임시 관리한다는 의미.「凌雲寺」: 이 절은 樂山의 부근에 있고 시의「像閣與山齊」의 상각은 樂山大佛.《資治通鑑》咸通 十年:「後數日, 蠻軍大集於陵雲寺, 與嘉州對岸.」6) 「暇日寓懷寄朝中親友」; 「臨生白髮方監郡, 遙恥靑衣懶上樓.」原注에「郡南靑衣山」이라 하니 梁武帝時 嘉州를 靑州라 한데 이는 靑衣山에서 취함. (《通鑑》注)「游嘉州後溪」: 原注:「開元觀閑遊困及後溪偶成二題」「題開元寺閣」: 이것은 전시의 原注의 開元觀「題龍興寺」:「高戶列禪房, 松門到上房. 像開祗樹嶺, 人施蜀城香.」

· 51세(咸通 八年 丁亥, 867)

「春日寓懷」:「井邑常多弊, 江山豈有神, 犍爲何處在, 一擬弔埋輪.」말구의 埋輪은 後漢의 淸直吏 張綱의 고사가 담긴 것으로 정강이 嘉州에 묻혔다.7) 「靑霽」: 末二句:「何當窮蜀境, 却憶滯遊人.」이 시는 嘉州를 떠나면서 쓴 것으로 이후의 시도 가주 이후에 해당한다.「監郡犍爲將歸使府登樓寓題」: 말 2구:「江樓一望西歸去, 不負嘉州只負身.」에서 가주를 지고 가지 못하고 몸만 지고 간다함은 이거.「初發嘉州寓題」: 전 2구:「勞我是犍爲, 南征又北移」: 嘉州를 떠나는 마음을 읊음.「春日北歸舟中有懷」:「盡日遶盤餐, 歸舟向蜀門」.「舟行至平羌」:「暫去非吳起, 終休愛魯連.」平羌은 지금 四川靑神縣濱岷江.「行次靈龕驛寄西蜀尙書」:「北客推車指蜀門, 乾陽知已近臨神.」(原注: 太原府有乾陽門, 尙書自北都遷蜀.) 成都에서 장안으로 돌아가는 길에 쓴 시.「題漢洲西湖」: 漢洲(四川 廣漢縣)을 거치면서 쓴 시.「自廣漢遊三學山」·「三學山開照寺」·「雨

---

6) 《資治通鑑》胡三省注;「陵雲寺在嘉州南山, 開元中, 僧海通於瀆江·沫水·濛水三江之會, 悍流怒浪之濱, 鑿山爲彌勒大像, 高踰三百六十尺, 建七層閣以覆之.」
7) 《後漢書》卷五十六「張晧傳」(張綱의 父·犍爲武陽人):「漢安元年, 選遣八使徇行風俗, 皆耆儒知名, 多歷顯位, 唯網年少, 官次最微. 餘人受命之部, 而網獨埋其車輪於洛陽都亭, 曰;「豺狼當路, 安問狐狸」遂奏曰:『大將軍冀, ……時冀妹爲皇后, 內寵才盛, 諸梁姻族滿朝, 帝雖知綱言直, 終不忍用. 時廣陵賊張嬰等衆數萬人, 殺刺史, 二千石, 寇亂揚徐間, 積十餘年, 朝廷不能討. 冀乃諷尙書, 以綱爲廣陵太守, 因欲以事中之.……綱在郡一年, 年四十六卒. 百姓老幼相攜, 詣府赴哀者不可勝數. 綱自被疾, 吏人咸爲祠祈福, 皆言『千秋萬歲, 何時復見此君.』張嬰等五百餘人制服行喪, 送到犍爲, 負土成墳.」

霽北歸留題三學山」:「靈龕一望終何得, 謬有人情滿蜀鄕」;成都部 金堂縣 東에 三學山이 있음. (淸一統志)「雨霽宿望喜驛」: 望喜驛, 今 四川廣元 縣南에 驛址가 있음.「望喜驛」:「盡室可招魂, 蠻餘出蜀門.」

・58세(僖宗 乾符 원년 甲午, 874)
「春日使府寓懷二首」:「靑春背我堂堂去, 白髮欺人故故生. 道困古來應有彬, 詩傳身後亦何榮.」徐州節度使로 부임할 시의 작.「彭門解嘲二首」・「題彭祖樓」: 이 누각은 徐州에 있었음. 徐州의 古名은 彭城. 이 지역을 封土로 받았다 함.「淸河泛舟」:「都人層立似山丘, 坐嘯將軍擁摔遊. 遶郭煙波浮泗水, 一船絲竹載涼洲.」─ 淸河는 泗水(泗河)이다.8)

・59세(乾符 2년 乙未, 875)
「燈影夜」:「偃王燈塔古徐州, 二十年來樂事休. 此日將軍心似海, 四更身領萬人游.」; 題下注:「一作上元詩」; 이해 6월에 黃巢가 수천명을 모아서 王仙芝에 호응하여 난을 일으키니 민심이 그 전부터 徐州 일대가 어수선하였음을 알 수 있다.9)「送福建李大夫」: ≪舊唐書≫本紀僖宗(권19):「河南尹李晦檢校左散騎常侍, 兼福州刺史, 福建都團練觀察使.」시제에서 李大夫는 곧 李晦이다.

・60세(乾符 3년 丙申, 876)
「郊亭」:「郊亭宴罷欲回車, 滿郭傳呼調角初. 尙擁笙歌歸未得, 笑娥扶著醉尙書.」; 시인이 長安으로 돌아와 工部尙書가 된다. ≪唐詩紀事≫卷六十:「出領感化節度, 入授工部尙書, 復節度徐州.」「閑題」:「八年藩翰似僑居, 只此誰知報玉除. 舊將已成三僕射, 老身猶是六尙書.」題下注:「能鎭彭

---

8) 泗河:「出山東泗水縣陪尾山, 四源幷發, 故名. (禹貢錐指)泗水自泗水縣歷曲阜, 至淸河縣入淮, 此禹跡也. 今其故道自徐州以南, 悉爲黃河所占.」(≪中國地名大辭典≫, P.521)

9) ≪舊唐書≫ 本紀 卷十九僖宗 :「二年五月, 濮州賊首王仙芝聚衆于長垣縣, 其衆三千, 剽掠井間, 進陷濮州.」≪資治通鑑≫ 卷二百五十二・唐紀六十八 :「王仙芝及其黨尙君長攻陷濮州・曹州, 衆至數萬, 天平節度使薛崇出兵擊之, 爲仙芝所敗. 冤句人黃巢亦聚衆數千人應仙芝.」濮州, 曹州, 그리고 冤句(曹州) 등 지역이 山東・江蘇에 위치.

門, 時溥·劉巨容·周岌俱在麾下, 後各領重鎭兼端揆, 故作此詩.」注의 내용은 十年後(僖宗 廣明 元年, 880) 周岌 등에 의해 피해를 입기 전에 설능이 득의하던 시기로서 시구의 「八年」은 외지생활, 즉 許州 3년(862~864)과 徐州 4년(873~876까지의 만4년)을 지칭한다.10)

· 62세(乾符 5년 戊戌, 878)

「許州旌節到作」;「兩地旌旗擁一身, 半緣傷舊半榮新. 州人若憶將軍面, 寫取雕堂報國鎭.」 - 절도사의 행차. 雕堂은 절도사의 거처. 설능은 徐州感化軍節度使에서 許州忠武로 옮겼다.「雕堂詩」: 상동.「將赴鎭過太康有題」: 太康은 河南 陳州府이며 許州는 河南許昌縣이니 臨地에는 太康을 경과하게 된다.(≪中國地名大辭典≫)「柳枝詞五首」: 幷序에「乾符五年(878)許州刺史薛能.」라 하고 其一首에서「朝陽晴照緣楊烟, 一別通波十七年.」의 17년을 역산하며 제 1차의 許州 부임은 咸通 3년(862)이 된다.「許州題觀察判官廳」:「三載從戎類繫匏, 重遊全許尙分茅. 劉郎別後無遺履, 丁令歸來有舊巢.」; 三載란 제 2차의 徐州感化節度使로 3년(876~878)을 지칭하며 다시 밟은 許州와 옛 거처로 돌아온 사실에서 초임시(862)와 상관시켰다.「重遊德星亭感事」: 亭子는 許州의 古跡. (≪大平寰于記≫권7)「折楊柳十首」:「柳枝詞」와 동년작.「柳枝詞」詩末의 自注:「劉(禹錫)·白(居易)二尙書繼爲蘇州刺史, 皆賦楊柳枝詞, 世多傳唱, 雖有才語, 但文字太僻, 宮商不高.」라 하고「折楊柳·幷序: 能專于詩律, 不愛隨人, 搜難抉新, 誓脫常態, 雖欲弗伐, 知音其舍諸.」 등이 서로 동시작으로 상통한다.「柳枝四首」: 동년작.「荔枝詩」: 序에「杜工部老居兩蜀, 不賦同年作. 是詩, 豈有意而不及歟. 白尙書曾有是作, 興旨卑泥, 與無詩同, 予遂爲之題.」라 하여「柳枝詞」의 작시감흥과 상통한다.

· 66세(僖宗 中和 2년 壬寅, 882)

「漢南春望」: 설능이 64세시(僖宗 廣明 元年, 880)에 周岌에게 전가가 피해를 입었는데 사망여부는 불명하다.11) 이 시의 제 2구「三月皇州駕未

---

10) ≪唐詩紀事≫卷六十과 ≪唐才子傳≫卷七에 共히 官職變動을 記述.
11) 薛能이 周岌의 軍亂으로 全家族과 함께 害를 당했는데, 설능의 死亡에 대해서는 여러 설이 있다. ≪唐詩紀事≫에는「大將周岌, 因衆怒, 逐能, 自稱留後,

回.」는 黃巢亂으로 왕이 蜀으로 피난 갔다가 돌아오지 못함을 한남(襄州)에서 읊은 것이다.12)

이상과 같은 소략한 근거제시만으로는 미흡한 점이 적지 않겠으나 설능의 시 98수를 추정할 수 있었다.

Ⅱ. 설능 시의 우국과 애자연 성격

설능의 시에 대해서 최고의 상찬을 한 정곡(鄭谷)은 그의「고 허창 설상서시집을 읽고(讀故許昌薛尙書詩集)」(≪전당시≫10함 6책)에서,13)

글 하나 하나 고아하고 진솔하니,
실로 國風의 뜻이 펼쳐져 있도다.
담박함은 옛것을 본뜬 것이나,
종횡으로 뜻 얻어 새롭도다.
깎고 다듬은 시는 몇 상자가 되나니,

能全家遇害.」라 하고 ≪唐才子傳≫에는「逐能據城, 自稱留後, 數日殺, 能幷屠全家.」라 하여 후자는 이 때 死亡을 기술하였으며 ≪舊唐書≫僖宗紀에는 단지「逐薛能, 自據其城.」이라고만 기술하고 있다. 그리고 ≪太平廣記≫(卷二六五)・≪詩林廣記≫(卷之前)・≪後村詩話≫(卷一)・≪全唐詩說≫ 등에는 不明하며 ≪唐詩通論≫(劉開揚)에는 中和 二年까지 설능이 生存했음을 알 수 있다.(譚氏說에 同意) 詩題도 許州와는 무관한 漢南을 지명으로 하고 있다.
12) 僖宗의 피난은 廣明 元年(880) 十二月甲申의 일이다. ≪資治通鑑≫(卷二百五十四):「百官退朝, 聞亂兵入城. ……上奔馳晝夜不息.」왕의 피난처는 蜀地이니, 上同書同卷:「聞天子幸蜀, 無所歸.」그리고 왕이 回京한 시기는 光啓 三年(887) 三月壬辰으로 上同書(卷二百五十六):「車駕至鳳翔.」이라 하여 回京하는 경로를 기술하고 있다.
13) 鄭谷의 이 시의 頭四句를 引用하여 薛能詩를 評한 出典으로는 夏敬觀의 ≪唐詩說≫과 劉開揚의 ≪唐詩通論≫이 있다. 鄭谷은「故許昌薛尙書能嘗爲都官郞中後數歲.」란 七律이 있다. (≪全唐詩≫ 十函 六冊)

이에 대적할 자 누구이랴?
「화악」의 제목은 필적할 자 없고,
「황하」의 구절은 출중하도다.
비오는 날에 「여지」 지어 노래하였고,
봄날에 「해당」 지어 읊었도다.
이백은 선인을 마음대로 다루었고,
도잠은 후세의 여운을 일게 하였네.
숭실의 아래를 못 잊어 하였고,
촉강의 물가를 등지지 않았도다.
작품을 구상할 때는 산을 바라보았고,
작품을 궁리할 때는 나무에 몸을 기대었도다.
시의 법도를 고되게 꿈에서도 생각하고,
시를 지어 읊을 때는 정신이 맑아지네.
붓을 던지면 공허히 서글퍼지니,
일찌감치 도끼자루 빌려 나무나 하리라.

篇篇高且眞, 眞爲國風陳.
澹佇雖師古, 縱橫得意新.
剪裁成幾篋, 唱和是誰人.
華岳題無敵, 黃河句絶倫.
吟殘荔枝雨, 詠徹海棠春.
李白欺前輩, 陶潛仰後塵.
難忘嵩室下, 不負蜀江濱.
屬思看山眼, 冥搜倚樹身.
楷模勞夢想, 諷誦爽精神.
落筆空惆悵, 曾蒙借斧斤.

라고 하였는데, 정곡이 평한 설능의 시 특징은 첫째 고아하고 진솔하여 국풍의 시흥이 있으며, 둘째는 담백하고 청신하니 예컨대, 「華岳」과 「黃河」, 그리고 「荔枝」와 「海棠」 시 등은 절품인 것을 강조하였다. 그리고 이백과 도잠의 독특한 경지의 반면에는 단점도 있으니 설능의 시의 강점을 높이 평가할 수 있어서 음고의 격조를 지켜서 흥취를 자아내고 비창하면서도 예리한 데가 있음을 역설하고 있다. 정곡의 평가에 대해서 기타의 품평이 가당하지 않음은 편견인가 아니면 정평인가 불일한 논점을 정리하기 어렵다. 폄하한 평어로서 송대 홍매(洪邁)(≪容齋詩話≫卷五)은 평하기를,

　　설능은 만당 시인으로서 격조가 그리 높지 않은데, 망령되이 스스로 존대하였다.

　　薛能者晚唐詩人格調不能高, 而妄自尊大.

라 하였고 유극장(劉克莊)(≪後村詩話≫卷一)은 논하기를,

　　설능의 시는 격조가 그리 높지 않은데, 지나치게 자화자찬하였다. ……결국 오만방자하게 남을 업신여기고, 군사에 실패하고 몸을 버렸으니, 그 재능이 어디에 있겠는가? 망령되고 어리석기가 이와 같으면서 감히 망령되게 제갈량을 들먹였으니, 소인 주제에 거리낌없이 없었다 할 것이다.

　　薛能詩格不甚高而自稱譽太過.……卒以驕恣陵忽, 僨軍殺身, 其才安在. 妄庸如此乃敢妄議諸葛, 可謂小人無忌憚者.

라고 하여 시는 물론, 인격조차 문제시하였다. 그의 인품이 호매하던 교만하던, 그의 시가 남긴 풍격은 결코 간과할 수 없으며 만당대의 유미와 현실을 겸유하고 가도(賈島)를 추숭한 양면성의 시를 보여주고 있다.[14] 설능의 작시에 대한 집념은 지극하여 「시에 심취하여 매일 산 편

짓는 것을 일과로 하였다.(耽癖於詩, 日賦一章爲課.).」(≪唐才子傳≫卷七)
이라 할만큼 노고의 작시를 앞세워서 격율에 엄정하니 이백을 능멸하
기도 하였다.15) 이제 그의 시 315수를 제재별로 세분하면 다음과 같다.

「詠物」: 56수,「送別」: 25수,「贈答」: 46수,「挽歌」: 3수,「懷古」: 32수,
「感興」: 75수,「景物」: 50수,「憂國」: 10수,「諷諭」: 18수

그러면 설능의 시에 대해 다음 몇 가지의 특성으로 분류해 보고자 한
다.

1. 우국(憂國)의 정치의식

설능은 고음시인 가도를 추숭하였다. 강직한 비타협의 소유자이므로
시를 통해서 환달하는 시인을 무시하였으며 경멸하였다. 그의「봄날 사부
에서 마음을 읊으며(春日使府詠懷)」(其一)를 보면,

도가 어지러우면 본디 분수를 지켜야 하나니,
시가 전해진다면 사후까지 무슨 영달을 바라리요?
조정의 힘 합쳐 짊어진다고 누가 아끼랴만,
홀로 풍소가지고 음탕한 정풍 없애리라.

道因古來應有分, 詩傳身後亦何榮.
誰憐合負淸朝力, 獨把風騷破鄭聲.

---

14) 薛能은 賈島의 苦吟을 推重하여「賈子命堪悲, 唐人獨解詩, 左遷今已矣, 淸絶
更無之.」(「嘉陵驛見賈島舊題」)
15) 淸代 方起英의 ≪古今詩塵≫:「譏李白曰, 我生若在開元日, 爭遣名爲李翰林, 又
曰, 李白終無取, 陶潛固不刊.」 夏敬觀은 설능의 律體에 대해「能詩亦惟律體,
學杜而無杜大體之度, 然在晩唐, 固時能手.」(≪唐詩說≫)

라고 하여 시를 짓는 것 자체도 자족한 일이거늘 오히려 영달을 추구하며 음란한 풍조에 물든 것을 개탄하기도 하였다. 따라서 그의 시에는 전쟁에 대한 강한 긍정적 의식이 표출된다. 「치자 가지(柘枝詞)」(其一)을 보면,

> 병영생활을 함께 한 삼십 만 군사,
> 북을 울리며 서쪽 오랑캐 물리치네.
> 전장의 피는 가을 풀에 붙고,
> 전장의 먼지에 석양이 흐릿하다.
> 돌아와도 사람들 몰라보지만,
> 서울에서는 홀로 전쟁 준비하네.
>
> 同營三十萬, 震鼓伐西羌.
> 戰血黏秋草, 征塵攪夕陽.
> 歸來人不識, 帝里獨戎裝.

라고 하여 강렬한 전쟁의 승리를 격려하고 고취한다. 설능 자신이 중년에 들어 군절도사로서 남만의 정벌에 참여하였기에 시에 그의 거침없는 의식이 강하게 유로될 수 있다. 「변방 가는 객에게(贈出塞客)」를 보면,

> 교외로 나가 출정 가는 기마대 흙먼지 날리니,
> 봄 아직 오지 않은 이 날에 이별의 근심만 솟구친다.
> 차가운 잎은 석양에 품어 온 뜻 보여주고,
> 관문의 갈대는 먼 강 향해 피어 있다.
>
> 出郊征騎逐飛埃, 此別惟愁春未回.

寒葉夕陽投宿意, 蘆關門向遠河開.

라고 하니, 출정 가는 자에게서 느끼는 비수가 있지만 웅지를 펴기를 바라는 호기가 숙의에 담겨 있다. 한편, 국내외의 난이 그치지 않으니 항상 나라에 대한 근심이 차있었다. 그의 우국지심을 담은「대운사 서각(題大雲寺西閣)」을 보면,

> 누각은 가파른 곳에 임하고 절은 산을 마주하는데,
> 나 홀로 서쪽 성에 앉아 얼굴 가득 웃음 지어 보노라.
> 사방 들에 노래 있어 가는 길이 즐겁고,
> 다섯 군영에는 전쟁 없어 활터가 한가하다.
> 가을 하늘 밖 북소리와 호각 소리 어울려 울리고,
> 해저물 때 원정에 보낼 옷에 공들이는 다듬이 소리 들린다.
> 바야흐로 이 몸 바쳐 성주께 보은하고파,
> 감연히 높은 곳에 올라 고향을 그리노라.

라고 하여 무전(無戰)의 평화를 원하지만, 유사시에 살신하여 충성하여야 한다는 의지가 엿보인다. 이러한 충심이 담긴「조당(雕堂)」을 보면,

> 조그마한 방에서 병 앓아 누웠다가,
> 작은 뜰에 비 개이니 홀로 거닐도다.
> 귀뚜라미 우는데 외로이 비는 내리고,
> 지저귀는 참새는 가을 울타리에 줄지어 있네.
> 성명하신 임금의 은혜 떨치기 어려우니,
> 이 몸의 마음 또한 근심에 차네.
> 훗날 누가 나를 알아 줄까마는,
> 마음의 자국은 서주에 있도다.

丈室久多病, 小園晴獨遊.

鳴蛩孤獨雨, 晬雀一籬秋.
聖主恩難謝, 生靈志亦憂.
他年誰識我, 心跡在徐州.

　서주의 절도사의 관사인 조당에서 성주의 은총을 생각하며 우국의 염원을 그리고 있다. 따라서 설능은 태평시대를 희구하고 노력하려고 하였다. 그의「승평사(昇平詞)」(제8수)를 보건대,

전쟁 없고 사심 없으니,
요순시대가 바로 이때로다.
일찍 일어나 나가서 분향하고,
서서히 발 걷어 올려 달 기다린다.
　　… (중략) …
그대여 성명하신 영험을 볼지니,
이것이 바로 신령한 거북이로다.

無戰復無私, 堯時卽此時.
焚香臨極早, 待月卷簾遲.
　　… (中略) …
君看聖明驗, 只此是神龜.

　요순 시대와 같은 현세가 오고 평화가 넘치는 세월을 노래한다. 따라서 설능은 비록 출사표를 던진 제갈량이지만 결과적으로 성취한 것이 없기에 본받을 점이 없다고 냉혹하게 비판한다. 그의「이른 봄의 일(早春書事)」의 말2구에서,

촉서는 불태우고 읽어서는 안되리니,
제갈량에겐 내게 귀감이 되지 못하다.

焚却蜀書宜不讀, 武侯無可律我身.

라고 하였고, 「주필역(籌筆驛)」의 첫4구에서는,

제갈 승상은 죽어 말가죽에 쌓여 돌아왔고,
천명을 못 펴면 산이라도 개척해야 했네.
살아서는 중달을 속여 한갓 기세만 높였으니,
죽어서는 왕양 만나 후안무치를 함께 하리라.

葛相終宜馬革還, 未開天意便開山.
生欺仲達徒增氣, 死見王陽合厚顔.

라 하니 중달은 사마의(司馬懿)이며 왕양(王陽)은 서한시의 익주자사(益州刺史)를 지낸 사람으로서, 무후를 멸시한 연고가 단순한 우국적 희생정신에서 발로된 것으로 본 것이다.16) 그러나 후대에 설능을 평하면서 선현을 모독하는 언행이라고 혹평하였으니, 「촉천에 종사하던 때에 매양 제갈의 공업을 혹평하였으니… 자부하기 이와 같아서 동군난에 해를 입었다.(從事蜀川日, 每短諸葛功業, …自負如此, 東軍亂被害.)」(≪唐詩紀事≫卷六十) 라는 등의 수다한 구설이 분분했던 것이다. 이것은 설능의 국가통일의 기본자세 때문이다.17) 그러나 설능은 결백하였기에 백성을 사랑하고 민생의 질고를 염려하였다. 이 점에 대해서도 기설한 바, 백거이(白居易)와 유우석(劉禹錫)에 대해 당당한 의욕을 지녔던 것이다. 그의 「도망가는 집(題逃戶)」을 보면,

---

16) 薛能의 시에 武侯를 거론한 예가 적지 않으니, 添言하면, 「西縣途中二十韻」: 「葛侯眞竭澤, 劉主合亡家. 陷彼貪攻吠, 貽爲黷武誇. 陣圖誰許可, 廟貌我揄揶.」 그리고 「遊嘉州後溪」: 「當時諸葛成何事, 只合終身作臥龍」 등
17) 譚優學의 上揭書.

몇 대를 농사일 해오다가,
흉년들자 고향을 떠나야 했네.
썩은 빗장엔 축축한 곰팡이 슬고,
기운 집에 석양이 비치네.
빗물은 부서진 절구에 고이고,
해바라기는 무너진 담 짓누르네.
태평한 때라면 어찌 이러하겠는가?
마땅히 창창하게 살아가고 있으리라.

幾世事農桑, 凶年竟失鄕.
朽闊生濕菌, 傾屋照斜陽.
雨水淹殘臼, 葵花壓倒墻.
明時豈致此, 應自負蒼蒼.

라고 하여 흉년에 고향 떠나는 민생의 참상을 그려놓고 있다. 그리고 「오희(吳姬)」(제6수)의 일단을 보면,

여러 해 동안 고향 속에 짝하여 지냈건만,
봄누에 다 죽었으니 세금도 없이 해야지.

年來寄與鄕中伴, 殺盡春蠶稅亦無.

과세의 과중과 민생의 고통을 함께 나누고 있음을 본다. 이러한 시의 기풍은 설능의 시에서 만당의 중당풍을 연상케 하는 요인인 것이다.

2. 애자연(愛自然)의 미의식

설능에게는 영물의 청신과 고아미가 있으며 불선과 유관한 초세미가 엿보인다. 설능 시의 일관성보다는 양면성이 보다 짙게 표출되어 있기 때문이다. 그의 이 같은 시풍은 즉흥적인 작시태도가 아니라 각고의 결실이기 때문이다. 그의 「자기 풍자(自諷)」에서,

> 수많은 시 짓고 읊은 지 한달,
> 먹을 것 잊고 시에 심취하여 수척해졌네.
> 길거리에서 읊조린다고 그대는 비웃지 마오.
> 시병에 걸린 것은 봄 때문이 아니로다.
>
> 千題萬詠過三旬, 忘食貪魔作瘦人.
> 行處便吟君莫笑, 就中詩病不任春.

라고 하였듯이 작시에 몰두할 때는 시광(詩狂)의 경지에 드는 것이다. 그의 영물시는 기탁의 묘가 살아있으니, 「동작대(銅雀臺)」를 보면,

> 위 무제가 놀았던 그 당시의 동작대,
> 국화가 깊이 비치고 가시나무 꽃 피어 있네.
> 인생의 부귀을 얼핏 돌아보나니,
> 여기 어이 가무하러 오는 사람이 없는가?
>
> 魏帝當時銅雀臺, 黃花深映棘叢開.
> 人生富貴須回首, 此地豈無歌舞來.

라 하니 위무제(魏武帝)가 놀던 누대를 보며 회고적이며 영사적인 인생 무상의 기흥을 하고 있으며, 「살구꽃(杏花)」을 보면,

빛 흐르고 향기 나는 제일의 꽃,
손에서 청루 근방으로 옮겨졌네.
요염한 맵시 끝내 부담될 줄 누가 알랴만,
어지러이 봄바람 향해 쉴새 없이 방긋거리네.

活色生香第一流, 手中移得近青樓.
誰知艶性終相負, 亂向春風笑不休.

라고 하니 살구꽃의 향기와 아름다움을 통하여 미인를 회상하며 온정에 든 시심이 깃들어 있다. 그리고 다음 「새버들(新柳)」 시는 가냘픈 버들 가지에서 불굴의 의지를 느끼고 온화한 덕성과 웅지를 키울 결심을 하는 시인의 뜻이 기탁되어 있다.

살랑살랑 무거워야지 가볍게 놀지 말게,
뭇 나무가 하기 어려운 것 홀로 일찍 해낸다.
부드러운 성품이 강한 성품을 이기고,
한 가지 뻗으면 만 가지가 돋는다네.
타고난 기질 온화하여 본래 힘이 없지만,
때때로 풍광 만나면 다른 정 지닌다네.
지기를 만나 등용되기 어렵다고 누가 말하나?
장군은 이 때문에 큰 이름 세우리라.

輕輕須重不須輕, 衆木難成獨早成.
柔性定勝剛性立, 一枝還引萬枝生.
天鐘和氣元無力, 時遇風光別有情.
誰道少逢知己用, 將軍因此建雄名.

이 시는 경계와 교훈의 대상으로 「柳」를 매개체로 하여 나약해 보이지만 불굴의 의지가 서린 사표를 승화시켜 놓고 있다. 한편, 설능의 선시(禪詩)는 그 자신의 불심과도 유관하다.18) 그의 시에서 선시가 27수나 되고 그 시 자체가 초탈적 은일감을 주는 데는 설능 시의 이율적인 요소를 간과할 수 없게 한다. 선과 시에 대한 개괄적 관계는 이미 언급한 바 적지 않기에 생략하고19) 그의 시에서 선취를 맛보고자 한다.「은자에게(贈隱者)」를 보면,

고상하고 한가한 성품 얻은 뒤로,
평생 북쪽 누대 향해 살아 왔다네.
달빛 비친 못엔 구름의 그림자가 끊겨 있는데,
산 속의 나뭇잎에선 빗소리가 가지런하네.
정원수엔 사람들 둘러앉아 글씨를 쓰고,
목란 꽃엔 새들 낮게 앉아 있다네.
서로 만류하고 길이 잊지 말자며,
밤 지새워 붉은 계단에서 이야기하네.

自得高閑性, 平生向北樓.
月潭雲影斷, 山葉雨聲齊.
庭樹人書匝, 欄花鳥坐低.
相留永不忘, 經宿話丹梯.

여기에서 청신한 담백미를 느낀다. 속세가 아니라 자연 그대로이다. 자연과 「나」의 일치이며 음지가 보이지 않는 평화 자체이다.「선사에게(贈禪師)」를 보면,

---

18) ≪北夢瑣言≫卷十 :「僧鸞有逸才而不拘檢, 早歲稱卿御, 謁薛氏能尙書于嘉州.」
19) 杜松柏 ≪禪學與唐宋詩學≫ (臺灣黎明書局) 拙著, ≪王維詩硏究≫(臺灣黎明書局)

욕심은 본디 천성에 없으니,
이 삶은 오래 선에 있다네.
구주에는 공연히 길이 있으니,
여러 해 방에서 홀로 지냈다네.
경쇠 울려 속세의 먼지 떨쳤고,
항아리 옮겨 습한 땅 도톰하게 하였네.
서로 찾아 같이 어울려 지내다가,
별과 달 속에 앉아 있다가 잠도 잊었네.

嗜慾本無性, 此生長在禪.
九州空有路, 一室獨多年.
鳴磬微塵落, 移缾濕地圓.
相尋偶同宿, 星月坐忘眠.

이 세계는 선리(禪理)와 선적(禪跡)의 표상이다. 시인의 심리가 이렇거늘 어찌 후인이 「너무 평용하다(妄庸)」이니 (≪後村詩話≫卷一) 「자부심이 너무 높다(自負甚高)」니 (≪唐詩談叢≫卷一), 「경박하기 같다(佻務相類)」니 (≪全唐詩說≫) 하는 편견을 가할 수 있을지 의심스럽다. 설능의 인격이 이 선시에서 다 표현된 것이거늘, 선현의 불당지사를 대국적 측면에서 직설적으로 논하였다는 의미로 해석해야 할 것이다. 이러한 설능의 시심은 다음 「보공선사에게(贈普恭禪師)」에서 탈속과 선경의 좌망(坐忘)에 드는 것이다. 살아도 살지 않는(生而不生) 듯한 입신계(入神界)가 여기에 보인다.

해가 높이 오르면 매양 한끼 먹지만,
내 마음 굽히기 어렵고 나 또한 어려움 없네.
남쪽 처마 아래 시월 새끼줄 침상 따스하고,
불경을 외우면서 해를 쳐다보노라.

一日迢迢每一飡, 我心難伏我無難.

南簷十月繩牀暖, 背卷眞經向日看.

　이 시에는 선어(禪語) 한 자 없는 무욕의 의식을 보인다. 먹지 않고 움직이지 않고 하늘을 향한 지계(地界)를 탈출하고픈 의식세계가 드러난다. 시에는 다양한 애매성이 겹쳐 있고 누구나 공통적으로 지닌 특성 속에서 그 만이 지닌 개성을 추출하기가 쉽지 않다. 설능의 시도 그 하나로서 혹평 하에서도 이어온 그의 시이기에 그의 생애만큼이나 다양하다. 그러길래 '설허창의 시는 천생의 분수가 한계가 있어서 여러 공에 크게 미치지 못한다. 의취가 합하는 곳에 이르러선 정말 초식동물 같이 때로 곰씹으면 절로 아름답다.(薛許昌詩天分有限, 不逮諸公遠矣. 至合人意處, 正如芻豢, 時復咀嚼自佳.)'(≪西淸詩話≫上)란 평이 믿어지지 않으며 '설태졸은 평생 자기 시를 너무 자랑한데 전집을 읽어보면 얻어지지 않는다.(薛太拙平生極誇己詩, 及讀全集, 亦不見得.)'(≪一瓢詩話≫)라는 평도 실감나지 않는다. 한 시인의 시에는 긍정적인 가치부여라는 의식 속에서 평해야 정답을 도출해낼 수 있다고 재삼 생각이 간다. 당시를 분석하는 과정에서 평가의 긍정성을 인정받은 작가는 시의 다과나 시단에서의 활동범위에 구애받지 않고 후세의 호평을 받으며 학술적 가치까지 얻고 있으니, 최융(崔融)이나 소미도(蘇味道) 등은 20수가 안 되는 시작으로 초당의 지위를 차지하고 있는 반면에, 당시에 대한 초기연구에서 누락된 작가들 중에 설능이나 융욱 같은 경우에는 詩가 성중당대의 낭만과 풍자를 지녔고 한군평은 중당의 사실주의적 시를 남기고 있으면서도 지금까지 온당한 평가 대열에 들지 못하는 편견을 보여주고 있다. 따라서 시 연구의 긍정적 의식에서만이 분석의 합당성도 인정받을 수 있을 것이다.

이익(李益)과 그 시의 강개(慷慨)와 청아(淸雅) 풍격

중당 대력 년간에 시명을 취득한 자는 수다할 것이지만 이익은 송대 엄우(嚴羽)가 ≪창랑시화(滄浪詩話)≫「시평」에서,

> 대력 년간 이후로 내가 깊이 본받을 분은 이장길·유종원·권덕여·이섭·이익뿐이다.
>
> 大歷以後我所深取者, 李長吉柳子厚權德輿李涉李益耳.

라고 하였고, 왕세정(王世貞)의 ≪예원치언(藝苑巵言)≫(권4)에는,

> 절구는 이익이 으뜸이고 한굉은 그 다음이다.
>
> 絶句, 李益爲勝, 韓翃次之.

라고 하고, 그리고 명대 양신(楊愼)의 ≪승암시화(升菴詩話)≫(권11)에서,

마대와 이익은 성당 풍격에 뒤지지 않는다.

馬戴李益, 不墜盛唐風格

라고 평한 바와 같이 당시에는 이하(李賀)와 더불어 제명하여, 대력시대의 명인이었다. 그러나 중요 시사(詩史)나 개설서에[20] 이익에 관한 설명이 매우 희소한데, 그 이유는 이익 자체의 비중보다는 고증할 만한 자료의 미흡에 더 큰 문제가 있는 것이라고 보아 이익에 대한 가능한 연구 범위 내에서 고찰하려는 것이다. 이 글은 왕명오우(王夢鷗)의 ≪唐詩人李益生平及其作品≫(藝文印書館, 1972)에서 이익의 조·중·만년(早·中·晩期)의 작품분류의 난점이 보충됨으로 해서 작성이 가능하게 되었다.

이익(749~827)에 관한 생평은 별도의 장을 설정하여 상세히 서술하겠으며, 현존하는 총 168수[21]의 작품 한도 내에서 이익의 변새시를 필두로, 종군시의 특성과 악부시의 풍격을 본문의 주제로 다루려 한다. 이익의 현존하는 시집은 단독시집으로 발간된 것은 청대 장주(張澍)의 ≪이상서시집(李尙書詩集)≫ 157수, 그리고 강희(康熙) 년간에 동정(洞庭) 섭(葉)씨 수초본(手鈔本)의 ≪이군우시집(李君虞詩集)≫ 133수 등 2종집 만이며, 실상 그나마도 내용상 불확실한 작품이 적지 않다. 남송 이전까지는 이익작품이 유전되어 왔을 뿐이니, 응당히 있을 법한 ≪신당서≫「예문지」, ≪숭문총목(崇文總目)≫에 그의 작품이 수록되어 있지 않고, 오직 영호초(令狐楚)에 의해 ≪원화어람시집(元和御覽詩集)≫에 36수가 선입되어 있고, 위

---

20) 陸侃如 등 ≪中國詩史≫, 胡雲翼 ≪唐詩硏究≫, 蘇雪林 ≪唐詩槪論≫ 등에는 이익에 관한 기록이 없음.
21) 청초 錢謙益·季振宜 편인 ≪전당시≫에는 연구, 단구까지 합한 수이고(5函3冊 2권), 장주의 ≪이상서시집≫에는 157수, 명대 陳警의 ≪唐百家詩選≫에는 128수, 康熙洞庭葉氏手鈔本 ≪李君虞詩集≫에는 133수가 수록.

장(韋莊)의 ≪우현집(又玄集)≫에 3수, ≪문원영화(文苑英華)≫에 40수 그리고 계유공(計有功)의 ≪당시기사(唐詩紀事)≫에 선입되어 있다. 그 후 이익시라는 독립된 권수로 출현되기는 조공무(晁公武)의 ≪군재독서지(郡齋讀書志)≫(권4)가 있고, 또 진진손(陳振孫)의 ≪직재서록해제(直齋書錄解題)≫(권19)가 있었다. 남경 이후, 명대 가정(嘉靖) 23년(1544) 진경(陳警)이 왕안석(王安石)의 편인 ≪당백가시선(唐百家詩選)≫을 확대하여 ≪당백가시집(唐百家詩集)≫ 속에 권상·하 및 습유 등 3부분으로 분류수록 하였다 (총128수).

이것이 현금까지 전수된 작품의 중심이 되었다. 이상의 시집 중에서 왕명오우는 ≪전당시≫본[22]에 의거하여 장주본(張澍本), 섭씨초본(葉氏鈔本), 백명가본(百名家本) 등과 시의 편차를 비교하여 배열하였는데, 각 책의 체제가 난산하여 편호(≪전당시≫본에 근거함)가 상호 다르고, 시수도 다소 차이가 있어, 예컨대 ≪전당시≫본의 「이른 제비의 송별(賦得早燕送別)」의 목차호수가 5인 것이, 장주본에는 113으로, 엽씨초본은 3으로 되어 있고, 또 72의 「가교서의 동방 귀환을 송별하며(送賈校書東歸)」는 장주본에 110, 엽씨초본에 87, 백명가본에 83으로 배열되어 있다. 이러한 목차의 불일치와 시수의 차이에서, 먼저 이익의 작품이 일찍이 산일되어 송 이후에야 한 둘씩 수집하여 형성되었다는 점과, 다음은 명인의 편집방법이 오칠언 및 고시, 혹은 율절에 의해 분류되어 체례의 통일성이 결여되었다는 점을 파악할 수 있다.

본문에 예거되는 시는 필자가 신빙성을 두는 장주의 ≪이상서시집(李尙書詩集)≫(대만 상무인서관)과 전당시고본을 고증본으로 하고 편호는 ≪전당시≫에 의해 인용하려 한다. 천상권(陳尙君)의 ≪전당시속습≫권25에는 「서암사에 놀며(遊棲巖寺)」1수 (≪古今圖書集成·山川典≫권35에서

---

22) 주(2) 참조.

추출)가 새로이 추가되어 있다.

Ⅰ. 생평과 시작의 계년

1. 생평

이익의 사적에 관한 믿을 만한 자료는 우선 ≪신당서≫·「본전」과 ≪구당서≫·「이익전」, ≪당재자전≫(권4), ≪당시기사≫(권34), ≪곽소옥전(霍小玉傳)≫ 등을 들 수 있겠는데 이 또한 기록 자체에 대한 사실여부를 논할 때 방증의 확실성이 문제되고 있다. 따라서 본문에서는 가능한 수집자료에 의거하여 진술할 수 있을 뿐이다.

이익의 출생년대는 그의 20세시를 대력 4년(769)으로 하여 이 때 하중부(河中府)에 추천되고 동도(東都)의 진사에 급제한 기록에 의거하면[23] 즉 749(玄宗 天寶 8년)으로 추단된다. 이익은 자를 군우(君虞), 부친 이규(李䌷)에게서 태어나[24], 8세에 안록산난(安祿山亂)을 만나 도난생활을 겪었다.[25] 20세 이전에 그의 시명은 대력십재자의 일인이 되었다.[26] 20세에 등제후, 정현위(鄭縣尉 종9품하), 그 이듬해 주문풍간과(主文諷諫科)에 급제하여 다시 정현주부(鄭縣主簿)(종9품상)를 제수 받는데[27] 이는 이익의

---

23) ≪霍小玉傳≫云:「生年二十擢第進士. 登科記考卷十 : 大歷四年. 知貢擧者, 上都爲禮部侍郞薛邕, 東都爲權知留守張延賞. 李益與齊映同榜.」
24) ≪新唐書≫·「宰相世系表」 및 ≪舊唐書≫·「李益傳」 참조.
25) 李益의 「從軍詩序」:「君虞生八年, 燕戎亂華」라 하고, 張南史의 「寄李舍人詩」: 「戎馬生郊日, 賢人避地初.」
26) 李益의 十才子 열입에는 다소 자료에 따라 달리하는데, ≪唐詩紀事≫卷三十과 ≪詩話總龜≫後集卷十引葛立方言에는 열입되어 있고, ≪舊唐書≫·「盧綸傳」에는 시제중에 李益만이 결해 있음.
27) ≪登科記考≫卷十에는 大歷 6년에 李益을 主文諷諫科, 建中 4년(德宗年間,

노륜(盧綸)의 매(妹)와의 결혼문제와 상관되는 시기이다. 이익의 노씨와의 관계는 이익의 시「노륜에게(贈內兄盧綸)」(《李尙書詩集》 p.20)와 소설 《곽소옥전》에도 (상동집 p.4 이씨사적에 기재) 노씨와의 결혼을 묘사한 부분이 나오고[28] 또 노씨의 품행부정으로[29] 이익이 현실생활을 염악하고 출세적 도사생활을 시작하여 검교사공(檢校司空) 최녕(崔寧)이 안북대도호(安北大都護)로의 부임으로 인해 역사적인 종군행로를 열게 되었다.[30] 때문에 노씨와의 결혼 실패는 이익의 인생에 큰 전환점이 된 것이다. 그는 일차 종군시기(780~785)에 한유양(韓游瓌), 혼함(渾瑊)의 막부에서 시어사(종6품하)에 이르고 풍주·영주·염주·분·영 등지를 편력하면서, 이른바 종군시를 남겼다.[31] 1차 종군시기중의 시로서「다시 위북사부로 부임에 이별(再赴渭北使府留別)」(편호78)은 건중 4년 10월 경기 위북에서 혼감을 수행하며 지은 것이다.(《資治通鑑》卷二二八)

  머리 매고 나가 전고 울리니
  병사가 이어 곡려〈匈奴藩王의 封號〉를 쫓는도다.
  선천에 숨은 포로 잡고
  병갑엔 무거운 뿔 입혔도다.
  옛 부중엔 군기 섰고

---

 783)에 拔華科에 각각 열입함.
28) 《霍小玉傳》에「太夫人已與商量表妹盧氏, 言約已定. 太夫人素嚴毅. 生逡巡不敢辭讓, 逐就禮謝, 便有近期, 盧亦甲族也.」
29) 또 傳에「夏五月, 與盧氏偕行, 歸於鄭縣, 至縣旬日, 生方與盧氏寢, 忽帳外外吒之聲, 生驚視之, 則見一男子, 年可三十餘, 姿狀溫美, 隱身映幔, 連招盧氏, 生惶遽走起, 繞幔數匝, 倏然不見, 生自此心懷疑惡, 猜忌萬端, 夫婦之間, 無聯生矣.」
30) 崔寧과의 관계는 李益의「從軍詩序」:「建中初, 司空巡行朔野」와 《舊唐書》·「崔寧傳」, 그리고 《資治通鑑》卷二二八을 참조.
31) 李益의 從軍詩에는「鹽州發胡兒飲馬泉」·「再赴渭北使府留別」·「赴邠寧留別」·「登夏州城觀送行人賦得六州胡兒歌」등이 있음.

새 군사에 우교가 고르도다.
보은의 마음 죽지 않으니
길을 알아 말도 울도다.
험한 산마다 높은 봉화 선데
군영에 이르니 태백산도 아래로다.
오랑캐 평정한 칠 척 장검을
봉해 터니 한 덩이 흙이로다.
바다 끊어 물풀을 얻고
샘을 넘어 벽제를 마시도다.
한 조정에 중히 뽑혀
다시 오원을 서방에서 모시게 되었도다.

結髮逐鳴鼙, 連兵追谷蠡.
山川搜伏虜, 鎧甲被重犀.
故府旌旗在, 新軍羽校齊.
報恩心未死, 識路馬還嘶.
列嶂高烽擧, 當營太白低.
平戎七尺劍, 封檢一丸泥.
截海取蒲類, 跑泉飮鸒鵜.
漢庭中選重, 更事五原西.

　이익이 그 후 유제(劉濟)의 간청에 의해 영전부사(營田副使)로서 유주(幽州)로 2차 종군하는 시기는 정원(貞元) 원년(785)에서 동 20년(804)까지 즉 이익 36세에서 55세까지 20년 간에 이른다.[32] 기간에 유주 생활의 초기에는 위응물(韋應物)과[33] 그 말기에는 한유와[34] 교분을 지내며 유주에 막부를 두고서도 하중河中·회남淮南·양주揚州 등을 두루 다녔다.[35] 이익

---

32) ≪新舊唐書≫·「德宗本紀」·「劉濟傳」·≪通鑑≫권228 참조.
33) ≪韋蘇州集≫卷四에「送李益侍御赴幽州幕」이 있음.
34) ≪韓昌黎文集≫권20의「送幽州李端公序」참조.

이 유주에서 회경한 것은 영정(永貞)(805) 8월 순종(順宗)이 정사를 주지하지 못하매, 이순(李純)이 접위하여 소환된 57세시이다. 그 해는 원화(元和) 원년이기도 하니, 그 소환의 곡절은 다음과 같다.

> 헌종이 그 명성을 듣고 하북에서 불러들여 비서소감과 집현학사에 등용하니 재주를 자부하여 소홀히 하는 바가 많아 중인에 용납되지 않으니 간관이 그 유주시구를 거론하였다.

> 憲宗雅聞其名, 自河北召還, 用爲秘書少監, 集賢學士, 自負才地, 多所凌忽, 爲衆不容. 諫官擧其幽州詩句.(≪舊唐書≫卷一三七·「李益傳」)

여기서 이익은 비서소감(종4품상)으로 승진된 것을 알 수 있다. 이 승진내막에 관하여 왕멍오우(王夢鷗)는 당서 「百官志」구를 인용하면서[36] 이익의 유주 시에 공훈을 발견할 수 없는데 그 이유를 밝힐 수 없다 하고, 단지 승진시기를 회경한 후 2, 3년 지난 809년경으로 보고 있다. 그 점을 타당하게 봄은 바로 포용(鮑溶)의 「竊覽都官李郎中和李舍人益酬張舍人弘靖夜寓直思聞雅琴見寄」 1수(≪全唐詩≫八函一冊·≪鮑溶詩集≫卷四)에서 이익과 장홍정(張弘靖)을 「사인(舍人)」이라 호칭한 점에서 먼저 사인(정5품)을 거쳐서 소감에 오른 것으로 추정된다. 그와 아울러 원화 3년(808) 제과(制科)에 참여하여 고책관(考策官)이 된다. 그러나 유주 있을 시에 지은 「유제에게 드림(獻劉濟)」(편호128)의 말2구 「感恩知有地, 不上望京樓.」가 중앙의 혐의를 원망한 것이라 하여 탄핵을 받게 됨에 파관되어 낙양(洛陽)의 노가로 회향하였다가 다시 유주로 떠날 준비까지 하였다.

---

35) ≪新唐書≫·「盧編傳」, ≪唐方鎭年表考≫, 王夢鷗의 「李益詩及佚文補輯」 p.115 참조.
36) ≪唐詩人李益生平及其作品≫ p.60 참조.

그러나 족인 이봉길(李逢吉), 교우 무원형(武元衡)에 의해 면죄되어 원화 3년 우서자(右庶子)(정4품하)에 임용되었다.37) 이어서 원화 13년(818) 좌산기상시(左散騎常侍)(종3품)가 되었고 태화(太和) 원년(827) 예부상서(禮部尙書)가 된 직후 병고하였다.38) 이익의 후사는 이당(李當)이 있어 관찰사(觀察使)·형부상서(刑部尙書)를 지냈고, 손자 이조(李藻)는 소종(昭宗) 시에 상서좌승(尙書左丞), 이극(李極)은 희종(僖宗) 시에 고공낭중지제고(考功郎中知制誥)를 지냈다.39) 이익의 인품은 종군시의 풍격과 상관되고 있다. 즉「종군시서」에「자못 이 글에 마음을 실었는데 모두 강개한 의기에서 나온 것이다.(頗懷於斯文, 率皆出於慷慨意氣)」라고 하여 이익의 조호(粗豪)하면서 비광달(非曠達)한 성격이 파악되며 직심(直尋)의 시적 표현을 본다. 따라서 그의 시어는 상징성이나 의상 중첩의 전고가 적으며 감성이 치밀하기보다는 진실하다.40)

2. 시작 계년

이익시 총 168수(錢謙益·季振宜가 편한 ≪全唐詩≫)중 대략적인 시대 구분이 가능한 편수를 그의 초년부터 만년까지 5기로 분류하여 열거한다. 이 분류의 근거는 역시 왕명오우(王夢鷗)의 자료(이미 소개)와 ≪신·구당서≫ 및 ≪자치통감(資治通鑑)≫(권222~240)에 두었고 작품의 출처편호는

---

37) ≪資治通鑑≫ 권237 참조.
38) 818년 이후 散騎常侍의 직위를 오래 지킨 인구를 보면,「長慶初, 趙宗儒爲太常卿, 贊郊廟之禮, 時罷相二十餘年, 年七十六, 衆論伏其精健, 右常侍李益 笑曰 : 是僕東府所選進士也.」(李肇, ≪國史補≫卷中)
39) ≪新唐書≫·「宰相世系表」, ≪八瓊室金石補正≫권60, ≪舊唐書≫·「文苑傳」참조.
40) ≪唐詩人李益生平及作品≫ pp.118~119

≪전당시≫의 순차를 기본으로 하였다.

(1) 766~772(大歷 元年~6年)

이 시기는 장안 자은사(慈恩寺)의 법진화상(法振和尙)과의 교왕, 대력 5년 진사방한 후 시우 배길(裵佶)과 왕달(王達)과의 관계, 동년 정현주부(鄭縣主簿) 재직시 화산(華山)을 유람한 내용을 주제로 하였다.[41]

「晚春臥病喜振上人見訪」(54)・「賦應門照綠苔」(168)・「賦得垣衣」(47)・「賦得早燕送別」(5)・「春晚賦得餘花落」(8)・「城西竹園送裵佶王達」(16)・「罷秩時入華山採茯苓逢道者」(26)・「入華山訪隱者經石壇」(19)・「華山南廟」(14)

(2) 780~787(建中 元年~貞元 3年)

혼인실패하고 종군생활의 초기에 해당한다.

「大禮畢皇帝御丹鳳門改元建中大赦」(40・780A.D.)・「送常曾侍御使西番寄題西川」(51)・「中橋北送穆質兄弟應制戲贈蕭二策」(109・785A.D.)・「華陰東泉同張處士詣藏律師兼簡縣內同官因寄齊中書」(21・785)・「校書郎楊嶷往年以古鏡貺別今追贈以詩」(10・784)・「送人流貶」(48・787)・「與王楚同登青龍寺上方」(36・785)・「上汝州城樓」(139)・「同崔邠登鸛雀樓」(70・785前後)・「惜春傷同幕孟郎中兼呈去年看花友」(87・785)

(3) 788~799(貞元 4年~貞元 15年)

종군시 연대(788~789 집중년대)와 중년기의 동시기에 연대고증이 가능한 부분을 포함시키고 있다. 「종군시서」에는 노경량(盧景亮)에 의해 집증된 것이 50수라 하지만 현재 46수에 이르고 최초의 선록은 원화 10년(815)

---

41) ≪新唐書≫卷127, ≪舊唐書≫卷98, 「裴耀傳」참조.

영호초(令狐楚)가 ≪어람시집(御覽詩集)≫에 포함하였다.(≪四庫提要≫권 186) 종군시의 작시 년대는 다르지만(조기 작품이 있음) 집중년대에 해당하므로 일괄하여 그 시제를 적는다.

「將赴朔方早發漢武泉」(30·780)·「從軍有苦樂行」(1)·「從軍北征」(112)·「聽曉角」(123)·「觀騎射」(95)·「暖川」(114)·「邊思」(118)·「登夏州城觀送行人賦得六州胡兒歌」(37·799)·「暮過回樂烽」(125)·「夜上受降城聞笛」(142)·「統漢烽下」(134)·「度破訥沙二首」(107)·「夜上西城聽梁州曲二首」(113)·「拂雲堆」(18)·「塞下曲四首」(113)·「登長城」(2)·「城傍少年」(31)·「效古促促曲爲何上思婦作」(44)·「石樓山見月」(86)·「回軍行」(128)·「賦得路傍一株柳送邢校書赴延州使府」(80)·「夜宴觀石將軍舞」(131)·「鹽州過胡兒飲馬泉」(74)·「從軍夜次六胡北飲馬泉磨劍石爲祝殤」(38)·「飲馬歌」(33)·「來從竇車騎行」(28)·「赴邠寧留別」(67)·「立春日寧州行營因賦朔風吹飛雪」(64)·「邠寧春日」(129)·「送柳判官赴振武」(60)·「送客歸振武」(148)·「春日晉祠同聲會集得疎字韻」(77)·「北至太原」(18)·「五城道中」(35)·「軍次陽城烽舍北流泉」(97)·「夜發軍中」(29)·「赴渭北宿石泉驛南望南堆烽」(143·786)·「觀廻軍」(13)·「再赴渭北使府留別」(78·783)·「上黃堆烽」(159)·「獻劉濟」(65)·「臨潭沱見蕃使列名」(140)·「宿石邑山中」(153)·「幽州賦詩見意時佐劉幕」(96)·「送韓將軍還邊」(53·787)·「送邊陽使還軍」(4)

以上의 從軍詩外에 「和丘員外題湛長史舊居」(147·790)·「溪中月下寄揚子尉封亮」(7·790)·「九月十日雨中過張伯佳期柳鎭未至以詩招之」(110·793).

(4) 800~804(貞元 16~同 20年)

이익이 양주(揚州)에 유력하던 시기이다.

「揚州懷古」(103)·「蓮塘驛」(34)·「行舟」(136)·「隋宮怨」(137)·「送人歸岳陽」(138)·「柳楊送客」(121)·「逢歸信偶寄」(144)·「楊州送客」(133)·「楊州早雁」(105)·「永宿聞雁」(104)·「奉酬崔員外副使携琴宿使院見示」(71)·「游子吟」(32)

(5) 805~827(永貞 元年~太和 元年)

「奉和武相公春曉聞鶯」(119·807)·「書院無日曆以詩代書問路侍御六月大小」(83)·「送客還幽州」(120·809)·「答許五端公馬上口號」(116·806)·「奉和武相公郊居寓目」(126·813)·「送襄陽李尙書」(76·815)·「牡丹」(117·807)·「答竇二曹長留酒還櫪」(92·807)·「登白樓見白鳥席上命鵁鶄辭」(85·817)·「述懷寄衡州令狐相公」(61·820)·「贈宣大師」(150)·「喜入蘭陵望紫閡峰呈宣上人」(62)·「答廣宣供奉問蘭陵居」(93)·「蘭陵僻居聯句」(165)·「重陽夜集蘭陵居與宣上人聯句」(163)·「乞寬禪師瘦山罌呈宣供奉」(94)·「與宣奉携瘦罇杏溪園聯句」(164)·「詣紅樓院尋廣宣不遇留題」(127)·「八月十五日夜宣上獨游安國寺山亭院步月李舍人十兄遲明將至因話昨宵乘興聯句」(167)·「紅樓下聯句」(167)·「天津橋南山中各題一句」(166·821)

Ⅱ. 종군시의 慷慨

이익의 종군시는 이익 자신의 의표이다. 20년 종군생활에서 표현한 작품은 이익시를 대표하는 것이 되었고, 그러길래 그의 종군시는 그의 성격을 대변하는 것이다. 불우한 결혼생활과 그 결과로 인한 종군 즉 현실도피의식의 행위인 때문에 종군시의 내용과 형식은 더욱 이익을 대신하는 것이겠다. 비록 성격이 벽질하고 시기한 면이 있었다 해도[42] 이는 그의 조호하고 가식 없는 의식의 소치라고 생각한다면, 그의 종군시를 이해하는데 도움이 되리라고 본다. 그는 강개와 발분 외에는 작시의 다른 목적이 없었다. 따라서 그는 왕찬(王粲)이나 사령운(謝靈運)에 못지 않은 차원 높은 평가를 받지 않았나 본다.

---

42) ≪唐才子傳≫卷四, p.8 「李益傳」: 「益少有僻疾, 多猜忌, 防閑妻妾, 過爲苛酷, 有散灰扃戶之談, 時稱爲妬癡尙書李十郎.」

한대 이래로 왕찬은 종군작품을 지어서 축송을 드리고, 사령운은 수재를 송별하며 단지 사념을 서술하였으나 오직 이익만은 상쾌한 기품으로 수자리의 정감을 묘사하고 고난의 상황을 다 드러내었다.

然跡漢以來, 仲宣賦從軍, 祇貢頌諛, 靈運送秀才, 徒述懷思, 惟君虞以爽颯之氣, 寫征戍之情, 覽關塞之勝, 極辛苦之狀.(≪李尙書詩集≫序)

이제 그의 종군시를 개관함에 있어 시의 표현법, 시어의 상징성, 의상의 중첩, 그리고 내용상의 성실성, 수자리의 성정, 변방에의 승람, 고생의 정황을 여하히 묘사하고 있는지를 고찰하려 한다. 본문의 서술은 이익 시론에 관한 객관적 자료의 부족 때문에 주관적 해석이 불가피함을 먼저 밝혀둔다.

먼저 시의 표현면에서 보면, 이미 종군시서에서 밝힌 대로 발분의 소치에 의한 직심적(直尋的) 방법을 쓰고 있으니 그 예를 다음에 들기로 한다.

(가)
관성의 느릅나무 잎 일찍 성글어 누런데
해 저무는 옛 전쟁터엔 구름 자욱하오.
바라노라. 회군이 먼지 낀 뼈를 덮어
사졸로 용황을 통곡케 마오.

關城楡葉早疎黃, 日暮沙雲古戰場.
表請回軍掩塵骨, 莫敎士卒哭龍荒.(「回軍行」)

(나)
몸은 한의 비장을 이어 받아
머리 맨 즉 병사를 일컫네.
의협이 적으니 뭘 물으리!
종래엔 불평만 일삼았네.

누런 구름이 삭방을 끊어 부니
백설이 변성을 감싸네,
다행히 변방 응모하여
칼 가로차고 명성이나 얻어 볼까!

身承漢飛將, 束髮卽言兵.
俠少何相問, 從來事不平.
黃雲斷朔吹, 白雪擁沙城.
幸應邊書募, 橫戈會取名.(「赴邠寧留別」)

이상에서 (가)시를 보면, 우선 변새의 정취묘사에 있어 당시인에 상용된 변새지명이나 외국기용 및 인물이 등장하지 않고, 시인의 이상이나 심각성이 없이 직설적으로 마치 무감각한 표현미를 보이고 있다. 그리고 (나)시는 제4구와 제7구로 보아 최녕이 해를 당한 후[43] 이익이 분녕절도사 한유괴(邠寧節度使韓游瓌)의 부름에 응하면서 지었는데, 시어에서의 변새적 성격 외에는 전혀 감정의 우회적 표현을 강구하지 않고 있음을 볼 수 있다. 따라서 어사에 있어 비흥(比興)의 수법을 홀시하여 상징성이나 의상 표현의 전고 인용을 극소하게 차용하고 있을 뿐이니, 이는 즉 종군시의 풍격이 그의 인격과 상통하게 유출하고 있는 예증이 된다. 이런 경우는 종군시에만 국한하지 않아서 예컨대,「노륜 형에게(贈內兄盧綸)」(편호91)를 보면,

세상 일로 중년에 헤어져
여생 이에 한데 하자 하였더니
도리어 슬픔과 병이 들어
홀로 낭능옹을 대한다.

---

43) ≪舊唐書≫·「崔寧傳」.≪資治通鑑≫ 卷228 참조.

世故中年別, 餘生此會同.
郄將悲與病, 獨對朗陵翁.

여기서 제4구의 「朗陵翁」를 차대사(借代詞)로 사용하였는데 이는 바로 「內兄」의 의미일 뿐 개념적으로는 아무런 상상성이 개재되어 있지 않다. 이와 같은 종군시의 예시로써 「새하곡(塞下曲) 4수」(편호112)를 보면,

(1)
번주 부락 잘 뭉치어서
조석으로 황하 터에서 사냥하네.
연가 끊이지 않는 데 기러기 날고
목마 무리지어 우니 변방초목 푸르도다.

蕃州部落能結束, 朝暮馳獵黃河曲.
燕歌未斷塞鴻飛, 牧馬群斯邊草綠.

(2)
진의 장성 이미 헐었는데
한무는 북으로 선우대 올랐도다.
예부터 싸우러 나가 오랑캐 다 물리치지 못하니
오늘도 또 천병이 오누나.

秦築長城城已摧, 漢武北上單于臺.
古來征戰虜不盡, 今日還復天兵來.

(3)
황하 굽이 지어 동으로 흐르는데
전장에 묻힌 원한 언제나 끊일런가!
채염은 잡혀가 호가를 만들었고

소무는 돌아와 한의 절개 지켰네.

黃河東流流九折, 沙場埋恨何時絶.
蔡琰沒去造胡笳, 蘇武歸來持漢節.

(4)
보답하러 오늘도 도호의 사나이 되니
흉노도 감히 운중에 못 오도다.
청컨대, 새북의 음산 돌에 기록하여
연연 거기의 공에 비해 주기 원하네.

爲報如今都護雄, 匈奴且莫下雲中.
請書塞北陰山石, 願比燕然車騎功.

이상에서 (1)의 황하곡과 연가는 지리적 장소와 가창의 의상 이상의 것은 없으며, (2)의 한무와 선우대 또한 고사의 나열이고, (3)의 채염과 호가, 소무와 한절 또한 절조의 개념 이상의 상징이 없고, (4)의 말구는 이익이 동한시의 연연산(燕然山)의 거기장군(車騎將軍) 두헌(竇憲)을 최녕에 비의한 차대사일 뿐이다. 이처럼 성격보다는 가식 없는 심적 성실감이 표현되어 있으나, 문학적 가치로 볼 때,
    위경지(魏慶之)가 말한 바,

> 시인이 사물을 대상으로 하여 읊을 때, 그 묘사의 묘미가 근세에 가장 뛰어나다.
>
> 詩人詠物形容之妙, 近世爲最.[44]

---

44) ≪詩人玉屑≫卷69「托物以寓意」

그리고 또 위경지가 말한 바,

> 매성유의 ≪금침시격≫에 이르기를, 시는 내외적 의취가 있으니, 내적 의취는 그 시의 이치를 다 포함하고, 외적 의취는 그 시의 모양을 그려내는 것이니, 내외의 의취가 함축되어 있어야 시격에 들 수 있다.

> 聖兪 ≪金針詩格≫云, 詩有內外意, 內意欲盡其理, 外意欲畫其象, 內外意含蓄, 方入詩格.45)

라고 한 바 같이 탁물(托物)의 공교와 시적 묘오면에서 볼 때, 아마도 시론평상 문제외적 대상이 될 것이다. 그러나 이익이 갖는 가치는 본성과 창작의 완전한 일치라는 점을 재차 밝힐 필요가 있다. 그런고로 이익은 유모어가 결여되어 있어 독자로 하여금 기지로써 흠선(欽羨)를 받는 것이 아니라 솔직담백하고 고상하며 성실한 감회 표현에서 본받을 만하다고 본다. 따라서 구사(構辭)가 세밀하지 못하여서 가요에 가까운 시체라 볼 수 있다.46) 이런 시어의 탁물과 인고(引古), 상징의 결여 때문에 그의 종군시에서는 연상의 심오함 찾을 수 없음도 당연하다. 단지 소박과 진실 그것을 생명으로 내세워야 할 것이다.

한편 내용적 면에서 본다면, ≪이상서시집≫서에서 이미 인용한 바대로, 정수(征戍)의 정과 관새(關塞)의 경물, 그리고 노역의 신고(辛苦)상황을 묘사하고 있음은 일반종군작품과 상통하는 것이다. 이익을 특수한 위치에 놓고 관찰할 필요는 없다. 오직 정확한 고찰의 의미에서 벗어나지는 말아야 할 것이다. 이것은 이익이라는 한적한 연구대상을 논함에 있어 더욱 절실하다. 이제 정수의 정을 담은 다음의 시를 보겠다.

---

45) 상동 「托物」
46) 王夢鷗의 ≪唐詩人李益生平及作品≫ p.118

초생달 동남으로 수루에 떴고
비파에 금전두 추도다.
관산 멀리 피리 더욱 들려 오니
서리 어린 풀,
변방 사막은 바야흐로 가을이네.

微月東南上戍樓, 琵琶起舞錦纒頭.
更聞橫笛關山遠, 白草胡沙西塞秋.(「夜宴觀石將軍舞」)

위의 시는 삭방(朔方)의 밤 정경을 묘사하였고 다시 예거하면,

어디서 눈물 흘리리까!
양성 봉화는 나무 옆에 있다.
오늘 아침 망향의 객이 되니
북류천 못 마시겠네.

何地可潸然, 陽城烽樹邊.
今朝望鄕客, 不飮北流泉.(「軍次陽城烽舍北流泉」)

이 시는 종군의 호기(豪氣)가 부족하지만 권여(倦旅)와 회향(懷鄕)의 의념이 있는 점에서 군중복역이 장구함을 표현하였고,

변마는 외양간에서 놀라고
웅검은 갑에서 우노라.
한밤에 군서(軍書) 이르니
흉노가 육성에 들었다 하네.
중견으로 비밀대 짜고
태을에서 신병을 일구도다.

282 • 중국 중당시론

출몰 속에 풍운이 합하고
창황 속에 시호가 다투도다.
오늘 변경 전쟁은
보은에 인연함이지, 공명 때문이 아니로다.

邊馬櫪上驚, 雄劍匣中鳴.
半夜軍書至, 匈奴寇六城.
中堅分暗陣, 太乙起神兵.
出沒風雲合, 蒼黃豹虎爭.
今日邊庭戰, 緣賞不緣名.(「夜發軍中」)

이 시에서 말2구는 순수한 보은과 충심을 표현한 것이지 적개심에 의한 흥분은 없다.47)

한편 변새의 승경을 소재로 한 작으로는, 비교적 초년의 작품에서 다소 볼 수 있는데 이것은 행군의 신고와 곤난, 그리고 망향지심을 적은 시기인 때문으로, 삭방의 경광을 신선하게 묘사하였다. 즉 「기사를 보며(觀騎射)」를 보면,

변방에 독수리 잡는 장수
말 달려 군영을 나서다.
멀리 평원을 바라보고
몸을 돌려 저녁 구름 속에 들다.

邊頭射鵰將, 走馬出中軍.
遠見平原上, 翻身入暮雲.

여기서는 한 기사(騎射)의 출중한 역량을 그렸으며,「종군하여 북정하

---

47) ≪唐詩紀事≫卷30 참조.

며(從軍北征)」(편호122)⁴⁸)를 보면,

> 천산에 눈 온 후 해풍이 찬데
> 피리 비스듬히 꺾어 부니 갈 길이 어렵구나.
> 사막에 원정군 삼십만이
> 일시에 머리 돌려 명월을 바라보네.

> 天山雪後海風寒, 橫笛偏吹行路難.
> 磧裏征人三十萬, 一時回首月明看.

여기는 전진의 와중에서 자연야경을 묘사하였다. 그리고 종군시에서 지적할 점은 평소의 불만의 발로가 그 주원인이 생활의 신고에 있고 회경하지 못하는 자신의 신세한탄에 있기 때문에, 이익에게도 그 의표가 산견된다. 즉「유제에게 바침(獻劉濟)」(편호65)를 보면,

> 풀 파란 옛 연주
> 꾀꼬리만 홀로 노누나.
> 기러긴 천북가로 돌아가고
> 봄은 해서 가에 지누나.
> 해바라기 기울어 떨어지고
> 세월 따라 물은 절로 흐르누나.
> 성은에 감사한 줄 알지만
> 망경루엔 오르지 않으리라.

> 草綠古燕州, 鶯聲引獨游.
> 雁歸天北畔, 春盡海西頭.
> 向日花偏落, 馳年水自流.
> 感恩知有地, 不上望京樓.

---

48) ≪文苑英華≫卷299 참조.

위에서 특히 말연은「생평」에서 이미 개술하였지만, 항명적 죄상으로 취급되어 파직을 당해 심신의 고통을 받는 결과를 낳았는데, ≪신당서≫ (권203) 본전의「울적하게 연땅을 노닐다가 유제가 막부에 있다가 영전부 사로 나가니 영제와 시를 지으매 어사에 원망이 맺힌다.(鬱鬱去游燕, 劉濟 辟置幕府, 進爲營田副使, 嘗與濟詩, 語怨望.)」에서「語怨望」은 바로 이 두 말구를 두고 한 말이다.

Ⅲ. 악부시의 청기(淸奇)와 아정(雅正)

이익의 악부시는 그 체재로 보아 고악부에 속한다. 그의 악부시를 논할 때 흔히 이하(李賀)와 동격에 놓으려는 진의를 간과할 수 없다.[49] 악부시의 특성을 한마디로 어떻다고 평할 것인가는 먼저 당대 장위(張爲)의 ≪시인주객도(詩人主客圖)≫(권1)에서 그를「청기아정의 주인(淸奇雅正主)」로 추정하고 이하를「거거오일의 주인(高古奧逸主)」로 지칭하고 있는 점으로 보아 악부시는 종군시 이상의 청신고결을 더하고 있다고 하겠다. 명대 육시옹(陸時雍)의 ≪시경총론(詩鏡總論)≫에 보면,

　　이익의 오언고시는 이백의 심오함을 얻었으나 해낼 수 없는 것은 호탕함뿐이다. 태백은 힘이 남음이 있어서 고로 자득한데 이익은 고생해서 해내는 것이다.

　　李益五古, 得太白之深, 所不能者澹蕩耳, 太白力有餘閒, 故游衍自得 :

---

49) ≪李尙書詩集≫序:「其他章句, 亦淸麗絶倫, 宜與長吉齊名…」≪李氏事蹟晁公 武讀書志≫:「益少負詞藻長於歌詩, 與宗人賀齊名」

益將矻矻以爲之.

라고 하였는데 이백 시를 낭만・청신・웅위・자연・박질 등으로 특색 지우는 것과50) 비교할 때 이익은 이백에서 청신과 박질을 터득함이 컸었으니, 왕건(王建)이 이익을 「상계의 신선(上界詩仙)」(「上李益庶子詩」)이라 하고 양거원(楊巨源)은 「청아한 어사는 온 세상이 모두 상자에 감춘다(淸詞擧世皆藏篋)」51)라 한 것으로 뒷받침할 수 있겠다. 위의 인용문에서 예거된 「유자음(遊子吟)」(편호32)은 ≪당문수(唐文粹)≫(권13)와 ≪악부시집(樂府詩集)≫(권67)에 수록된 작품으로 정확한 연대는 미상이나 정원(貞元) 중기에서 원화(元和) 초년 사이에 유주(幽州)로 돌아와서 지은 것으로 본다. 특히 제4연은 마음의 청백(淸白)을 말하고 있다.

   여인은 지아비의 박덕을
   객은 주인의 천대를 부끄럽소.
   만나 같이 어울리련만
   머뭇거리며 만나기를 부끄러워한다!
   그대 청동거울 아니려니
   어인 일로 공연이 얼굴만 비추오?
   옷 위 티끌만으로
   마음 고움에 비기지 마오.
   인생 영화로니, 님 모시기 힘들도다.
   그대 대낮 말달림 보면
   어찌 현상의 화살과 다르다 하리요.

   女羞夫婿薄, 客恥主人賤.
   遭遇同衆流, 低徊愧相見.

---

50) ≪李白評傳≫, 劉維崇 pp.26~273.
51) 주(27)과 동.

> 君非靑銅鏡, 何事空照面.
> 莫以衣上塵, 不謂心如練.
> 人生當榮盛, 待士句言倦.
> 君看白日馳, 何異弦上箭.

특히 이익의 「장간행(長干行)」(편호146)은 이백과 너무 근사하다 하여 ≪이태백시집≫(권4)와 ≪악부시집≫(권72)에 이백의 「장간행」을 열입하고 있는데52) ≪초계어은총화(苕溪漁隱叢話)≫전집(권5)에서,

> '첩의 깊은 규방에서 생각하니' 구는 이익의 작이다. 사의가 또한 매우 청신하여 태백시에 섞어 넣어도 그리 뒤지지 않는다.
>
> 憶妾深閨裏, 李益尙書作也,… 詞意亦淸新可喜, 亂之太白詩中, 亦不甚遠.

라고 한 점으로 보아, 이백과 식별 못할 만큼 악부시의 가치를 인정하고 있는 것이다. 이 또한 이백으로부터의 영향을 입증하는 예라 하겠다. 다음에 「장간행(長干行)」을 본다.

> 첩의 규방에서 생각하니
> 전쟁일랑 일찍이 몰랐다오.
> 장간인에 시집가서
> 사막 가에서 그 님을 기다리고 있으니.
> 오월에 남풍이 이니
> 그대 파릉 가신 일 생각나고,
> 팔월에 서풍이 이니

---

52) ≪樂府詩集≫에는 李白作으로 하여, 「行人在何處」 句下에 「北客眞王公, 朱衣滿江中, 日暮來投宿, 數日不肯東.」가 있음.

그대 양자 떠난 일 생각나오.
오가는 슬픔 어떠하오?
상면은 잠깐이요, 이별은 길도다.
상담엔 언제 가리요.
첩의 꿈은 풍파를 넘으오.
어젯밤 광풍이 지나며
강가의 나무 한 그루 꺾었다오.
아득히 어두워 끝이 없으니
행인은 어디 계시오?
고히 뜬구름에 준마를 타고
난초 물가 동쪽에서 기약하자.
원앙은 푸른 물가에 놀고
비취는 비단 병풍에 깃든다.
스스로 십 오세 청춘을 아끼니
안색 복사꽃 마냥 붉으오.
어이하여 상인의 처가 되어서
이 내 마음을 수심에 차게 하오.

憶妾深閨裏, 煙塵不曾識.
嫁與長干人, 沙頭候風色.
五月南風興, 思君下巴陵.
八月西風起, 想君發揚子.
去來悲如何, 見少別離多.
湘潭幾日到, 妾夢越風波.
昨夜狂風度, 吹折江頭樹.
渺渺暗無邊, 行人在何處.
好乘浮雲驄, 佳期蘭渚東.
鴛鴦綠浦上, 翡翠錦屛中.
自憐十五餘, 顏色桃花紅.
那作商人婦, 愁人復愁風.

한편 이익의 악부시에서 다른 독특한 특성을 발견할 수 있는데, 즉 둔탁한 평범이 신기성(新奇性)의 의경(意境)을 산출하고 있는 점이다. 신기성의 의경을 창출하려면, 「無理以生妙意」・「翻疊以見巧思」・「推陣以出新義」 등 삼종의 기교가 필요한데 이 중에서 이익은 「無理以生妙意」53) 즉 이치를 따짐이 없이 묘의를 꾸며내는 경우에 그 한 예가 되겠다. 이런 경우는 이성과 사물이 감정의 전염을 입어 불가능한 것이 가능으로, 불합리한 것이 합리화하므로 신기한 경계를 조성하는 의경이다. 이익의 악부 「강남사(江南詞)」(편호90)를 예로 들어본다.

　　구당 상인에 시집갔더니
　　아침마다 첩과 약속 어기도다.
　　내 일찍 밀물이 신의 있는 줄 알았다면
　　밀물에 시집갔을 것이다.

　　嫁得瞿塘賈, 朝朝誤妾期.
　　早知潮有信, 嫁與弄潮兒.

이상 4구를 하상(賀裳)이 「無理而妙」라는 평가에서 이미 거론된 바를 더 분석함으로써 상기 의경에 대한 설명으로 삼을 수 있다. 구당(瞿塘)에 사는 상인에게 시집간 후 구당이 험준하기 때문에 약속을 어길 수밖에 없는 현실에서 제3·4구의 결미에서 기상(奇想)을 안출해 낸 것이다. 그것은 「弄潮兒」라 하여 조수에게 차라리 시집갔다면 약속을 어기지 않아 행복할 터인 데라는 절망의 호소요, 확실한 의지의 희망을 표출하여 현실적으로 불가능한 사실의 가정을 설정한 것이다.

「弄潮兒」는 한 추상적 조석(潮汐) 현상이며, 이를 의인화하여 정확한

---

53) 黃永武, ≪中國詩學鑑賞篇≫ p.225

시간에 의해 일어나는 조수현상을 부러워한 것이니,「嫁與弄潮兒」구라는 불합리한, 불가능한, 즉 무리한 의취부터 묘의(妙意)를 산생시킨 시적 기법이다. 이것이 이익에서 표현된 점은 가식 없는 감정의 발로에서 승화된 상태인 것이다.

이익은 대력시대에서 태화까지 수를 누리면서 당시 사회적 현실을 문학 위에 종군생활을 통해서 절실히 표현하였다. 그것은 그의 직심적 성격과 조호한 태도의 특징을 동시에 그리고 동일하게 표현하고 있는 데에 일대 장점이 있고, 유미의식이 만연되어 가는 경향에 대한 이질적 문학성을 지향한 것이다. 물론 그의 악부에는 다소의 수식이 가미되지만, 오히려 백거이에 비해도 유모어의 의취가 결핍되어 있다고 왕멍오우(王蒙鷗)는 이미 논평하고 있다.54) 이익은 시의 형식이나 내용면에서 양자가 일관된 요소를 지니면서 악부시에서 기술한 바와 같이 둔탁한 속에 기묘의 의경을 살린 점은 독특한 것이다.

---

54) ≪唐詩人李益生平及其作品≫ p.118 참조.

황보식(皇甫湜)과 교유시, 그리고 시의 기험(奇險) 의식

  당대의 시단은 극성과 극다, 그리고 극고의 삼극(三極)을 누렸던 중국 시의 황금기였음을 더 이상 부연할 필요가 없다. 풍격의 다양화와 수다한 시인의 수, 그리고 시적 수준의 제고 등이 한데 어울린 문학의 신나는 놀이판이었다. 그런 중에서도 중당대는 초성당대에 비해 시의 기교와 내용에 있어서 한층 세련되고 다기하며, 인간의 내심을 이지적으로 표출시키는 유현한 기풍마저 조성되어 있었다. 그러기에, 기험하기도 하며 고담하기도 하고, 사실적인 면이 주된 조류를 이루었다. 그러면서 성당의 주된 사조인 성정위주라든가 자연현상에의 접근묘사도 이 시기에 떨치지 않고 유지시켜 오기도 하였다. 이렇다면 당대에 있어서 가장 문학적이며, 가장 심도 있는 시단의 조성은 역시 중당에서 가능했다고 할 수 있을 것이다.
  이런 중당대에는 고문운동이란 문학의 대혁신이 전개되어 이것이 시작에 직접 연결되는데, 그 가장 큰 변혁의 역할자가 곧 한유(韓愈)이며, 그를 중심으로 한 전후의 시인들이 한 그룹을 형성하여 새로운 시풍을 이끌어 나갔다. 그 중의 한 사람이 바로 황보식(皇甫湜 777~832)이 되겠다. 황보식은 그의 시가 문에 비하여 잔존하는 것이 거의 없지만1) 그의 시풍

---

1) 《全唐詩》 6函4冊에 현존하는 詩는 단지 3首 뿐이니, 五言排律「題浯溪口」·

을 단정하기 어려우나2) 그에 대한 타 시인의 시와 그 자신의 문에 나타
난 이론, 그리고 그의 시에 대한 긍정적인 다음과 같은 평을 보아서 그의
시 세계를 유추할 수 있다. 즉 명대 이일화(李日華)의 ≪육연재이필(六硯
齋二筆)≫을 보면,

> 황보식은 한유 문하의 제자로서 시를 잘 짓지 못하였으며 그「오계
> 석」이란 시제는 간혹 원결의 시라고도 한다. …… 그 어의를 맛보면
> 대개 당인의 문장으로 여겨지고 시어 또한 기상이 우뚝함이 있어서 구
> 차한 작품이 아니다. 홍매가 그 풍미는 취할만한 것이 없다고 한 것은
> 옳지 않다.

> 皇甫湜, 韓門弟子而不善作詩, 其題浯溪石間爲元結詩云. …… 味其語
> 意, 蓋衡量唐人文章, 而詞亦有氣 岸棱峭, 非苟作者. 洪容齋以爲風味無可
> 采, 非也.

라고 한데서 황보식의 시 또한 문에 맞춰질 수 있다고 보는 것이다. 그
러기 위해서는 그의 시문과 시 3수(≪전당시≫권369)에 대한 객관적인
정리가 있음으로 해서 가능하다고 보아 본문의 주제로 삼게 된 것이다.

「石佛谷」, 그리고 雜言體「出世篇」이 있다.
2) 皇甫湜은 詩가 적기 때문에 그동안 그의 詩와 有關한 評價가 전혀 이루어지
지 않았다. 따라서 宋代의 計有功은 ≪唐詩紀事≫(卷25)에서 '湜不善詩, 退之
知公安陸渾二篇, 可以想見其怪奇. ……言其語怪而好譏罵也.'라 하여 '怪譏'로
평하였으며 같은 시대의 洪邁도 ≪容齋隨筆≫에서 '浯溪石'을 引用하면서 '味
此詩, 乃論唐人文章耳, 風格殊無可采也.'라 하여 除外시킨 이후에 明淸代로 오
면서 그의 文은 韓愈의 列에 넣으면서 詩는 酷評의 度가 심했다. 淸代 方成珪
의 ≪韓集箋正≫: '唐詩紀事, 殖有爲出世篇一首, 筆意亦盧仝·劉义之亞.'

Ⅰ. 생애

황보식의 출신지에 대해 ≪신당서≫(권176)「한유전」에는,

> 황보식은 자가 지정이며, 목주의 신안 사람이다.
>
> 皇甫湜字持正, 睦州新安人.

라고 하여「신안인」(지금의 浙江省 淳安縣)으로 본다. 그의 생평은 본전에 기록이 없지만 그가 위처후(韋處厚)의「재상께황보식을 추천해 주기를 올리는 글(上宰相薦皇甫湜書)」(≪全唐文≫권51)에「전의 진사 황보식을 살펴 보건대 나이 32세이다.(竊見前進士皇甫湜, 年三十二)」라 하고 조공무(晁公武)의 ≪군재독서지(郡齋讀書志)≫에는,

> 당대의 황보식은 지정인으로 목주인인데 원화(806년)원년에 진사가 되고 공부랑중에 올랐다.
>
> 唐皇甫湜持正也, 睦州人, 元和元年進士, 仕至工部郎中.

라고 하였고, 그리고 ≪등과기고(登科記考)≫(권16)에도,

> 황보식의 자는 지정으로 목주 신안인이다. 원화 원년에 진사에 급제하였다.
>
> 皇甫湜字持正, 睦州新安人, 元和元年擢進士第.

라고 한 데에서 황보식이 진사에 급제하였는데, 이 때가 원화(元和) 원년(806)에 해당하며 위처후가 황보식을 형량방정직언극간과(賢良方正直言極諫科)에 추천한 때가 황보식의 나이 32세인 것을 알 수 있다. 그러면 32세가 언제인지는 다음 ≪구당서≫「헌종본기(憲宗本紀)」에 보면,

　　원화 3년 여름 4월에, 한림학사 왕애가 괵주사마로 좌천되었는데, 그 때에 왕애의 조카 황보식과 우승유·이종민 등이 모두 현량방정과에 제삼석으로 급제하였다.

　　元和三年夏四月乙丑, 貶翰林學士王涯虢州司馬, 時涯甥皇甫湜與牛僧孺李宗閔, 幷登賢良方正科第三等.

라고 한 기록과 ≪당회요(唐會要)≫(권76)에서,

　　원화 3년 4월, 현량방정직언극간과에 우승유·황보식·이종민……유위 등이 급제하였다.

　　元和三年四月, 賢良方正直言極諫科牛僧孺, 皇甫湜, 李宗閔……庾威及第.

라고 한 기록에서 황보식의 32세는 원화 3년. 808)임으로 그의 생년은 대종(代宗) 대력 12년(777)에 해당된다. 그리고 그의 졸년도 불확실하지만, 요범원(姚範援)의 ≪순당필기(鶉堂筆記)≫에 보면,

　　지정은 태화 3·4년, 즉 기유년과 경술년 사이에 죽었다.

　　持正當卒於太和三四年, 己酉庚戌之間.

라고 한 데에서 대개 태화년 간에 졸하였음을 추측하는데, 여가석(余嘉錫)이 요씨의 설을 바탕으로 태화초가 아니라, 그 후의 연대로 추정하는 근거를 다음과 같이 제시하고 있다.

> 요씨가 말하기를 황보식은 태화 3·4년 간에 죽어서 배도가 동도유수를 지낸 것을 보지 못했고, 배도를 위해 비문을 지은 일이 없다고 하는 것이 그 유일한 증거로 삼는데, 단지 백거이의「곡황보칠랑중시」가 태화 3년의「화미지도보생시」의 뒤에 수록되어 있을 뿐이다. 기타 인증이 번다하지만 모두 언제 황보식이 죽었는지를 알 수 없다. ……요씨의 근거는 바로 이 판본인데, 그 시가 편년이 되어있지 않고 단지 1권 중에 대략 연월로 선후가 나누어져 있을 따름이다. 그러나 그것도 순서가 혼란함이 있으니 26권 같은 경우에 제 1수가 태화 무신년(828년)으로 되어 있어 이것은 태화 2년인데 그 뒤의「원상공만사」는 태화 5년의 작으로 되어 있다. ……백거이가 일년동안 지은 율시가 필히 이 몇 수에 그치지 않았을 것이니, 고로 27권의 권두에「무신년 세모의 영회」라는 시가 있어 다시 2년 겨울로 돌아가고 있고, 그 뒤에「곡미지시」가 또 5년 가을의 작으로 되어 있다. ……그 전후의 순서가 이처럼 뒤바뀌어 틀려 있는 것이다. 자못 멋대로 어지러이 배치된 것 같으니 따라서 어찌 28권에서「곡식시」를「미지생자급도보생시」뒤에 넣었다고 하여 황보식이 태화 3,4년에 죽었다고 단정할 수 있겠는가? 요씨가 이 설을 내세우는 것은 황보식이 배도가 유수가 된 때까지는 없었다고 생각한 것인데 이 또한 근거가 부족할 따름이다.

> 姚氏謂湜卒於太和三四年間, 不及見裵度作東都留守, 自無爲度撰碑之事,其惟一證據, 只白居易哭皇甫七郎中詩, 編次於太和三年和微之道保生詩之後耳. 其他引證雖繁,然均無以見湜卒於何年也. ……姚氏所據, 當卽此本, 其詩不編年, 但於一卷之中, 略以年月分先後耳. 然亦有凌亂失次者, 如卷二十六, 第一首爲太和戊申歲大有年, 此太和二年也, 其後有元相公挽詞, 已是太和五年之作. ……居易一年之中, 所作律詩, 必不只此數首, 故其卷

二十七, 開卷卽戊申歲暮詠懷, 復廻至二年之冬, 而其後有哭微之詩, 又是五年之秋矣. ……其前後次序, 顚倒錯謬如此, 頗似隨手亂置者, 然則惡能因其卷二十八, 編哭湜詩於微之生子及道保生詩之後, 便謂湜定死於太和三四年耶? 乃姚氏堅持此說, 以爲湜必不及裴度作留守之詩, 其亦不足據也已矣.

따라서 황보식의 졸년은 태화 9년(832년)을 종점으로 삼고자 한다. 황보식의 성품은 강직하면서 조급하며 재주를 믿고 오만한 면이 짙었으니, 오대의 고언휴(高彦休)의 ≪당궐사(唐闕史)≫에 보면,

> 황보식 낭중은 기상이 있고 강직하여서 글을 씀도 고전적이며 우아하여 재능을 믿고 오기를 지니고 있었으며 성품이 매우 조급하였다.
>
> 皇甫郞中湜氣貌剛質, 爲文古雅, 恃才傲物, 性復褊急.

이러한 그의 성품은 한유를 배워서 그의 시문은 당대의 번종사(樊宗師)의 말대로「황보식의 건전함(皇甫湜之健)」과 송대의 심작철(沈作喆)의 말처럼「옛 것을 좋아함(好古)」이라는 호평을3) 듣는 한편, 장표신(張表臣)의「괴이하면서 추함(怪且醜)」의 비평도 듣는 양면적인 문풍을 보여 준다.4) 황보식의 생애에 대한 지금까지 밝혀진 연대를 정리하면 다음과 같다.

ㅇ대종(代宗) 대력(大曆) 12년(777): 신안(新安)에서 출생.

---
3) 樊宗師는「絳守居園池記注」에서 '昌黎公以文雄一世, 從之遊者, 若李翶之純, 皇甫湜之健, 張籍之麗.郊·島之寒苦, 巨細無不有, 而號稱險怪奇澁者.'라 하였고, 沈作喆은 ≪寓簡≫에서「韓退之·柳子厚·皇甫持正, 皆好古者也, 尙刻意雕琢, 曲盡其妙.」
4) 宋代 張表臣은 ≪珊瑚鉤詩話≫에서「李唐群英,惟韓文公之文, 李太白之詩, 務去陳言, 多出新意, 至於盧仝, 貫休輩效其頻卑, 張籍·皇甫湜輩, 擧其步, 則怪且醜, 僵且仆矣.」

○ 헌종(憲宗) 원화(元和) 원년(808): 진사급제. 육혼위(陸渾尉) 됨.
○ 헌종 원화 3년(810): 육혼위로서 한유(韓愈)·이고(李翱)·이하(李賀)·가도(賈島) 등과 내왕. 동년에 현양방정직언극간과에 천거됨.
○ 헌종 원화 4년(811): 시어사(侍御史)가 됨.
○ 헌종 원화 8년(815): 시어사로서 검남(黔南)에 감.
○ 헌종 원화12년(819): 이소(李愬)를 수행하여 양양(襄陽)에 감.
○ 헌종 원화 13년(820): 호북(湖北)에서 은거하며 「公安園池詩」를 지어 충어(蟲魚)로써 소인을 풍자하였음(지금은 일실).
○ 목종(穆宗) 장경(長慶) 4년(824): 한유 졸. 묘명(墓銘)과 신도비(神道碑)를 씀.
○ 문종(文宗) 태화(太和) 2년(828): 승상(丞相) 양공(涼公)을 따라 양양에 감. 10월에 낙양(洛陽)으로 돌아감.
○ 문종 태화 3년(829): 낙양에서 「顧況詩集序」를 씀.
○ 문종 태화 6년(832): 황보식 졸. 그의 아들 황보송(皇甫松)은 자칭 「단란자(檀欒子)」라 하고 (≪全唐詩≫권369 小注) 13수의 시가 전한다.5)

Ⅱ. 황보식에게 준 시

　황보식 자신은 단지 3수의 시만을 남기고 있지만 황보식에게 준 시들은 황보식의 문학활동을 이해하고 그의 풍격을 객관화시키는데 일조가 된다고 보기 때문에 적지 않은 의미를 지니고 있다고 본다. 따라서 그의 시교에 나타난 작품을 통하여 황보식에 대한 인품과 성정, 그리고 문학적인 위치 등을 파악할 수 있을 것이다. 이들의 시로 보아서는 상호의 증시는 없지만 문학의 교류상 거론해야 할 문인으로 고황(顧況), 이고(李翱), 위처후(韋處厚) 등을 들 수 있다. 고황(725~814)은 황보식이 「고황시집서(顧況詩集序)」에서,

---

5) 皇甫湜의 詩는 「古松感興」·「怒回紇歌」·「江上送別」·「採蓮子二首」·「抛毬樂」·「勸僧酒」·「登郭隗臺」·「楊柳枝詞二首」·「浪淘沙二首」·「句」 등 13首.

그대가 노란 적삼과 흰 비단 신을 걸치니 눈동자가 뚜렷하고 훤하게 말끔히 서 있으면 보건대 흰 옥을 떨치는 백로 같도다.

君披黃衫白絹韜頭, 眸子瞭然, 炯炯靑立, 望之眞白圭振鷺也.

라고 하여 양인의 관계를 추리할 수 있으며 또 서 중에서 고황의 시를 높여서,

준마가 힘차게 내어 달려서 왕왕 마치 하늘 심장을 뚫는 듯, 달의 겨드랑을 쳐나가듯 하여 의외로 사람을 놀라게 하니 시어는 심상히 따를 수 없이 너무 통쾌하다. 이태백·두보가 이미 죽었으니, 그대 아니고 뉘와 함께 하겠는가?

駿發踔厲, 往往若穿天心, 出月脇, 意外驚人, 語非尋常所能及, 最爲快也. 李太白杜甫已死, 非君將誰與哉?

라고 하여서 황보식이 고황의 문학을 이미 바르게 평가하고 고황도 황보식을 양웅(揚雄)과 맹가(孟軻)의 재능에 비견하였음을 알 수 있다. 황보식의 문학(시를 포함)이 고황의 대열에 같이 있음을 보여주는 것이다. 그리고 이고는 한유의 제자로서 황보식이 그의 「조양루기(朝陽樓記)」(≪皇甫持正文集≫권5)에서,

자신을 굽혀서 높은 자를 섬기지 않으며, 마음을 가까운데 두어 멀리 있는 자를 낮게 여기지 않는다.

不己屈以事高, 不心望以卑遠.

라고 이고를 칭찬하였는데, 이것은 원화 3년(808)에 이고가 소주(韶州)에 가서 조양루를 중수하자 황보식이 그에 관한 기(記)를 쓴 데에서 기인한다. 이러한 이고에 대한 평가는 황보식의 「이생에게 제1 답서(答李生第一書)」(상동 권4)에 보면 더욱 분명하니,

> 문의가 새로우면 평상보다 특이하고 평상보다 특이하면 괴이해지며, 문사가 고아하면 출중해지고 출중해지면 괴이해진다.

> 意新則異於常, 異於常則怪矣, 詞高則出於衆, 出於衆則奇矣.

라고 하여서 양인의 지조가 상합하고 있음을 알 수 있다. 이고 자신도 7수의 시를 남기고 있는데(≪전당시≫권369) 그의 시가 귀전적이며 초탈적인 면을 보여 주어서 황보식의 3수의 시와 풍격면에서 상통하기도 한다. 먼저 「희증시(戲贈詩)」를 보면,

> 현군은 벽돌 도랑을 좋아하여
> 도랑물은 돌며 느긋이 노닐었지.
> 나의 성품이 들판을 즐겨하여
> 땅을 파서 도랑을 만들었네.
> 양쪽 언덕에는 향기론 풀을 심으니
> 가운데는 맑은 물이 출렁인다네.
> 바라는 바가 벌써 같지 않으니
> 벽돌 구멍을 스스로 고쳐봄이 좋으리.
> 이제 뒷사람이 본다면
> 경계의 흥취 누구든 그윽하리라.

> 縣君好磚渠, 繞水恣行游.

> 鄙性樂疏野, 鑿地便成溝.
> 兩岸値芳草, 中央漾淸流.
> 所尙旣不同, 磚鑿可首修.
> 從他後人見, 境趣誰爲幽.

이 시에서 이고가 자연을 아끼고 그 정취를 깊이 알고 있는 것을 보게 되고,「배우가(拜禹歌)」에서는,

> 천지의 무궁함을 생각하니
> 인생이 늘 상 괴로운 것이 슬프구나.
> 이미 떠난 이는 내 따르지 못하겠고
> 후에 올 사람 내 아직 몰라라.
> 그만이다. 그만이다.

라고 하여 삶의 무상과 허무를 성왕의 묘당에 서서 직설적으로 서술하고 있다. 한편, 위처후(韋處厚)는 황보식을 재상에게 직접 추천한 친분 관계로써 교분을 맺고 있었다. 그의 추천의 내용을 보면,

> 전진사 황보식은 살펴 보건대, 나이 32세에 학문은 고전을 통달하고 문사는 인문에 뛰어나며 진부한 장구를 벗어버리고 사소한 가지와 잎 같은 것을 잘라 버리고서, 백가의 경지에 드나들며 널리 읽었습니다. 이런 것들은 꺾어버리고서 정도로 돌아가고 육의의 주머니에 넣어서 힘차게 내달리며 이것을 읊으며 雅와 어울리게 하였습니다. 진실로 그의 지조를 지켜서 시끄러운 비방에 두려워 아니하고 그 딛고선 곳을 다져서 떠들썩한 명예에 이끌리지 아니하며 맹자처럼 양주와 묵자의 마음을 배척하고 양웅처럼 공자와 안회의 뜻을 받들었으니, 뚜렷이 그 위치에 서 있습니다.

> 竊見前進士皇甫湜, 年三十二, 學窮古訓, 詞秀人文, 脫落章句, 簡斥枝

葉, 遊百氏而旁覽. 折之以歸正, 囊六義以疾馳, 諷之以合雅. 苟堅其持操, 不恐於囂囂之訕, 修其踐立, 不誘於籍籍之譽, 孟軻黜楊墨之心, 揚雄尊孔顏之志, 形手旣立.(「上宰相薦皇甫湜書」≪全唐文≫卷五十二)

여기서 황보식이 유가적 입장을 취하고 지조와 의지가 굳건한 점을 높이사고 있음을 명지케 한다. 위처후 자신이 남긴 시작은 「성산십이시(盛山十二詩)」(≪전당시≫권479)가 있는데 단편적인 면이지만 경물에 대한 묘사가 성당에 가깝고 진박한 직감으로 직설하고 있어서 강기(姜夔)가 말한 바, 기상과 운도(韻度)가 조화되어 있는 것이다.6) 그의 「운정에 머물며(宿雲亭)」와 「매화골(梅谿)」을 보기로 한다.

비를 뿌리며 우뚝한 섬돌에 휘날리고
날개이니 새벽 창가에 감도누나.
가지런히 성곽의 버들과 이어져 있어
휘감아서 성내의 강을 감싸고 있네.

雨合飛危砌, 天開卷曉窓.
齊乎聯郭柳, 帶繞抱城江.(「宿雲亭」)

언덕을 따라 맑은 흰 명주가 맺혀 있는데
가지마다 잔물결이 이는구나.
살그머니 마침 열매를 맺히려는 것이
세묘가 가까우니 또 봄을 먼저 알리누나.

夾岸凝淸素, 交枝漾淺淪.
味調方薦實, 臘近又先春.(「梅谿」)

---

6) 姜夔의 ≪白石詩說≫—「大凡詩自有氣象·體面·血脈·韻度.氣象欲其渾厚, 其失也俗; 體面欲其宏大, 其失也狂; 血脈欲其貫穿, 其失也露; 韻度欲其飄逸, 其失也輕.」

위의 시들에서 전자는 서경이 사감이 없이 참된 자연의 기상이 우러나오고, 후자는 4구가 구슬 구르듯 유화로이 상호 연결되어 내용과 리듬이 운치 있게 조화된다. 이것은 황보식이 지닌 강직성과 위처후가 지닌 솔직성의 양면으로 상관시킬 수도 있다. 황보식의 문학에 대한 간접적인 평가도 될 것이다.

그러면 이제 황보식에게 증시한 문인들을 거론하기로 한다. 먼저 한유의 시를 보건대, 그는 황보식의 스승으로 지대한 영향을 주었다. ≪사고제요(四庫提要)≫에 의하면,

> 그의 문장은 이고와 함께 한유에게서 나왔는데, 이고는 한유의 순박한 면을 황보식은 한유의 기험한 면을 얻었다.
>
> 其文學李翺同出韓愈, 翺得愈之醇, 而湜得愈之奇崛.

라고 하여 양인의 불가분한 관계를 밝혀주고 있다. 황보식이 육혼위(陸渾尉)를 지낼 때, 한유가 쓴 장시가 있다. 그 시 전반과 말미 부분을 인용하면,

> 황보식이 고분혼에 관리가 되니
> 그때가 겨울이라 샘이 말랐네.
> 산이 미친 듯 계곡이 거칠게 서로 토하고 삼켜대며
> 바람은 성이 나서 쉬지 않고 어찌도 춤을 추는지!
> 부딪혀 부벼서 불을 내어 절로 불타니
> 타는 소리 한밤중에 들판을 놀라게 하네.
> 하늘이 뛰고 땅이 거세어 천지가 뒤집어지고
> 환하게 빛나서 낭떠러지 끝까지 비치네.
> ………………………………

황보식이 지은 시 고요하고 어두워 보이나
말이 세차게 표현되어 진정 불붙는 듯 하네.
나로 더불어 더욱 기괴하고 번다케 하니
아쉬운들 혀끝을 잡아맬 수 없다.

皇甫湜官古賁渾, 時當玄冬澤乾源.
山狂谷很相吐吞, 風怒不休何軒軒.
擺磨出火以自燔, 有聲夜中驚莫原.
天跳地㐵顚乾坤, 赫赫上照窮崖垠.
…… (중략) ……
皇甫作詩止睡昏, 辭誇出眞遂上焚.
要余和增怪又煩,　雖欲悔舌不可捫.(「陸渾山火和皇甫湜用其韻」·≪全唐詩≫권 336)

　한유의 이 시는 조어가 기험하지만 담겨진 뜻은 양인의 정분을 담고 있으며 말 4구는 특히 시풍이 상통하는 공감이 넘치고 있다. 원화 8년 황보식이 받은 한유의「황보식에 부침(寄皇甫湜)」(≪전당시≫권338) 시는 제자에 대한 깊은 정과 신뢰를 담고 있다.

문을 두드리니 낮잠에서 놀라 깨었거늘
누군가 물어보니 목주의 관리더라.
손에는 한 통의 편지 쥐었거늘
그 위에 황보의 글이 있더라.
편지 뜯어 침상 머리에 놓으니
흐르는 눈물이 사방에 드리우네.
혼미하여 벼개를 의지하고서
멍하니 꿈속에서나 서로 만나지기를.

敲門驚晝睡, 問報睦州史.

手把一封書, 上有皇甫字.
拆書放牀頭, 涕與淚垂四.
昏昏還就枕, 惘惘夢相値.

그리고 원화 13년 황보식이 호북의 공안(公安)에 궁거하며 충어를 가지고 소인을 풍자한 시(逸失)에 대해서「황보식의 공안원지시를 읽고(讀皇甫湜公安園池詩書其後)」(상동)를 지어 황보식의 의기를 더욱 권면해 주고 있다.

> 황보식도 공안현에서 고난을 겪으니
> 스스로 그 한가함을 한가롭게 여기지 못하네.
> 평생을 지혜와 생각을 바로 펴지 못하고
> 똥 흙 속에 갇혔도다.
> 똥 흙은 너무 더러우니 어찌 좋고 않고가 있으리오.
> 진실로 둘 다 잊음만 못하니
> 단지 평미레 하나로 헤아릴지라.
> 내가 연못이 하나 있는데
> 부들풀이 그 가운데 자라고
> 벌레와 물고기가 오르내리며 입질을 하며
> 밤낮으로 한가하지 않다네.
> 내가 처음에 가 보고는
> 그 후에 다시는 보지 않았으니
> 볼수록 내 마음이 어지러워져서
> 두루 보지 않음만 못하다네.
> 벼슬에 등용되면 뭇사람을 건져내고
> 버려지면 공자와 안연을 본받으리라.
> 백년이 얼마인가!
> 군자도 한가로이 지낼게 아니네.

… (前略) …
　湜也困公安, 不自閒其間.
　窮年枉智思, 掎摭糞壤間.
　糞壤多汚穢, 豈有臧不臧.
　誠不如兩忘, 但以一槪量.
　我有一池水, 蒲葦生其間.
　蟲魚沸相嚼, 日夜不得閒.
　我初往觀之, 其後益不觀.
　觀之亂我意, 不如不觀完.
　用將濟諸人, 捨得業孔顏.
　百年能幾時, 君子不可閒.

　이 시는 황보식이 뜻을 펴지 못하고 역경에 처하여 있어도 초월하여 마음으로 평미레로 재듯이 공평한 덕성을 지닐 것을 권면하면서, 한편 한유는 한 연못으로 자신을 비유하여서 부들풀이 나고 벌레와 물고기가 성하여서 볼수록 마음을 어지럽히고 감당하지 못한 것을 속세의 사정을 보는 듯함을 비유하여 진술하면서 황보식의 입장을 이해하려고 한 것이다.
　이어서 백거이(白居易)와의 가까운 교유는 거이의 시에서 익히 파악할 수 있다. 거이의 시집 중에는 황보식이라고 확인되는「황보칠에게 부침(寄皇甫七)」·「황보칠를 방문하고(訪皇甫七)」·「황보식을 애곡하며(哭皇甫七郎中湜)」(모두 ≪全唐詩≫권448)이 전해진다. 황보식이 그의 외숙인 왕애(王涯)의 사건과 무관함을 변호하는 교분을 유지한 것도 황보식의 강직성에 기인한 것으로 보인다.7) 경종(敬宗) 보력(寶曆) 원년에 쓴「황보칠에게 부침(寄皇甫七)」을 보면,

---

7) 白居易는 上疏文에서「故皇甫湜雖是王涯, 外甥, 以其言直合收涯亦不敢以私嫌自避,當時有狀, 具以陳奏, 不意群心構成禍端, 聖心以此察則或可悟矣.」

초여름에 나의 집을 좋아하나니
도연명의 말이 허튼 소리가 아니로다.
꽃은 술잔에 날라 떨어지고
바람은 책상에 불어 책을 펼친다.
이웃여인 햇과일 몰래 따고
아이종은 작은 물고기 거른다.
내 모르겠다만, 황보식 자네는
연못가에서 무슨 흥에 잠겨 있느냐?

孟夏愛吾廬, 陶潛語不虛.
花尊飄落酒, 風案展開書.
鄰女偸新果, 家僮漉小魚.
不知皇甫七, 池上興何如.

　이 시는 은거하며 말구와 같이 황보식이 없는 무료함을 그리움으로 표현해 상대에게 전해주는 우정을 노래하였고, 같은 해에 쓴 「황보칠을 방문하고(訪皇甫七)」를 보면,

말을 타고 몇리 길을 가다가
꽃을 만나서 한 잔 술을 기울이네.
더더구나 달리 머물 곳이 없어서
또 다시 그대를 찾아 왔노라.

上馬行數里, 逢花傾一杯.
更無停泊處, 還是覓君來.

라고 하니 이 얼마나 낭만적인 흥취인가! 황보식을 그리는 마음이 절실하고 담백하게 묘사되어 있는 것이다. 황보식에 대한 애착은 「황보식을 애곡하며(哭皇甫七郞中)」에서 극에 이른다고 할 것이니,

큰 뜻은 진대의 황보밀을 능가하고
고운 문장은 예형을 닮았도다.
재능이 많은 것이 복록이 아니더냐
박명하다면 총명해서라네.
세상의 수명 다 누리지 못하였으니
몸은 여기서 머물렀으나 명성은 후세에 이어지리라.
강 건너며 쓴 글 한 편은
공경대부에 필적할 만 하다네.

志業過玄晏, 詞華似禰衡.
多才非福祿, 薄命是聰明.
不得人間壽, 還留身後名.
涉江文一首, 便可敵公卿.

  문재가 예형을 닮았으나 박복하여 불우하게 생을 마친 황보식을 애절히 추모하며 잊지 못하고 있다.
  이어서 가도(賈島)와의 관계인데 황보식이 육혼위로 있을 때 함께 유람하기로 하였으나 황보식이 참여치 못하자, 「황보 주부가 산 구경하길 바라면서 오지 못함(皇甫主簿期遊山不及赴)」(≪전당시≫권573)을 짓고 있다.

관직을 그만두고 필마에 몸을 실어
새로운 마음으로 산 속에 들었도다.
더 머물러니 그 뜻 이루기 어렵고
지난날의 약속이 같지 않음을 한하노라.
모여든 매미는 이끼 낀 나무에 비스듬히 앉아 있고
나그네는 비 내리는 마루에서 쓸쓸하도다.
깊은 밤에 누가 도와주겠는가
오직 정결한 노인이로다.

休官匹馬在, 新意入山中.
更住應難遂, 前期恨不同.
集蟬苔樹僻, 留客雨堂空.
深夜誰相助, 惟當淸靜翁.

다분히 탈속적이며 공허한 심정을 읊으며 깊은 정분을 토로한다. 그리고 황보식이 시어사로서 검남(黔南)에 갔을 때, 가도가 전송하며 쓴「황보시어를 보내며(送皇甫侍御)」가 있다.

새벽 종이 아침 조회를 재촉하니
이로써 가초(초대받음)에 나아간다네.
배가 머무니 양강이 탁 트이고
곡식을 거두니 초택이 멀도다.
기러기가 놀라니 시든 풀이 일어나고
원숭이가 목말라서 찬 가지에 내려오네.
와서 검남을 다스리는 날
때때로 적막함을 막아주게나.

曉鐘催早期, 自是赴嘉招.
舟泊襄江闊, 田收楚澤遙.
應驚起衰草, 猿渴下寒條.
來使黔南日, 時應間寂寥.

여기서는 송별의 아쉬움을 기러기가 놀라고 원숭이가 목말라하는 표현으로 하였고, 말구에서 마음의 적막함을 덜어주기 바라면서 이별의 정을 대신하여 토로하고 있다. 시세와 타협하지 않는 고답적인 의기를 견지하고 있다. 그리고 이하(李賀)도 황보식에게 남긴 시 3수가 있는데 여기에

소개하려 한다. 먼저 「인화리에서 황보식를 씀(仁和里雜敍皇甫湜)」(상동)을 보면,

> 대인이 빌린 말이 마르고 천하며
> 종친이 빌린 집엔 그 담장이 무너졌네.
> 뜰을 가로 뛰는 쥐는 공터를 더듬거리며
> 울타리 위에 뻗은 대추나무에는 붉은 열매 점점이 드리웠네.
> 정좌한 미인은 노란 인끈을 풀고서
> 늘어진 갓끈으로 치마 자락을 매는 사랑놀이에 숙취로 정신이 어지럽구나.
> ……………………
> 내일 아침은 시월 보름날이라 서쪽 길에 오르려니
> 가파른 길에서 이별의 마음 길기가 저 하늘같구나.

> 大人乞馬瘴乃寒, 宗人貸宅荒厥垣.
> 橫庭鼠逕空土澁, 出籬大棗垂朱殘.
> 安定美人截黃綬, 脫落纓裙瞑朝酒.
> …… (中略) ……
> 明朝下元復西道, 崆峒敍別長如天.

여기서 이하가 황보식을 대인이라 하고 말구에서 별정의 한을 길게 묘사하였으며, 「나으리 오지 않아 황보식 선배의 대청에서(官不來題皇甫湜先輩廳)」(상동)을 보면,

> 나으리가 오지 않는데 궁의 뜰이 가을이고
> 늙은 오동나무의 엉킨 가지에 푸른 용이 수심 차네.
> 관청의 서기가 소처럼 걸어가니
> 거듭 묻는 소리로 서기에게 나으리 오시는가 하니
> 나으리가 안 오니 대문이 조용하다 하네.

官不來宮庭秋, 老桐錯幹靑龍愁.
書司曹佐走如牛, 疊聲問佐官來否,
官不來門幽幽.

여기에서는 황보식을 그리워하며 의연한 자태를 찬탄하는 것이고, 「낙양성 밖에서 황보식을 송별하며(洛陽城外別皇甫湜)」(상동)을 보면,

낙양에 별난 바람 불어오고
용문에는 운기가 일어나네.
겨울나무에는 엉성한 가지 있고
저녁 하늘에는 고운 꽃이 맺혀 있네.
홀몸은 들판 서리에 젖어 있고
지친 말은 흩날리는 다북쑥 속에 서 있네.
난간에 기대어 두 줄기 눈물을
푸른 옷 앞자락에 흘리도다.

洛陽吹別風. 龍門起斷煙.
冬樹束生澁, 晚紫凝華天.
單身野霜上, 疲馬飛逢間.
凭軒一雙淚, 奉墜綠衣前.

이 시는 황보식이 시어사(侍御史)로 승관되어 작별하는 심정을 토로한 것으로 보는데 시중에 「녹복(綠服)」을 입었다면, 9품인 위관(尉官)으로서는 가당치 않으므로 시어사의 봉명에 대한 의미로 본다. 시가 낙루하며 송별하는 우의를 묘사하고 있다. 그리고 마이(馬異)를 보면, 황보식과 죽마고우인 것을 알 수 있으니 ≪당재자전≫(권5)의 일단을 보면 확인된다.

흥원 원년(784년)에 예부시랑 포방 때에 진사 차석으로 급제되니 어

려서 황보식과 같이 공부하였고, 성품이 고아하고 깔끔하며, 문장이 괴이하고 난삽하여 풍골이 반듯하지만 고담을 면치 못한다.

> 興元元年, 禮部侍郎鮑防下進士第二人, 少興皇甫湜同硯席, 賦性高疏, 詞調怪澁, 雖風骨棱棱, 不免枯瘠.

여기서 마이는 어려서 황보식과 동학하고 성품과 문풍이 또한 상사함을 보게 된다. 그의 4수의 시 중에 「황보식의 부임을 송별하며(送皇甫湜赴擧)」(≪전당시≫6함 4책)이 전해진다.

> 말발굽 소리 다다닥 나며
> 서울로 떠나가네.
> 묻노니 가는 이가 누구인가?
> 수재로 있는 황보식이라.
> 배 하나 가득한 문장을 삼켰다 뱉었다 하며
> 팔음과 오색의 예능도 겸비하였도다.
> 과거의 시관으로는 최와 이 두 분이 있으니
> 문물이 융성하매 임금의 은덕이로다.
> 청동 거울은 반드시 밝으며
> 붉은 실은 반드시 곧으니
> 태평성대에 뜻을 둔 그대여
> 원컨대 오래도록 기억해주오.

> 馬蹄聲特特, 去入天子國.
> 借問去是誰, 秀才皇甫湜.
> 含吐一腹文, 八音兼五色.
> 主文有崔李, 郁郁爲朝德.
> 青銅鏡必明, 朱絲繩必直.
> 稱意太平年, 願子長相憶.

이 시는 황보식의 문재가 뛰어난 것과 품덕이 빛날 것을 축원해 주고 있다.

Ⅲ. 황보식 시 3수의 역석

황보식은 단지 3수의 시만을 남겼다. 전언한 바이지만, 문에 못지 않게 시에 있어서도 적지 않은 작품을 남겼지만 모두 산실되고 ≪전당시≫에 3수가 현존한다. 그 수준 또한 중당대의 한퇴지와 같은 맥락에서 비교할 수 있는데 한퇴지 자신이「皇甫作詩止睡昏, 辭誇出眞逐上焚.」(이미 인용)이라고 하였듯이「그 표현된 말이 괴이하고 헐고 욕하기를 즐겨한다.(其語怪而好譏罵也.)」(≪唐詩紀事≫권35)라는 평가에 머물러 있다. 그러나 황보식의 문장이 한유(韓愈), 장적(張籍)과 같이 문체를 개혁하여 진한대를 능가했다는 평가를[8] 받고 있는 만큼 그의 시도 긍정적인 각도에서 재론함직하다. 그는 학문바탕을 유가사상에 두었기에, 그의 문학(시)은 현실과 불의에 대한 비판이 불소하였을 것이다.[9] 따라서 황보식의 시도 문학적인 가치보다는 도덕적인 효용과 시어의 구사특성을 감안함이 타당할 것이다. 여기서 그의 시 3수를 먼저 인용한 후에 각시를 분석하려한다.

(가)「오계석을 제목으로(題浯溪石)」

원결의 문장에 있어서
단지 안타까운 것은 번다한 표현이로다.
그러나 아름다운 묘사에 뛰어나니
함축과 간결이 넘쳐난다.

---

8) 唐代 樊宗師의「絳守居園池記注」—「韓愈獨與籍·湜·李翱更迭文體, 高出秦漢.」
9) 皇甫湜의 「皇甫持正文集」(卷一)—「夫叱文之流, 其來尙矣, 自經子史至於近代之作,無不備詳.」

마음과 글이 서로 어우러지고
시구의 표현이 특이하다.
여러 문인들 중에서
창을 뽑듯 날카로운 글을 써서 한 대열 마냥 맥락을 이룬다.
중용의 언행이 매우 넉넉하고
순수하고 아름다움은 가히 덮을 만 하네.
진자앙의「감우시」는 아름다우나
그대의 우아한 식견만 하겠는가!
한유는 온전하여 입신에 드니
윗대로 천년 두고 짝할 만 하네.
이백과 두보는 재능이 넘치니
누가 더 높고 낮은지를 잴 수가 없다.
문장과 기상에 있어서
사물을 대함이 더할 수 없이 웅대하다.
선왕의 길이 황폐하지 않았으니
어찌 우리들을 우러러 보지 않으리.
돌 병풍을 따라서 걸어가노라니
냇물 입구에는 흰 여울물이 솟아 오른다.
나는 누가 알아 줄 것인가 생각하면서
누구를 기다리듯 배화하고 있노라.

次山有文章, 可惋只在碎.
然長於指敍, 約潔有餘態.
心語適相應, 出句多分外.
於諸作者間, 拔戟成一隊.
中行雖富劇, 粹美若可蓋.
子昻感遇佳, 未若君雅裁.
退之全而神, 上興千載對.
李杜才海翻, 高下非可概.
文興一氣間, 爲物莫與大.
先王路不荒, 豈不仰吾輩.

石屛立衙衙, 溪口揚素瀨.
我思何人知, 徒倚如有待.

(나) 「석불곡(石佛谷)」

　　천천히 태행산 북쪽을 따라가면
　　천리 뻗은 돌 한 덩어리 서 있다네.
　　평평한 배에 계곡이 있는데
　　깊고 넓기가 수백 척이라.
　　흙으로 된 스님은 어떻게 된 것인가?
　　시들은 풀이 흰 머리털이 되었네.
　　침소에는 불단이 들어 있고
　　발과 무릎에는 수도의 자취가 스며 있다.
　　석가여래의 신령한 모습 새겨져서
　　곱게 북쪽 벽에 기대어 있네.
　　꽃자리에는 오색 구름이 받쳐 주고
　　부처님 양미간의 흰 털은 천지 사방으로 돋아 있네.
　　문인이 머물러 서술한다면
　　세상 일 분별해 낼 수 있으리라.
　　새의 발자국 묘하게도 가지런하고
　　용의 몸은 너무도 야위어 있네.
　　메마른 소나무 사이에는 그루터기의 싹이 돋고
　　맹수는 거침없이 날뛰어 오르네.
　　쇠똥구리 벌레는 먹느라고 멋대로 놀고
　　드리운 이슬은 방울져 맺혀 있네.
　　오묘한 조화의 재주는 古今을 꿰뚫었는데
　　깊은 바위는 그 누가 아껴줄 것인가?
　　선사께 의지하여 느긋이 읊으면
　　속세의 먼지가 쌓이지 않으리라.

(다) 「출세편(出世篇)」

　　　　대장부로 태어났으니,
　　　　굴레의 그물을 끊어버리고,
　　　　진흙의 길에서 벗어나서,
　　　　사방으로 외쳐대며,
　　　　시종 떠들며 모진 데가 없으니,
　　　　가벼이 위로 떠올라서,
　　　　용을 타고 푸른 구름을 걸치고
　　　　떠다니며 천하를 유람하였도다.
　　　　태산을 거쳐,
　　　　대해를 건너서,
　　　　한바탕 길게 탄식하며,
　　　　서쪽에서 달 거울을 만져보고,
　　　　동쪽에서는 해옥 구슬을 건드리며,
　　　　위로는 하늘의 문에 도달하여,
　　　　곧장 천제가 거하는 곳에 이르렀네.
　　　　뭇 신선들이 맞이하여 하늘의 큰길을 꽉 채웠고,
　　　　봉황새가 황금 수레를 찬란히 인도하는데,
　　　　그 우는 소리 요란하게 하늘에 가득 차네.
　　　　음식을 먹고 마시는데 부엌이 빛나며,
　　　　배가 불러 더 먹지도 못하니,
　　　　누추하지도 않고 어리석지도 않게 하도다.
　　　　아침마다 옥황상제를 가까이 하며,
　　　　밤마다 천녀를 총애하니,
　　　　그 몇이런가!
　　　　천백번을 한 횟수로,
　　　　구불구불 느릿느릿,
　　　　홀연히 자신도 모르게,
　　　　몸이 갈라지고 녹아서,
　　　　만물을 기름지게 하는 이슬이 되어 빛나니,

무색인데 흥건히 자리를 적시도다.
갑자기 흩어져서,
가벼이 아무 것도 없는 상태에 들어갔다가,
모여서 다시 치고,
친지 오래되어 소생하니,
정신이 태양 같아지며,
돌연히 청도를 비추니,
몸의 사지가 옥돌로 되고,
오장은 고운 옥이 된다.
얼굴은 연꽃같이 되고,
이마는 우락 더껑이로 된다.(불법의 묘리 터득)
천지와 서로 시종을 같이 하게 되니,
호탕하게 기뻐하고 즐거워하며,
인간 세상을 내려다보니,
어지러이 똥 묻은 파리와 구더기들.

出當爲大丈夫, 斷羈羅,
出泥塗, 四散號呶,
儵擾無隅, 埋之深淵.
飄然上浮, 騎龍披靑雲,
汎覽遊八區. 經太山,
絶大海, 一長吁,
西摩月鏡, 東弄日珠,
上括天之門, 直指帝所居.
群仙來迎塞天衢, 鳳皇鸞鳥燦金輿,
音聲嘈嘈兩太虛. 旨飮食兮照庖廚,
食之不飫飫不盡, 使人不陋復不愚.
旦旦狎玉皇, 夜夜御天姝,
當御者幾人. 百千爲番,
宛宛舒舒, 忽不自知,
支渚體化膏露明, 湛然無色茵席濡. 俄而散漫,

斐然虛無, 翕然復搏,
搏久而蘇, 精神如太陽,
霍然照淸都, 四肢爲琅玕,
五臟爲璠璵. 顔如芙蓉,
頂爲醍醐, 與天地相終始,
浩漫爲歡娛, 下顧人間, 溷糞蠅蛆.

위의 작품들을 볼 때, 공통된 특징을 볼 수 있다. 첫째는 한유의 영향을 받아서 소위 이식위주(以識爲主)의 현학적인 풍격을 보여준다. 황보식에 있어서는 풍부한 학식을 중시하여서 문에 대한 관점을 말하기를,

글씨는 천 두루마리를 쓰지 않고는 글의 조화를 이룰 수 없고, 문장은 백대를 통하지 않고는 글의 독창적인 변화를 다할 수 없다.

書不千軸,不可以語化,文不百代,不可以語變.(「諭業」, ≪皇甫持正集≫卷一)

라고 하여 연박한 학문을 요구하고 있다. 이러한 의식은 그의 「출세편」에서 두드러지는데, 형식에 구애받지 않고 文의 내용에 중점을 두어서 글의 우열을 형식(격식)에 두지 않고 내용의 타당성과 문리에다 두려고 하였다. 그 때문에 「출세편」은 시이면서도 산문체의 산시로 표현되어 그만의 독특한 경계에 들어가 있다. 시부니 산문이니의 장르 개념을 탈피하여 모든 글은 「문장」이라는 개념으로 폭을 넓혔기 때문이다. 그의 「이생에게 답하는 제2서(答李生第二書)」(상동집 권4)의 일단을 보면 더욱 분명해 진다.

단지 시부는 문장이 아닌가? 시부가 문장이 아니라면 시경 삼백 편은 태워 버려도 된다는 말인데, 분량이 적다고 문장이 아니라면, 탕 임금의 소반의 명문은 무엇이란 말인가?

直詩賦不是文章邪? 如詩賦非文章, 三百篇可燒矣. 如少非文章, 湯之盤
　　銘是何物也.

　황보식이 보는 문장은 곧 문학이란 의미와 상통하지는 않지만 학식의 폭을 중시한 것을 알 수 있다. 그리고 시어가 난해하고 기험한 묘법을 강구하고 있는 것도 학식의 심도를 제시해 주는 수단으로 보고 있었다. 그는 평범한 묘사를 우수한 문장으로 보지 않았다. 그의「이생에게 답하는 제1서(答李生第一書)」(상동 권4)에 보면,

　　　무릇 생각이 새로우면 평상보다 특이하고, 평상보다 특이하면 곧 괴이해진다. 사어가 고아하면 출중해지고 출중해지면 기이해진다. 호랑이나 표범의 무늬는 개나 양보다 빛나지 않을 수 없으며 봉황새의 우는 소리는 까막까치보다 옥같이 울리지 않을 수 없다.

　　　夫意新則異於常, 異於常則怪矣. 詞高則出象, 出象則奇矣. 虎豹之文, 不得不炳於犬羊; 鸞鳳之音, 不得不鏘於烏鵲.

라고 하여 문의 기굴(奇崛)함이 타당한 것으로 강조하였다.「奇」자체에 대한 의미에 대해서도 이르기를,

　　　무릇 '기이'하다고 하면 바름이 아닌 것이다. 그러나 바름을 해치지는 않는다. '기이'하다고 하면 정상이 아닌 것이니, 정상이 아닌 것은 정상과 같지 않다는 말이며 정상과 같지 않다고 말하면 그것은 곧 정상보다 빼어나다는 것이다.

　　　夫謂之奇, 則非正矣, 然亦無傷於正也. 謂之奇, 卽非常矣, 非常者謂不如常也, 謂不如常者, 乃出於常也.(「答李生第二書」上同卷四)

라고 하여 여기서의 '奇'는 최고의 수준을 내포하는 표현으로 해석된다. 따라서 시에 있어서도 묘사와 시어의 난해함 즉 '奇'는 곧 표현의 극치를 향한 시도이며 그 결과라고 풀이된다. 둘째로는 수식과 비유라고 하겠다. 황보식에게는 수식이란 문장이 갖는 필수요건으로 보았고, 그것은 「그림 그리는 일은 흰 바탕이 마련된 후에 한다(繪事後素)」(≪論語≫「八佾」)와 같은 작용을 갖는다고 보았다. 그래서 「이생에게 답하는 제2서(答李生第二書)」에서 다음과 같이 그 의미를 피력하고 있다.

> 무릇 그림을 그리는 일은 흰 바탕이 마련되고 나서 하는 것이다라는 것은 문식을 일컫는 말이다. 어찌 간결 만이 있을 것인가? 성인의 문식은 따라가기 어려워서, 「춘추」를 지으시매 자유와 자하 같은 이들이 글자 한 자도 손댈 수 없었다.

> 夫繪事後素, 旣謂之文, 豈苟簡而已哉. 聖人之文, 其難及也, 作春秋, 游夏之徒, 不能措一詞.

수식은 단순한 묘사의 수단에 그치지 않고 사리와 정감을 표현해주는 요소라는 것이다. 그리고 비유는 동류로는 불가하고 이류에서만이 가능하므로 묘사상에 필수적이라는 것이다. 「이생에게 답하는 제2서(答李生第二書)」에서,

> 사물과 문학은 서로 같지 아니하니 이것이 비유인 것이다. 무릇 비유는 반드시 동류가 아닌 것으로 해야하니, 활로써 활을 비유할 수 있겠는가?

> 生又云--物與文學不相侔, 比喩也. 凡喩必以非類, 豈可以彈喩彈乎.

라고 한 것으로 바로 그러한 관점의 표현이라고 할 수 있다. 시에 있어서 (가)는 오계석을 통하여 자신의 맑은 심태를 비유하는데 원결(元結), 진자앙(陳子昻), 이두(李杜), 한유(韓愈)의 작품세계를 자신의 심정에 비유하여서 불굴의 의지를 표출시킨다. 그리고 (나)와 (다)에서는 초탈의식의 표현을 동물과 비유하여 대비시키고 수식의 방법이 과장과 방광(放曠)의 틀을 벗어나지 않고 있다.

은일적인 정서란 찾을 수 없는 시들이다. 초탈의식의 표현이 이와 같은 시는 성당은 물론, 어느 시인에게서도 보기 드문 독특한 묘사법이라 할 것이니, 이 모두가 황보식의 평범치 않은 소위 비범한 사상에서 나온 결과물인 것이다. 셋째로 3수의 시가 공통적으로 현실의 비판과 그로부터의 초월의식을 표출해준다. (가)의 말 4구, (나)의 7~10구, 말 2구, 그리고 (다)의 말 6구 등은 모두 탈속의 심기를 표현한다. 관로가 여의치 않고 사회현실이 맑지 않으니 복고적 희원과 함께 현실비평적 의미를 담은 것이라고 본다. 이것은 설설(薛雪)이 ≪일표시화(一瓢詩話)≫에서,

시를 짓는 것은 반드시 먼저 시의 바탕이 있어야 하니, 흉금이 곧 그것이다. 흉금이 있은 후에 그 성정과 지혜를 담을 수 있으며 그에 따라 시정이 일어나고, 그에 따라서 시흥이 더해진다.

詩作必先有詩之基, 胸襟是也. 有胸襟然後能載其性情智慧, 隨遇發生, 隨生卽盛.

라고 한 것 같이 황보식에게는 간직한 깊은 심지가 있는 가운데 고고한 시어를 구사하고 있다. 그러면 시 자체에 대해서 구체적인 성격을 살펴보도록 한다. (가)를 보면, 이 시는 먼저 논시시의 특성을 지니고 있다. 원결(723~772)에 대해서는 그의 문장을 「간결함(約潔)」이라고 하

였는데, 양신(楊愼)의 ≪승암시화(升菴詩話)≫에서 원결을 놓고,

  원결은 기이함을 좋아하였으니, 문장 표현에 기이함을 좋아하면, 이
  것이 하나의 병폐가 되는 것이니, 기이함을 좋아하는 것이 지나치면 오
  히려 기이하지 않게 된다.

  元次山好奇, 文章好奇, 自是一病, 好奇之過, 反不奇矣. (卷二)

라고 한 것으로 작법상 황보식과 상통하기 때문에 같은 맥락에서 평가할 수 있지만, 원결의 시를 볼 때에는,

  그의 시는 졸박한 것이 너무 심하다.
  其詩朴拙處過其(≪石洲詩話≫卷一)

  오언고시를 지음에 있어, 오히려 옹졸하여 공교함이 없고, 소박하여
  화미함이 없고, 생경하여 숙달됨이 없다.
  作五言古, 寧拙毋巧, 寧樸毋華, 寧生毋熟.(≪峴傭說詩≫)

라고 한 평가와 상통하고 있다. 그리고 진자앙(661~702)에 대해서는 「감우시(感遇詩)」를 「그대의 고아함만 못하다(未若君雅裁)」라 한 것은 곧 「풍골이 우뚝하다(風骨峻上)」(≪石洲詩話≫권1)와 같은 의미인 것이다. 한유를 「온전하면서 시기롭다(全而神)」라 함은 최고의 상찬이며, 이백과 두보를 상등하게 평가하며 역시 그들의 재예를 인정하고 있다. 그리고 (가)에서 심태의 고결함이 풍자적으로 드러나서 말 2구의 방황하듯 자적하는 묘사를 볼 수 있다. 시제 또한 자연물을 대상으로 하였지만 내용과는 불일한 것이 비흥법의 하나이며 현실에 대한 불만의 표현이기도 하다. 이것은 조익(趙翼)이 중당시를 두고 말한 바,

기경이란 어구 사이에서 기험함을 다툼과 같은 것이니, 마음을 흔들어 놓고 눈을 놀라게 하여, 감히 가까이 보지 못하게 하니, 시에 담긴 의미가 적어지려 한다.

奇警者, 猶第在詞句間爭難鬪險, 使人蕩心駭目, 不散逼視, 而意味或少正焉.(≪甌北詩話≫)

라 하여 기경을 풀이하였는데, 황보식의 (가)는 이 경우에 해당된다 할 것이다. 이것은 황보식의 시문에 공통된다고 본다. 따라서 홍매(洪邁)는 ≪용재수필(容齋隨筆)≫에서 (가)를 놓고,

이 시를 맛보면 당인의 문장을 논할 따름이니, 풍격상 별로 취할 것이 없다.

味此詩, 及論唐人文章耳, 風格殊無可采也.

라고 단평을 달았지만, 작가 자신의 심경을 대언하고 있음을 주시하지 않은 것이리라. (나)는 선시의 하나이다. 시인의 특성대로 조어와 현학적 표현이 짙을 뿐, 제4연, 그리고 제8연 이하는 강렬한 탈속의 의취가 넘친다. (다)는 잡체시로써 3·4·5·6·7언이 혼용되고 운율 또한 일치하지 않아서 소위 산문시라고 할 것이다. 그 구성을 보면,

「6·3344·4455·3334455·777777·555·44477·44445555·446544」

이상은 44구의 시 잡언구식이다. 사에 가까운 편법을 썼으니 내용과 함께 자재하고 자조하는 현실비판과 초탈의식을 동반하고 있다. 이 시는 강

기(姜夔)가10) 작시의 비결을 묘사상 어려운 점을 간명하게 표현해내고, 또 평이한 점은 창신하고 속되지 않게 그려내는 것에 있다고 한 서술과는 상합하지 않지만 방임의 변격을 강구한 특이한 시라고 할 수 있다. 황보식은 산문가로 한유 문하에 출입한 것이지만, 시 3수만을 남겼기 때문에 시인으로서는 명분이 설 수 없었다.

그러나 그와 교우간의 증답시를 통하여 산실된 자작시가 불소한 것을 확인할 수 있었으며, 현존시가 거의 없기 때문에 심지어 시작 능력이 없는 것으로 혹평을 받기도 한 것이다. 예컨대, 유공보(劉貢父)의 ≪중산시화(中山詩話)≫에서 「지정은 시를 못한다(持正不能詩)」11)라든가, 아니면 어느 시인의 아류로 취급당해온 것은12) 그 좋은 예라 할 수 있다.

잔존하는 3수의 시만으로 황보식의 풍격이니 특징을 논할 수 더욱 불가능하지만, 주어진 잔시만으로 중당대의 조류를 지니고 있으며 한퇴지의 맥락에 넣어서 다룰 수 있음을 확인하게 된다. 황보식의 산문의 성격이 그의 시에도 연결되어 있음도 비교할 수 있었다. 황보식의 시는 정감을 일깨우지 않지만 이지적이며 비판적이면서 현실로부터의 일탈하고픈 의지를 보여주고 있으며 논시시의 특성을 지닌 고담한 맛과 행간의 격식을 벗어난 파격은 그의 기험하고 조어적인 학식위주의 흥취 없는 의취를 보상해 줄 수 있으리라 본다.

---

10) 姜夔의 ≪白石詩說≫에 「難說處一語而盡,易說處莫便放過; 僻事實用, 熟事虛用; 說理要簡切, 說事要圓活, 說景要微妙.」
11) 劉貢父는 ≪中山詩話≫에서 「持正不能詩, 掎撼糞壤間, 公所以譏之, 豈或然歟.」
12) 淸代 翁方綱은 ≪石洲詩話≫에서 「韓門諸君子,除張文昌另一種自當別論.皇甫持正·李翺之·崔斯立皆不以詩名.」

찾아보기

ㄱ

가도(賈島) 253, 306
가의(賈誼) 189
감우시(感遇詩)」 320
강기(姜夔) 322
강행무제(江行無題) 38
거성(去聲) 29
건염태주각본(建炎台州刻本) 104
경위(耿湋) 30, 115
경중유정(景中有情) 149
계유공(計有功) 267
고기륜(顧起綸) 218
고담풍(古淡風) 113
고병(高棅) 19
고운(顧雲) 18
고적(高適) 21
고중무(高仲武) 31, 195
고황(顧況) 296
곽급(郭汲) 211
곽자의(郭子儀) 63

관세명(管世銘) 94
관화당선비당재자시(貫華堂選批唐才子詩) 116
관휴(貫休) 18
구식(句式) 196
국사보(國史補) 224
국아품(國雅品) 218
군재독서지(郡齋讀書志) 267, 292
극현집(極玄集) 93, 95
근체추양(近體秋陽) 123
급고각(汲古閣) 243
급고각초원본(汲古閣抄元本) 104
기무잠(綦毋潛) 21
기비영규율수(紀批瀛奎律髓) 218
기험(奇嶮) 23
김가기(金可紀) 18
김성탄(金聖嘆) 238
김운경(金雲卿) 18
김입지(金立之) 18
김진덕(金眞德·진덕여왕) 18

ⓛ

나강동외기(羅江東外記) 125
나은(羅隱) 18
남전계잡영(藍田溪雜詠) 38
남종화(南宗畵) 79
낭사원(郎士元) 30
낭사원(郎士元) 94, 232
내재연계(內在聯繫) 83
냉조양(冷朝陽) 236
노륜(盧綸) 22, 30, 115, 127, 269

ⓓ

당대시인총고(唐代詩人叢考) 94
당문수(唐文粹) 285
당백가시선(唐百家詩選) 267
당백가시집(唐百家詩集) 267
당시경(唐詩鏡) 77
당시귀(唐詩歸) 90
당시기사(唐詩紀事) 267
당시선맥회통평림(唐詩選脈會通評林) 74, 116, 162
당시전요(唐詩箋要) 117
당시평선 135
당시해(唐詩解) 161
당시휘평(唐詩彙評) 94
당여순(唐汝詢) 161
당인절구정화(唐人絶句精華) 79

당인절구정화(唐人絶句精華) 160
당재자전 95
당초체(唐初體) 19
당회요(唐會要) 102
대각집(臺閣集) 104
대력시략(大歷詩略) 77, 89, 118
대력십재자(大歷十才子) 22
대력체(大曆體) 19
대숙륜(戴叔倫) 30, 127
도덕경(道德經) 17
도선시(道禪詩) 190
도잠(陶潛) 154, 217
독설산방당시초(讀雪山房唐詩鈔) 94
두목(杜牧) 23
두보(杜甫) 21
두순학(杜荀鶴) 23
두심언(杜審言) 20
두헌(竇憲) 279

ⓜ

막백기(莫伯驥) 105
만당체(晚唐體) 19
망사원당시전(網師園唐詩箋) 117
망천별수(輞川別墅) 82
맹교(孟郊) 23
맹호연(孟浩然) 21
문원영화(文苑英華) 267
문인화(文人畵) 79

문화루시화(問花樓詩話) 75
민원구(閔元衢) 125

ⓑ

박인범(朴仁範) 18
반덕형(潘德衡) 135
반제량풍(反齊梁風) 20
방동수(方東樹) 201, 203
배길(裵佶) 273
배율(排律) 25
배적(裵廸) 21, 70, 82
백거이(白居易) 18, 23, 258, 304
백묘수법(白描手法) 170
번종사(樊宗師) 295
범희문(范稀文) 160
변새(邊塞) 21
변새풍(邊塞風) 199
부비법(賦比法) 199
분감여화(分甘餘話) 93
비전사상(非戰思想) 21
빈공과(賓貢科) 18

ⓢ

사고전서총목(四庫全書總目) 201
사고전서총목제요(四庫全書總目提要) 120
사공서(司空曙) 30
사령운(謝靈運) 217, 275

사마상여(司馬相如) 156
사마의(司馬懿) 258
사사명(史思明) 60
사성(詞性) 196
사안(謝安) 227
사조(謝脁) 72, 154, 213, 229
삼당시품(三唐詩品) 135
삼평조(三平調) 26
삼황오제(三皇五帝) 16
상관의(上官儀) 19, 20
상성(上聲) 29
상아(嫦娥) 208
상외견의(象外見意) 216
서계총어(西溪叢語) 122
서헌충(徐獻忠) 200
석주시화(石州詩話) 190
선본서실장서지(善本書室藏書志) 103
선색(線索) 83
선어(禪語) 264
선재(選材) 70
설능(薛能) 241
설설(薛雪) 319
설요(薛瑤) 18
성당체(盛唐體) 19
소미도(蘇味道) 20, 264
소영사(蕭穎士) 184
송지문(宋之問) 20, 82
순당필기(鶉堂筆記) 293
숭문총목(崇文總目) 266

승암시화(升菴詩話) 106, 265, 320
시경체(詩經體) 25
시경총론(詩鏡總論) 284
시법역간록(詩法易簡錄) 121
시선(詩仙) 22
시성(詩聖) 22
시식(詩式) 75
시인주객도(詩人主客圖) 284
시체명변(詩體明辨) 217
식미가(式微歌) 63
신문방(辛文房) 33, 95
신변잡사(身邊雜事) 170
신악부(新樂府) 18
신악부운동(新樂府運動) 23
심덕잠(沈德潛) 70
심방(沈芳) 217
심병손(沈炳巽) 200
심작철(沈作喆) 295
심전기(沈佺期) 20
악부시집(樂府詩集) 285

◎

안록산(安祿山) 60
안사란(安史亂) 30
양거원(楊巨源) 285
양신(楊愼) 106, 154, 199, 203, 265, 320
양재(楊載) 121

양주(楊朱) 156
양형(楊炯) 20
어람시집(御覽詩集) 274
엄우(嚴羽) 19, 93, 126, 265
연단(鍊丹) 17
영규율수회평(瀛奎律髓匯評) 150
영호초(令狐楚) 266, 274
영회(詠懷) 180
예원치언(藝苑卮言) 265
온정균(溫庭筠) 113
옹방강(翁方綱) 33, 190, 215
왕거인(王巨仁) 18
왕건(王建) 23, 285
왕달(王達) 273
왕발(王勃) 19, 20
왕범지(王梵志) 20
왕사정(王士禎) 128
왕세정(王世禎) 93, 265
왕안석(王安石) 267
왕양(王陽) 258
왕유(王維) 21, 73, 216
왕익운(王翼雲) 203, 217
왕적(王績) 20
왕찬(王粲) 275
요범원(姚範援) 293
요보(姚寶) 122
요지(瑤池) 208
요합(姚合) 93
용재수필(容齋隨筆) 321

우현집(又玄集) 267
원결(元結) 22
원진(元稹) 18, 23
원화어람시집(元和御覽詩集) 266
元和體 19
위경지(魏慶之) 279
위응물(韋應物) 21, 127, 270
위장(韋莊) 267
위처후(韋處厚) 296, 299
유공보(劉貢父) 322
유극장(劉克莊) 200, 253
유안(劉晏) 61
유영제(劉永濟) 79
유우석(劉禹錫) 23, 258
유장경(劉長卿) 22, 30, 94, 96, 127, 170
유정(劉楨)에 211
유종원(柳宗元) 23
육구몽(陸龜蒙) 239
육기(陸機) 65
육시옹(陸時雍) 284
육심원(陸心源) 243
육연재이필(六硯齋二筆) 291
육영망(陸榮望) 242
육유(陸游) 19
육형(陸鎣) 75
윤상정감(倫常情感) 170
융욱(戎昱) 127
음운(音韻) 196

이가우(李嘉祐) 30, 94, 170, 229
이고(李翶) 296
이교(李嶠) 20
이군우시집(李君虞詩集) 266
이단(李端) 149
이백(李白) 21
이사훈(李思訓) 79
이상서시집(李尙書詩集) 266
이상은(李商隱) 23, 113
이섭(李涉) 18
이식위주(以識爲主) 316
이영(李瑛) 121
이익(李益) 30, 94, 127
이일화(李日華) 291
이조(李肇) 224
이중화(李重華) 120
이채(李蔡) 210
이하(李賀) 23, 266, 284, 307
이회광(李懷光) 207
일운도저(一韻到底) 25
일표시화(一瓢詩話) 319
입성(入聲) 29

ⓒ

잠삼(岑參) 21
장구령(張九齡) 20
장소(長嘯) 17
장열(張說) 21

장위(張爲) 284
장적(張籍) 18, 23, 311
장주(張澍) 266
장표신(張表臣) 295
장효표(章孝標) 18
재주원시화우편(載酒園詩話又編)
　　113, 135
전기(錢起) 22, 30, 223
전당시보일(全唐詩補逸) 199
전당시소전(全唐詩小傳) 237
전당시속습(全唐詩續拾) 106, 242
전당시습유(全唐詩續拾) 112
전중문집(錢仲文集) 201
정곡(鄭谷) 18, 251
정병(丁丙) 103
제량풍(齊梁風) 19, 112
조공무(晁公武) 267, 292
조시(組詩) 83
조익(趙翼) 320
종성(鍾惺) 90
종요(鍾繇) 229
주경(周敬) 74
주보영(朱寶榮) 75
주비(朱泚) 207
주임(周任) 71
중산시화(中山詩話) 322
중흥간기집(中興間氣集) 31, 107, 195
증삼(曾參) 57
증수(贈酬) 180

직재서록해제(直齋書錄解題) 267
진경(陳警) 267
진자앙(陳子昂) 20
진진손(陳振孫) 267
집영시(集詠詩) 78

ⓒ

차대사(借代詞) 278
창랑시화(滄浪詩話) 19, 93, 126, 237,
　　265
창화시(唱和詩) 239
채택(蔡澤) 156
청록(靑綠) 79
첸중수(錢鍾書) 19
초당사걸(初唐四傑) 20
최융(崔融) 20, 264
최치원(崔致遠) 18
측성자(仄聲字) 119

ⓔ

태악승(太樂丞) 18
태현진경(太玄眞經) 17

ⓟ

평담(平淡) 23
평성(平聲) 29
평운(平韻) 25
평측론(平仄論) 25

피일휴(皮日休) 18, 23, 239

ㅎ

하몽화(何夢華) 103
하상(賀裳) 113, 288
하지장(賀知章) 21
하후심(夏侯審) 153
한굉(韓翃) 30, 127, 170
한산(寒山) 20
한신(韓信) 152
한원천황(漢元天皇) 207
한유(韓愈) 23, 290, 311
한유양(韓游瓖) 269
허창집(許昌集) 242
현장법사(玄奬法師) 17
호응린(胡應麟) 195, 209
혼함(渾瑊) 269
홍매(洪邁) 253, 321
화학비결(畵學秘訣) 80
환운(換韻) 25
황보식(皇甫湜) 290
황보염(皇甫冉) 94, 224, 234
황보증(皇甫曾) 94, 224
황요포(黃蕘圃) 104
회편당시십집(滙編唐詩十集) 135
후촌시화(後村詩話) 149

• 중국 중당시론

초판인쇄　2003년 6월 20일
초판발행　2003년 6월 30일

지은이　류 성 준
펴낸이　한 봉 숙
펴낸곳　푸른사상사

출판등록　제2-2876호
주　　소　100-193 서울시 중구 을지로3가 296-10 장양빌딩 202호
전　　화　02) 2268-8706－8707
팩시밀리　02) 2268-8708
이 메 일　prun21c@yahoo.co.kr / prun21c@hanmail.net
홈페이지　prun21c.com
편집●김윤경／장덕희／박 선
기획/영업●김두천／이승선

ⓒ 2003, 류성준

ISBN 89-5640-105-5-03820

정가 15,000원